交大医学 医源丛书

主编 江 帆 范先群

医学专业课程思政优秀案例集

基础医学分册

思政铸魂

上海交通大学出版社

SHANGHAI JIAO TONG UNIVERSITY PRESS

内容提要

本书精选了上海交通大学医学院众位教师近三年课程思政成果,在基础医学课程中融入古今中外优秀医学人士相关事迹 100 余件,宣传爱国情怀、文化传承,以及刻苦钻研、开拓创新、无私奉献等精神,丰富了教学内容与方法,润物无声地将正确的价值追求和理想信念传达给学生,实现了显性专业教育与隐性思政教育的融合。

本书可供医学专业教师、学生参考使用。

图书在版编目(C I P)数据

医学专业课程思政优秀案例集. 基础医学分册 / 江帆,范先群主编. —上海:上海交通大学出版社,2022.10
ISBN 978 - 7 - 313 - 25786 - 4

Ⅰ.①医… Ⅱ.①江… ②范… Ⅲ.①高等学校-思想政治教育-教案(教育)-中国 Ⅳ.①G641

中国版本图书馆 CIP 数据核字(2022)第 068431 号

医学专业课程思政优秀案例集——基础医学分册
YIXUE ZHUANYE KECHENG SIZHENG YOUXIU ANLI JI——JICHU YIXUE FENCE

主　　编:江　帆　范先群
出版发行:上海交通大学出版社　　　　　　地　　址:上海市番禺路 951 号
邮政编码:200030　　　　　　　　　　　　电　　话:021 - 64071208
印　　刷:上海万卷印刷股份有限公司　　　　经　　销:全国新华书店
开　　本:710mm×1000mm　1/16　　　　　印　　张:21
字　　数:363 千字
版　　次:2022 年 10 月第 1 版　　　　　　印　　次:2022 年 10 月第 1 次印刷
书　　号:ISBN 978 - 7 - 313 - 25786 - 4
定　　价:78.00 元

交大医学医源丛书

医学专业课程思政优秀案例集
基础医学分册

主 编

江 帆 范先群

执行主编

赵文华 胡翊群

副主编

徐袁瑾 邵 莉 陈 亮 程金科

编委会

（按姓氏笔画排序）

王 昊	王 敏	王兆军	左 勇
江 帆	孙田蕗	苏 懿	李 锋
杨若林	张国花	陈 亮	陈广洁
邵 莉	范先群	赵 雷	赵文华
胡烨晔	胡翊群	钮晓音	顾鸣敏
徐袁瑾	黄 建	黄 莺	黄 雷
蒋 益	程金科	童小萍	黎芮希

序

江　帆

　　全面贯彻党的教育方针，解决好培养什么人、怎样培养人、为谁培养人这个根本问题，是我们每一个教育工作者都需要去思考与实践的。习近平总书记在多次会议上强调，要坚持显性教育和隐性教育相统一，挖掘其他课程和教学方式中蕴含的思想政治教育资源，实现全员全程全方位育人。

　　"好的思想政治工作应该像盐，但不能光吃盐，最好的方式是将盐溶解到各种食物中自然而然吸收。"习近平总书记的话为我们进一步落实立德树人根本任务指明了方向。时值上海交通大学医学院成立70周年，为进一步落实为党育才、为国育人伟大使命，聚焦课程思政教学改革，医学院主动引导广大教师在医学课程大餐中"加好思政之盐"，启动编写医学专业课程思政案例丛书的计划，深入挖掘和总结医学专业课程中蕴含的思政教育资源。医学专业课程思政案例集坚持立德树人指导思想，结合医学专业人才培养特点，对理想信念、医学人文、爱国荣校、职业精神、专业认同等有所指向的思政素材进行了整理和剖析，力求在医学生的心中播下"大医"的种子，用新时代中国特色社会主义思想铸魂育人。

　　案例集所汇编的案例是"引玉之砖"，旨在启迪一线医教工作者进一步打开思路，积极挖掘更多的医学专业相关课程素材，充分发掘每门医学专业课程蕴含的育德功能。汇编案例最主要的目的是帮助医学生心灵埋下真善美的种子，引导学生扣好医学人生的第一粒扣子，做到政治要强、情怀要深、思维要新、视野要广、自律要严、人格要正。同时，汇编案例也是为把好"入医之门"，引导医学生对医学及社会民生、医患关系、时事热点等问题进行深入思考，健全对医学学科的多层次认知，了解医学的多学科属性。汇编案例还可为"成长之匙"，启示医学生对法律道德、哲学伦理等问题进行深入探讨，重新审视自己的思考行为模式，建立多角度、多维度的思考和认知方式，培养评判性思维和创新性思维。 汇编案例更为点亮"指路之光"，带领医学生重温名人、科学家、当代先进人物的治学精神、成才道路、研究方法和哲学思想，激励医学生勤勉上进，厚植"医者仁心济苍生"的博大胸怀和人文情怀，增强投身医药卫生事业的使命感和荣誉感。 唯有实现医学信念教育与大学思想政治教育并行互通，学医理想与祖国命运紧密相融，才能培养大医精诚的未来医学栋梁。

此基础医学分册为医学专业课程思政案例丛书首册，从构思筹备，案例征集，斟酌修改，精心汇编，至付梓出版，离不开我院师生对于"思政育人"的认同和重视，离不开我院广大教师对于课程思政改革的实践探索，更离不开医学教育专家前辈的醍醐之言。 希望通过医学专业课程思政案例集的出版，进一步推进医学专业课程思政改革，为全员、全过程、全方位培育"有灵魂的卓越医学创新人才"添砖加瓦!

目 录 Contents

遗传学

医学细胞生物学

医学生物化学

免疫学

病原生物学

病理学与病理生理学

医用化学

药理学

基础医学实验

人体解剖学

法国神经解剖学家布罗卡和语言中枢

思政映射点：爱岗敬业，开拓创新，追求卓越

学科：人体解剖和组织胚胎学

相关知识点：大脑的语言中枢，运动性语言中枢

素材简介：本素材介绍了法国神经解剖学家皮埃尔·保尔·布罗卡（Pierre Paul Broca），他发现了运动性语言中枢在大脑半球中的区域。他引领前沿、爱岗敬业、开拓创新、追求卓越的科学精神激励着后人，学习他的事迹旨在培养学生严谨的科学态度和为人类无私奉献的精神。

语言不仅是人类最重要的沟通交流工具之一，也是人类区别于其他物种的根本标志。

语言中枢（language center）是人类大脑皮质所特有的，绝大多数（90%～95%）在人类左侧大脑半球。临床实践证明：右利者（惯用右手的人），其语言区几乎都在左侧大脑半球；大部分左利者（惯用左手的人），其语言中枢也在左侧半球，但其中又有少数人的语言中枢位于右侧半球。语言区所在的半球称为优势半球。语言中枢负责控制人类的思维和意识等高级活动，并进行语言的表达。

大脑皮质功能定位中，语言中枢由以下四部分组成。

（1）运动性语言中枢（motor speech area），说话中枢：位于额下回的后部，即 44、45 区。这部分又称布罗卡氏区（Broca's area）、布罗卡氏中枢、布罗卡氏回。

（2）书写性语言中枢（writing area），书写中枢：位于额中回的后部，即 8 区。

（3）听觉性语言中枢（auditory speech area），听语言中枢：位于颞上回的后部，即 22 区。

（4）视觉性语言中枢（visual speech area），阅读中枢：位于角回，即 39 区。具体如图 1 所示。

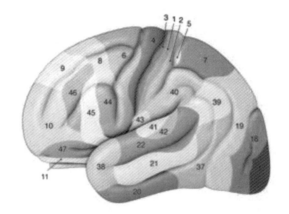

图 1　大脑半球左侧面观，44、45 区为额下回后部的运动性语言中枢区，即布罗卡氏区

（图片来源：KAMINA.Anatomie Clinique：tome 5[M].Paris：Maloine，2006：338，Fig.28.32）

　　运动性语言中枢是法国神经解剖学家皮埃尔·保尔·布罗卡（见图 2）首次发现和提出的。

图 2　皮埃尔·保尔·布罗卡

　　皮埃尔·保尔·布罗卡（1824—1880），法国外科医生、神经解剖学家、人类学家。他从小被誉为"神童"，20 岁完成医学院学业，29 岁成为巴黎大学外科学教授，并在多个领域享有盛誉。如他在神经解剖学方面致力于边缘系统和嗅脑的研究。1859 年，布罗卡和他的同事欧仁·阿扎姆（Eugène Azam）向科学院报道了催眠麻醉下进行的外科手术，他独自发现和提出了运动性语言中枢。

布罗卡对一个意外事故造成脑外伤并存活的病例进行了研究。此患者莱博尼(Leborgne)在脑部受到撞击后失去了语言功能,但呼吸、心跳等生理机能正常,患者能理解语言,但是不能表达句子,只能发出"tan"或"tan-tan"的音,被称为"旦先生"。几天后患者死去。布罗卡对患者的大脑解剖后发现该患者左侧大脑的额下回后部受到损伤。以后,布罗卡又研究了几个类似的病例,发现了同样的情况。布罗卡得出结论:人的大脑中有一专门负责运动性语言的区域,并且有侧别优势。后来医学科学界把大脑中专门负责运动性语言的这一区域称为布罗卡区。此处受损,患者与发音有关的肌肉虽未瘫痪,却丧失了说话的能力,不但发声且语法和语序均有问题,临床上称为运动性失语症。

布罗卡被他同时代人评论为"慷慨,富有同情心和善良"的人,具有非凡的品格。他努力工作,写了数百本书和大量文章,其中53篇文章是关于大脑的。他还寻求通过公共援助来改善弱势群体的医疗保健。据此,保罗·布罗卡当选为参议员和医学科学院院士(1867年起),并获得了几项法国国家和地方机构的殊荣。他于1880年7月9日突然死于动脉瘤破裂,享年56岁。

为了纪念布罗卡先生,人们把他的名字镌刻在了埃菲尔铁塔上,并用他的名字命名了一个脑区,巴黎的一家医院、一条街,波尔图的一家医学院以及他故乡的一所中学,以表示对他的尊重和纪念。布罗卡先生引领前沿、爱岗敬业、开拓创新、追求卓越的科学精神激励着后人,他严谨的科学态度和为人类无私奉献的精神永远值得我们学习。

1996年,美国科学家利用核磁扫描技术对大脑进行研究,证实了布罗卡氏区的存在,并且发现布罗卡氏区在幼儿时期(1～3周岁)开始发育,12岁左右基本发育成熟,伴随着年龄的增长,这一区域的灵敏性呈现逐年减弱的特征。一般情况下,在12岁以前学语言时,人们的语言信息直接存储到布罗卡氏区,12岁以后再学习语言,语言信息已无法直接存储到该区,只能存到记忆区,使用语言时,布罗卡氏区必须和记忆区进行联系。科学家们把上述研究结果称为布罗卡氏理论。

现代功能影像学的研究表明,参与人类语言功能处理的脑结构比传统的语言中枢范围更广泛、机制更复杂。

大脑还有更多的奥秘等待着人类去发现和探索。

参考文献:

[1] KAMINA.Anatomie Clinique.Tome 5 [M]. Paris:Maloine,2018.

[2] BROCA P. Perte de la parole, ramollissement chronique et destruction

partielle du lobe antérieur gauche［J］. Bulletin de la Société d'
Anthropologie，1861b：tome II：235 - 238.

［3］MONOD-BROCA P. Paul Broca，autre géant du XIXe siècle［M］. Paris：
Vuibert，2005.

［4］FRÉDY D. Paul Broca（1824—1880）［J］. Histoire Des Sciences
Medicales，1996(2):199 - 204.

（夏蓉,基础医学院,解剖学和生理学系,教授）

解剖与艺术：杜普医生的解剖课

思政映射点：科学精神，文化传承，人文关怀

学科：人体解剖和组织胚胎学

相关知识点：解剖学总论，解剖学起源

素材简介：本素材介绍了解剖学史上具有重要意义的一幅油画，也是世界美术史上百幅巨著之一——伦勃朗的《杜普医生的解剖课》。解剖学的发展经历了曲折的过程，这幅画显示了 17 世纪欧洲基于解剖学兴起的医学发展。本素材在解剖学开课时为学生呈现，旨在让学生了解人体解剖学发展的历程，知晓医学的发展得益于解剖学的推动，以及美学与医学的完美融合。

同学们选择学医，来到医学院，一定对人体解剖学这门课程充满了想象，既有期待、害怕，也有跃跃欲试的兴奋吧！解剖学的发展历尽曲折，但真真实实地推动着医学的不断进步。

荷兰的杜普是 17 世纪欧洲医学行业内的顶尖医生，是外科医师协会的首席解剖学家，与解剖学之父维萨里并驾齐驱，同为泰斗级人物。为了突显自己在医学界的地位，他决定找一位画家为自己和学生画一幅团体肖像画。

当时 26 岁的画家伦勃朗移居到阿姆斯特丹，擅长肖像画，接受了这个邀请。《杜普医生的解剖课》是伦勃朗到阿姆斯特丹之后的成名作，完成于 1632 年，画作尺寸 169.5cm×216.5cm，现收藏于荷兰海牙毛里茨海斯美术馆。

画面呈现了杜普医生在一座办公大楼的阶梯教室内上课的情景（见图 1）。当时的课堂，不管是医学人员还是普通百姓，都可以去观看。画家打破了传统肖像画中人们坐成一排的死板布局，虚构出了一个有深度的平面。因为伦勃朗是巴洛克时期的画家，当时的艺术风格与文艺复兴时期背道而驰，巴洛克一般不用三角构图，追求的是非稳定感，画家这样安排人物位置，是为了表现出戏剧性与运动感。

画面中一共有 8 个人，最右边的就是医学博士杜普教授，他是这幅画的中心人物，占据了画面的大部分空间。他正在聚精会神地解剖着手术台上的尸体，尸体臂部的肌肉清晰逼真。左边的 7 个人都在仔细看着教授的动作。他们的表情各异，真实可信。教授也许正在讲述解剖原理与手术实践的方法，其余的人则凝神察看，聆听教授的讲述。这种情节性肖像画不仅反映了荷兰新兴资

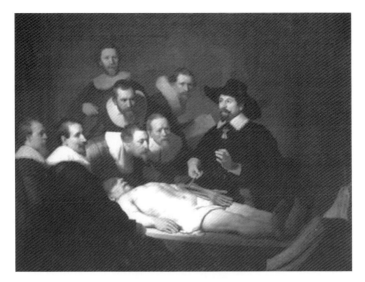

图 1 杜普医生的解剖课

产阶级对绘画的新要求,也展示出那个时代对于科学的探求精神。

图 2 画家伦勃朗

值得一提的是,在那个时代,每一个被画者都希望自己的名字出现在画中。为此,伦勃朗(见图 2)颇费心思,终于做出了一个巧妙的安排。他让其中一个人拿着一张纸,纸上是 8 个人的名字。

画作记录了所有人的名字,也包括尸体,死者名叫阿里斯·金特,据说他因为天气寒冷,持械抢劫一件斗篷,因而被处死。当然,这却是无从考证的,或许大家未来有机会,可以去荷兰京白一睹真正的名画。通过学习这幅画作,可以了解人体解剖学发展的曲折历程。正是基于解剖学的兴起,17世纪欧洲的医学得以发展,也推动了美学与医学的完美融合。

参考文献:

杜普医生的解剖学课[EB/OL]. https://baike.baidu.com/item/.

(李岩,基础医学院,解剖学与生理学系,教授)

解剖中诞生与发展的阿尔茨海默病

思政映射点：科学精神，实践精神，沟通能力

学科：人体解剖和组织胚胎学

相关知识点：解剖学总论，神经系统概论

素材简介：随着老龄化社会的来临，人们对阿尔茨海默病越来越熟悉。这个疾病的命名源于一名医生——德国人阿洛伊斯·阿尔茨海默（Alois Alzheimer）。他细致跟踪了一位记忆力下降、失语、谵妄的精神障碍患者的疾病进展，并在患者死后通过解剖，发现其大脑组织中布满斑块并纠结在一起形成神经缠结结构。阿尔茨海默医生首次报道了这一现象。1910 年，人们以他的名字命名了这个疾病。

　　随着老龄化社会的来临，人们对阿尔茨海默病越来越熟悉。那这种神经系统退行性改变的疾病是怎样发现的呢？其实这个过程与解剖有着密不可分的关系。

　　1901 年 11 月初，德国医生阿洛伊斯·阿尔茨海默（1864—1915）在法兰克福精神病院收治了一名叫奥古斯特·德特尔（Auguste Deter）的 51 岁女性患者。该患者的症状为短期记忆力下降、失语、方向性差、有听觉幻觉、妄想偏执，并患有进展性的神经精神障碍。

　　奥古斯特 5 年后死亡。阿尔茨海默医生得知奥古斯特的死讯后马上咨询了他以前的导师，并征得患者家属的同意，解剖了她的大脑。基于光学显微镜技术和神经系统尼氏染色方法的进步，阿尔茨海默将这名患者的大脑作了解剖、取材、固定、染色、切片处理，然后放在了显微镜下，对大脑的几个不同功能区进行了显微分析。他发现：患者大脑多个区域明显萎缩、神经元缺失，并且在神经元细胞里面出现了奇怪的纤维病变，有许多类似球形斑块的生物沉积物遍布患者的大脑和大脑血管（见图 1）。阿尔茨海默医生随即报道了这一现象。

　　而 4 年之后的 1910 年，克雷佩林（Kraepelin）在他的第八版《精神病学》中首次用阿尔茨海默病（Alzheimer's Disease，AD）描述这种疾病，从此阿尔茨海默病的说法一直沿用至今。

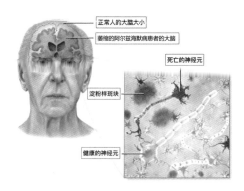

图 1　阿尔茨海默病的神经系统结构改变

（图片来源：www.ncbi.nlm.nih.gov/medlineplus/）

　　特别要感谢阿尔茨海默病患者及其家人的无私大爱，在死后捐献大脑供神经科学家研究。随着医学的进步，1984 年科学家发现了 β 淀粉样蛋白，1988 年又发现了患者脑中的 tau 蛋白。

　　现在世界各地都有供科学研究用的神经系统发育与疾病的脑组织库，中国也在致力于揭示神秘的神经系统，在脑科学领域做出促进人类健康的成果。

　　医学就是这样不断演进的。在这个过程中，解剖不断推动着医学的进步与发展，医生求真务实、敢于实践，才能在职业生涯中做出成就。在医学科学研究的道路上，既需要像阿尔茨海默医生一样拥有首创精神和实践精神，也需要有与患者有效沟通的交流能力。而医学的进步也要感谢所有具有无私大爱精神的遗体捐献者。

参考文献：

[1] GRAEBER M B，KOSEL S，EGENSPERGER R，et al. Rediscovery of the case described by Alois Alzheimer in 1911：historical，histological and molecular genetic analysis[J]. Neurogenetics，1997(1)：73 - 80.

[2] MAURER K，VOLK S，GERBALDO H. August D and Alzheimer's disease[J]. The Lancet，1997,349(9064)：1546 - 1549.

（李岩，基础医学院，解剖学与生理学系，教授）

现代人体解剖学奠基人与世界解剖日

思政映射点:爱岗敬业,勤奋进取,科学精神,开拓创新

学科:人体解剖和组织胚胎学

相关知识点:安德烈·维萨里,世界解剖日

素材简介:人们将每年的 10 月 15 日作为世界解剖日,是为了纪念现代人体解剖学奠基人安德烈·维萨里(Andreas Vesalius,1514—1564)。维萨里出身于医学世家,是比利时的外科医生和解剖学家。1543 年,他发表《人体的构造》,标志着现代人体解剖学的诞生。

当你步入神圣的医学殿堂,拿起解剖刀探寻人体的奥秘时,你要知道,现代人体解剖学已历经 400 多年,其创始人是安德烈·维萨里(见图 1)。

图 1　安德烈·维萨里

1514 年 12 月 31 日,安德烈·维萨里出生于比利时布鲁塞尔的一个医学世家。其曾祖父、祖父和父亲都是宫廷御医。维萨里幼年时代就喜欢阅读医学书籍,并立下了当医生的志向。1533 年,他进入巴黎大学就读医学。自那时起,他对解剖学产生了浓厚兴趣,并经常在巴黎的圣婴公墓研究骨骼。他后来进入当

时欧洲的医学中心、威尼斯共和国的帕多瓦大学,并于 1537 年 12 月 6 日获得博士学位。毕业后,在帕多瓦大学教授外科学和解剖学。

维萨里的教学不拘泥于书本知识,他认为必须亲自解剖尸体来观察人体构造,由此创立了当时少见的理论联系实际的教学模式,吸引了大批的学生。在人体解剖实践中,维萨里发现,因为古罗马时期人体解剖是被禁止的,当时医学界所用的医学家盖伦的解剖学著作均不是源于人体而是动物的解剖,因此其中存在很多错误观点。1543 年,29 岁的维萨里出版了《人体的构造》一书。

该书共有 7 卷,依次为骨骼与关节、肌肉与韧带、血管系统、神经系统、腹腔脏器与生殖系统、胸腔与心肺、脑与感觉器官。在第 7 卷的最后,附有"论活体动物的解剖"。全书有 663 页,其中 278 幅插图均为精美的木刻画。书中包括大量翔实的解剖资料,对人体的结构进行了精确的描述。他在序言中写道:"医学需要解剖学的基础。需要以人体本身的解剖来阐明人体的构造。"书中除了第一次正确描述蝶骨外,还展示了胸骨、骶骨,正确描述了前庭、脾、结肠、网膜及它与胃之间的联系,首次正确记述了纵隔和胸膜,并给出了幽门的构造,观察了男性阑尾的尺寸。此外,书中还有当时最全面的大脑解剖记录。

维萨里的著作具有极高的科学价值和解剖学价值,引起了人体解剖学的革命。《人体的构造》一书的出版,澄清了盖伦学派主观臆测的种种错误,使解剖学步入了正轨,为医学的发展指明了正确的道路。1543 年,《人体的构造》一书的出版,标志着现代人体解剖学的诞生,而哥白尼的《天体运行论》也发表于同一年。维萨里的《人体的构造》与哥白尼的《天体运行论》一道,成为近代科学起始的象征。

2019 年 8 月,第 19 届国际解剖学工作者协会联合会(IFAA)大会在伦敦举行,IFAA 和各国解剖学会联合倡议将现代人体解剖学创始人、奠基人维萨里的逝世纪念日,即每年的 10 月 15 日作为世界解剖学日。图 2 为上海交通大学医学院师生在解剖课堂上纪念第二届世界解剖学日。

从维萨里时代至今,医学包括解剖学得到巨大发展,我们对人体的认识也越来越清晰,维萨里这种勇于实践、寻求真理的精神将激励医学生们在探索人体之路上不断前进。维萨里在医学研究工作中爱岗敬业、勤奋进取、开拓创新、追求科学的精神,正是他留给我们的宝贵财富,值得年轻的医学生们好好学习。

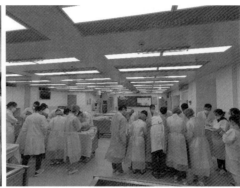

图 2　上海交通大学医学院师生在解剖课堂上纪念第二届世界解剖学日

参考文献：

[1] 付雷.近代人体解剖学之父的生平与著作：纪念维萨里诞辰 500 周年[J].生物学通报，2014,49(10):58‐62.

[2] COMPIER A.H. Rhazes in the renaissance of andreas vesalius[J]. Medical History,2012,56(1)：3‐25.

（陈明峰，基础医学院，解剖与生理学系，副教授）

"现代解剖之父"维萨里

思政映射点：科学精神，开拓创新

学科：人体解剖和组织胚胎学

相关知识点：解剖史

素材简介：本素材介绍了维萨里通过人体标本解剖，纠正了盖伦基于动物解剖的许多错误，为解剖学和生理学等学科的发展奠定坚实基础的事迹，体现了维萨里追求真理、严谨求实、不畏强权的精神。

　　1514年，安德烈·维萨里出生于布鲁塞尔的一个医生家庭，1533年进入巴黎大学就读医学。在那里，他在雅克·迪布瓦和让·费内尔的指导下学习盖伦的医学理论。自那时起，他开始对解剖学产生兴趣，并经常在巴黎的圣婴公墓研究骨骼。他主张通过解剖尸体来学习。维萨里的这种唯物主义的治学方法，触犯了传统观念，冲击了校方的陈规戒律，引起了守旧派的仇恨和攻击。学校不但不批准他考学位，而且还将他开除学籍。从那时起，维萨里被迫离开了巴黎。1536年，维萨里就学于意大利的帕多瓦大学，随后获博士学位。毕业后，他留在了帕多瓦大学教授外科和解剖学。他熟读古罗马医学家盖伦的著作，但又不拘泥于书本知识，认为必须亲自解剖、观察人体构造。在授课时，他使用解剖工具演示操作，而学生则围在桌子周围观察学习。这种面对面的亲身体验式教学在当时被认为是唯一可靠的教学方式，也是对中世纪医学教学实践的一项重大突破。

　　1541年，维萨里在意大利博洛尼亚发现盖伦所有的研究结果都不是源于人体而是源于动物的解剖。因为在古代罗马，人体解剖是被禁止的，所以盖伦选用了巴巴利猕猴来代替，还坚称两者在解剖学上是相近的。在维萨里发现之前，医学界从没有注意到这一点，并且将盖伦的著作当作研究人类解剖学的基础。于是，维萨里对盖伦的文章做了修正，并开始撰写自己的著作。

　　1543年，维萨里邀请约翰内斯·奥坡瑞努斯帮助他印刷七卷本的《人体的构造》一书。这本关于人类解剖学的划时代巨著邀请了艺术巨匠提香的弟子让·范·卡尔卡做插画，书中插图由维萨里与提香的学生史蒂芬·卡尔卡共同绘制，不但形体准确而且简明活泼，是首次将解剖学和艺术结合在一起的典范。维萨里在他的《人体的构造》一书的序言中这样写道："我在这里并不是无端挑剔盖伦的缺点。相反,我肯定了盖伦是一位伟大的解剖学家,他解剖过很多动物。限于条件,就是没有解剖过人体,以致造成很多错误,在一门简单的解剖学课程中,我能指出他二百种错误。"这部著作的出版,澄清了盖伦学派主观臆测的种种错误,从而使解剖学步入了正轨。可以说,《人体的构造》一书是科学的解剖学建立的重要标志。

维萨里这种勇于实践、寻求真理的精神和他这本书的出版引起了当时的解剖学家和医生们的震惊。其中,也有一些不怀好意的人极力反对维萨里的观点,盖伦的后继者们更是疯狂地攻击维萨里。就连他以前的老师西尔维也说他"疯狂"。宗教的书报检察机关严密地检查了他的解剖学著作,并以此攻击维萨里。有一次,他为西班牙的一位贵族做验尸解剖。当剖开胸腔时,监视官说心脏还在跳动,并以此为借口,诬陷维萨里用活人做解剖。宗教裁判所趁此机会提起公诉,判了维萨里死罪。后由于国王菲里普出面干预,最终他被免于死罪,改判往耶路撒冷朝圣,但在归航途中,航船遇险,年仅 50 岁的维萨里不幸身亡。

维萨里通过人体标本解剖,纠正了盖伦基于动物解剖的许多错误认识,为解剖学和生理学等学科的发展奠定了坚实的基础,体现了他追求真理、严谨求实、不盲从权威的精神。解剖学是医学的基础学科,是学好外科、妇产科、影像学等很多临床课程的前提,医学生应该继承维萨里追求真理、坚持真理的精神,在新时代为解剖学的发展作出新的贡献。

(纪亮,基础医学院,解剖学与生理学系,讲师)

20世纪解剖教学大师

思政映射点：专业扎实、知识宽广、前沿引领、科学精神

学科：人体解剖和组织胚胎学

相关知识点：20世纪为解剖教学做出重大贡献的解剖学大师

素材简介：人体解剖学是形态学的课程，精美又符合临床医学专业要求的图谱在教学中会起到事半功倍的效果，内特图谱就是医学生必备工具之一。而基思·摩尔和罗伯特·阿克兰两位临床解剖学大师不但具有丰富的临床医学经验，还结合解剖学理论，编写了大量临床解剖学教材，供医学生们学习使用。

弗兰克·内特（见图1）于1906年4月25日出生于纽约布鲁克林，很小的时候就懂得"拍照的奇特诀窍"。他就读于纽约城市学院，并在美国国家设计学院和艺术学生联盟学习艺术。他在1920年成为一名成功的艺术家。在其母去世后，他决定进入纽约大学医学院进修。在校期间，他笔记上的解剖学和胚胎学素描引起了老师的注意。毕业后，内特成了一名专职医学插图画家。作为受过正式训练的医师和艺术家，内特比大多数医学插图画家具有明显的优势。他一生绘制了4 000多幅插图，并于1989年完成了《人体解剖学图谱》。该教材迅速成为北美医学院中最畅销的解剖学图册，并被译为16种语言，在世界范围内受到关注。内特获得了许多奖项，并成为美国临床解剖学家协会的荣誉会员。内特于1991年9月17日去世。

图1　弗兰克·内特

基思·摩尔(见图 2)于 1925 年 10 月 5 日出生于加拿大安大略省的伯特利,就读于西安大略大学,并获得了学士、硕士和博士学位。在攻读博士学位期间,他开始研究性别染色质。

摩尔首先开发了一种用于性别染色质测试的皮肤活检方法。不到一年,他开发出了一种广受欢迎的口腔涂片检查技术。摩尔撰写了许多有影响力的教科书,包括《临床解剖学》《基本临床解剖学》《人类的发展》和《我们出生之前》。摩尔曾是加拿大解剖学家协会主席,并于 1984 年被授予 J.C.B.格兰特奖。他是美国临床解剖学家协会的荣誉会员,并于 2007 年获得了美国解剖学家协会的首届亨利·格雷/爱思唯尔杰出教育家奖。

图 2　基思·摩尔

罗伯特·阿克兰(见图 3)于 1969 年从伦敦大学获得了医学学士学位,在英国和坦桑尼亚完成了实习。他于 1976 年到 1998 年在美国路易斯维尔大学担任显微外科教学实验室的主任。1986 年,他晋升为教授。1996 年,他出版了《人体解剖学影像集》。他还担任生理学、生物物理学系以及解剖科学和神经生物学系的副职。阿克兰是国际重建显微外科学会和美国重建显微外科学会的创始成员和新鲜组织解剖领域的先驱。

作为 20 世纪为解剖教学做出重大贡献的解剖学大师,弗兰克·内特的人体解剖学图谱精美又符合临床医学专业要求,成为医学生必备工具之一;

图 3　罗伯特·阿克兰

而基思·摩尔和罗伯特·阿克兰两位临床解剖学大师不但具有丰富的临床医学经验,还结合解剖学理论,编写了大量临床解剖学教材。他们是真正的大师,不仅专业扎实、知识面宽广,还为后来的医学生们留下了宝贵的学习资源。

参考文献:

［1］ ACLAND R D. Acland's atlas of human anatomy. Version 1.0.［CD］. Baltimore:Lippincott William & Wilkins,2003.

［2］ ACKERKNECHT E H. A short history of medicine［M］.Baltimore:

Johns Hopkins University Press，1982.

［3］ MOORE K L. Clinically oriented anatomy（3rd ed.）［M］. Baltimore：Williams & Wilkins，1992.

［4］ MOORE K L. My 60 years as a clinical anatomist［J］. International Journal Of Heavy Vehicle Systems，2012（5）：1－4.

［5］ MOORE N. The history of St. Bartholomew's Hospital［M］. London：C. Arthur Pearson Limited，1918.

［6］ MOORE N. To dissect or not to dissect？［J］. Anatomical Record，1998（253）：8－9.

［7］ MOORE W. John Hunter — surgeon and resuscitator［J］. Resuscitation，2005a（66）：3－6.

［8］ MOORE W. The knife man［M］. London：Bantam Press，2005.

（李锋，基础医学院，解剖与生理学系，教授）

"断肢再植之父"陈中伟

思政映射点：爱岗敬业，前沿引领，科学精神，终身学习，勤奋进取

学科：人体解剖和组织胚胎学

相关知识点：显微外科，断指再植

素材简介：陈中伟，这个在中国医学界熠熠生辉的名字，在国际医学界，尤其是世界显微科学领域也享有盛名，他开创了断肢再植的先河，由断手再植延伸到断指再植，在显微外科领域大放异彩。陈中伟比同窗多出的几十倍解剖操作量，成为他从医生涯中一笔巨大的财富。

陈中伟(1929—2004)，浙江宁波人。1954年毕业于上海第二医学院(现上海交通大学医学院)。骨科与显微外科专家，博士生导师，中国科学院院士，第三世界科学院院士，中华医学会常务理事，国际显微重建外科学会创始会员，国际外科学会会员，12个国际著名医学中心客座教授。先后在上海市第六人民医院，上海医科大学附属中山医院(现复旦大学医学院中山医院)任外科教研室主任，骨科教授。

1963年陈中伟成功为一名右手完全离断的患者实施断手再植手术，从1965年开始，陈中伟每年举办一期全国性的骨科显微外科、断肢再植学习班，普及和推广断肢再植和显微外科技术。此外，他还举办国外医师短训班，接纳来自美国、加拿大、德国、澳大利亚等几十个国家的进修医师，促进了国际医学交流。陈中伟开创了断肢再植的先河，由断手再植而延伸到断指再植，在显微外科领域大放异彩。而陈中伟比同窗多出的几十倍解剖操作量，成为他从医生涯中一笔巨大的财富。

1948年，陈中伟考取上海同德医学院(后来的上海第二医学院)，当时因家中经济困难，为了维持学业，他在学校里当解剖助教。白天要上课，晚上去解剖"大体老师"。有时候太累，打瞌睡，就在"大体老师"旁边睡着了。陈中伟对尸体的解剖孜孜以求，一心传承解剖授课老师所教的医学知识，学生时代他解剖的尸体多达十几具，男性、女性、孩童，正常死亡的、非正常死亡的，他都悉心解剖，娴熟其事，默记于胸。

陈中伟生前接受媒体采访谈及他取得创造性成就的原因时，毫不犹豫地说："我学生时代比别的同学多解剖了几具尸体。"他常说：解剖对于外科医生，

就像地图对于军事家那样重要,科学家要创造发明,基础知识和动手能力同样重要。他曾告诉研究生们,自己后来在外科事业上有所成就,首先得益于学生时代坚实的解剖学知识和宽广的基础理论。他谈到解剖对于造就外科人才的必要性时说道:"医书对神经、血管描述很详细,但书上图谱是平面的,而手术是立体的,唯有层层解剖,才能弄清某一神经、血管上下左右的毗邻关系。甲旁及乙,乙旁及丙,排列清楚,肌肉组织层次都要细细研究,弄清被掩盖的神经、血管。唯有对人体的方方面面了如指掌,才能做好一个医生,唯有厚积才能薄发,唯有消化吸收了的东西,才是自己的真实本领。"

解剖学习经历对陈中伟开创世界断肢再植的先河至关重要。陈中伟比同窗多出的几十倍解剖操作量,成为他从医生涯中一笔巨大的财富。创造在于有丰富的知识积累和善于提炼概括升华的悟性,这也是陈中伟的成功秘诀。陈中伟,一个在中国医学界熠熠生辉的名字,值得我们铭记的,不仅他在国际医学界,尤其是世界显微科学领域大放异彩的事迹,更有他爱岗敬业、终身学习、勤奋进取的精神。

参考文献:

[1] SUSUMU T. 缅怀我的国际友人陈中伟[J]. 中华显微外科杂志,2020,43(1):C9-C10.

[2] 中华显微外科杂志编目组.中国显微外科先驱:陈中伟教授[J].中华显微外科杂志,2020,43(1):C8-C9.

[3] 陈中伟,鲍约瑟,钱允庆. 前臂创伤性完全截肢的再植:一例成功报告[J]. 中华外科杂志,2004,42(9):576.

(沃雁,基础医学院,解剖学与生理学系,副教授)

一生为师：蔡体栋的故事

思政映射点：终身学习，爱岗敬业，专业扎实，知识宽广
学科：人体解剖和组织胚胎学
相关知识点：运动系统
素材简介：引导学生了解老一辈骨科专家蔡体栋治学严谨、医术高超、爱岗敬业，带领团队攻克本专业治疗难点的事迹。蔡体栋教授在国内最早探索使用高剂量甲氨蝶呤化疗运用于骨肿瘤治疗，并取得良好疗效。同时他率先翻译出版了骨科学经典教材《坎贝尔骨科手术大全》，推动了我国骨科医学的发展。汶川地震时他以 76 岁高龄主动请缨参加救治伤员。2018 年与世长辞，他留下遗愿，将其遗体捐献年轻时就读的医学院，以另一种形式延续自己对医学的贡献。

解剖学运动系统总论中首先介绍了骨，骨是以骨组织为主体构成的器官，是在结缔组织或软骨基础上发育形成的。成人有 206 块骨，按部位可分为颅骨、躯干骨和四肢骨。按形态可分为长骨、短骨、扁骨与不规则骨。其中长骨的干骺端是骨恶性肿瘤骨肉瘤好发的部位。

骨肉瘤是常见的原发性恶性骨肿瘤，好发于四肢长骨，尤其是股骨远端、胫骨近端和肱骨近端。20 世纪 70 年代以前，学界普遍认为原发性骨肉瘤恶性度高，对化疗不敏感，治疗效果差。1978 年开始，以瑞金医院骨科蔡体栋为骨干的医疗团队，结合国外相关资料，开始使用超高剂量甲氨蝶呤-甲酰四氢叶酸钙解救（HD-MTX-CFR）合并长春新碱等化疗方案，大大提高了骨肿瘤患者的五年生存率。

图 1　蔡体栋

蔡体栋（1932—2018 年），上海瑞金医院骨科专家。他多次被评为上海市第

二医科大学(现上海交通大学医学院)及瑞金医院的先进工作者;1981 年被瑞金医院评选为优秀共产党员,同年被医院聘任为骨科副主任。1985 年晋升为副教授,1988 年晋升为教授并担任骨科主任。蔡体栋是瑞金医院著名的骨科教授,他治学严谨、医术高超、经验丰富,被誉为骨科的"百宝箱"。

蔡教授一生挚爱医学事业,他饱览群书,专业上似乎没有他不知道的角落。他不仅钻研自己专业内的内容,还通读各领域医学专业资料,时刻站在医学领域的最前沿,并从整体的角度去理解和治疗疾病。每每有人请教,他都能给予专业的指点,且能指出该知识点所在书籍或期刊的精确页码。即使退休后,他也每天必到医院图书馆报到,管理人员无人不知蔡教授,他在图书馆甚至有"固定"座位。直到 80 岁高龄,蔡教授仍坚持每月一次查房。他治学非常严格,每个月都要学生交读书笔记,批改也很认真,连错别字都会圈出来;他还会非常认真地写阅后感,甚至把参考文献写在笔记本上让学生查阅。20 世纪 70 年代,他与我国著名骨科专家过邦辅教授一起进行骨肿瘤的临床及基础理论研究,开展骨肿瘤病理、放射和临床三结合的诊断治疗及预后疗效观察研究,在国内最早探索恶性骨肿瘤高剂量甲氨蝶呤化疗。1989 年,他作为副主编参与编译《坎贝尔骨科手术大全》,推动了我国骨科医学的发展。2008 年汶川地震,作为参加过唐山地震医疗队的老专家,蔡教授主动请缨加入瑞金医院抗震救灾爱心病房的医疗队,作为骨科专家组成员之一救治伤员。

2018 年 3 月 5 日,蔡体栋教授因罹患肺癌医治无效,与世长辞,享年 86 岁。按照其生前遗愿,由女儿将其遗体捐献给上海交通大学医学院,同时捐献了角膜。这位从事医学工作 50 多年的医生,在走完一路从医的人生道路后,用另外一种形式继续延续自己对医学的贡献,实现了自己"一生为师"的愿景。蔡体栋教授严谨治学的品质、高超的医术、爱岗敬业的精神,以及带领团队勇攀高峰的事迹,值得我们永远铭记。

参考文献:

[1] 张伟滨,沈才伟,蔡体栋.骨肿瘤的辅助化疗[J].上海第二医科大学学报,1996(3):171-173.

[2] 上观新闻.骨科教授蔡体栋捐献遗体:生后再做一次"老师"[EB/OL].(2018-03-15)[2021-03-15]. https://web.shobserver.com/wx/detail.do?id=82721.

(马爱荣,基础医学院,解剖学与生理学系,讲师)

生生不息，科学精神：纪念神经生物学家冯德培

思政映射点：科学精神，创新精神，爱国精神，奉献精神

学科：神经生物学

相关知识点：神经肌接头的信号传递

素材简介：本素材介绍了我国著名神经生物学家冯德培长达 60 多年的研究生涯。冯先生的爱国主义情怀、生生不息的科研创新精神，坚持真理、不断开拓进取的优秀品格至今仍深深地影响着一批又一批的科研工作者和学生。

我国著名神经生物学家冯德培是中国生理学、神经生物学的主要推动者之一。1907 年 2 月 20 日，冯德培出生于浙江临海的一个较为富裕的家庭。1929 年，他考取清华大学并获得公费留美资格，在芝加哥大学生理系杰拉德教授指导下进行神经代谢研究。因出色地完成了一项关于神经窒息机制的研究，他于 1930 年获硕士学位。1930 年秋，由林可胜推荐，他转入英国伦敦大学学院，师从著名生理学和生物物理学家、诺贝尔奖获得者希尔进行神经和肌肉产热的研究，1933 年获博士学位。在此期间，他曾先后去剑桥大学和牛津大学等生理实验室短期工作，并参加英国生理学会和皇家学会的各种学术会议。1933 年，按希尔建议，冯德培又去美国宾夕法尼亚大学约翰逊基金医学物理学研究所进修一年，学习自制电子仪器，为创建自己的实验室做准备。在留学的 5 年间，他在神经肌肉生理学领域做出了重要的研究成果，初步树立了他在国际学术界的地位，并与当时该领域著名的科学家有了广泛的接触，同时也为日后回中国建立自己的实验室做好了各方面的准备。

冯德培的科研生涯长达 60 多年。其间，他除去几番出访外，大部分时间都在中国。他的工作领域主要在三个方面：神经肌肉接头的信号传递、神经肌肉间的营养性作用和脑内海马的长期性增强作用。

1934 年夏天，冯德培回到北平协和医学院生理系。系主任林可胜给了他一间没有窗户的地下室作为其实验室。在他的第一间实验室里，冯德培不再做师辈们的领域，而开始探索新的领域和课题。神经肌肉接头是神经信息传到肌肉的关节点，神经肌肉接头的研究至今仍然是研究神经信号传递的重要范式。在 20 世纪 30 年代，有关领域还处于萌芽状态，冯德培用很短的时间就发现了神经肌肉接头电生理的新特性。1936—1941 年，他领导的实验室共发表了 26 篇论

文。同一时期,他发现了钙离子对神经肌肉接头信号传递的重要作用,提出"钙影响神经递质释放"的见解,接近英国生理学家克茨的结论,克茨后来因为一系列对神经肌肉接头递质释放的研究而荣得诺贝尔奖。冯德培实验室在协和医学院的另一重要发现是观察到强直后增强效应(PTP),这是突触可塑性的第一次发现,是神经系统可塑性的重要发现。冯德培第一次发现突触可塑性的事迹,载入了哥伦比亚大学的肯德尔大型系列书籍《生理学手册》。

冯德培和同事们在科学领域不断取得成果的工作进程,被日本侵华战争打断。1941年,太平洋战争爆发后,协和医学院也不能继续平静。冯德培的老师林可胜几年前就开始投入抗日的医疗救护。1941年,冯德培也离开北平,到内迁重庆的上海医学院任生理教授。抗战结束时,他任中央研究院医学研究所筹备处研究员兼代理主任。1945年底,他访问英国。1946年又转赴美国,在纽约洛克菲勒医学研究所进行合作研究。1947年夏,他回到已由重庆迁至上海的医学研究所筹备处任原职。

冯德培为人坦率正直,在学术上敢于发表意见,阐明自己的观点。他是无党派人士,在涉及与政治有关的问题时,从不考虑个人得失,勇于坚持真理。1948年底,当中央研究院开会讨论各研究单位迁往台湾时,冯德培临危坚定,拒绝迁台,为新中国保存了一支宝贵的生理生化研究骨干队伍。1955年他被聘为中国科学院学部委员(院士)。1958年,担任中国科学院生理研究所所长。1981年5月,任中国科学院副院长。即使在病重之际,他仍念念不忘科学研究,关心生理所和科学院各项工作的进展,甚至在病床前听取研究生的工作汇报,并给予指导。冯德培为中国的科学事业贡献了毕生的精力。

1992年2月20日,中国科学院上海生理研究所庆贺老所长冯德培院士85寿辰暨从事科研65年,国务委员、国家科委主任宋健和中国科学院院长周光召特地发来贺电,盛赞冯老"是我国近代生理学的倡导人,为中国生理学的发展做出了卓越贡献","举世公认的'冯氏效应'和神经肌肉接头化学转递理论,为我国生理学界在国际上争得了荣誉"。

1995年4月10日,冯德培在上海与世长辞。斯人已去,精神长存。冯德培的爱国主义情怀、生生不息的科研创新精神,坚持真理、不断开拓进取的优秀品格至今仍深深地影响着一批又一批的科研工作者和学生。

参考文献:

[1] 饶毅.中国的科学脊梁:纪念著名神经生物学家冯德培诞辰110周年[EB/OL].(2017 - 02 - 15)[2020 - 08 - 30].https://www.china-sorsa.org/

n195/n203/n214/n227/u1ai11464.html.

［2］朱汝略.科坛泰斗 人世楷模:缅怀中国生理学的开拓者冯德培院士［EB/
OL］.（2017 － 08 － 23）［2020 － 08 － 30］.https://www.sohu.com/a/
166630458_578974.

（金珠,基础医学院,解剖学与生理学系,讲师）

组织胚胎学

钱家麒：中国腹膜透析术第一人

思政映射点：无私奉献，爱岗敬业，开拓创新
学科：人体解剖和组织胚胎学
相关知识点：泌尿系统，肾，滤过屏障结构，尿毒症治疗
素材简介：本素材介绍了钱家麒的事迹。他创立的低剂量腹膜透析"中国标准"及"尿素清除指数"是我国原创的临床医学研究成果，并被采纳推广为国际标准。他为医学教育奉献终身，留下了宝贵的精神财富。本素材可用于引导学生培养医学职业使命感和开拓创新精神。

　　尿毒症的临床表现为水、电解质和酸碱平衡紊乱、各器官系统功能障碍，患者只能通过长期透析来维持生命。据统计，中国目前有近 60 万需要接受透析的患者，而他们都受益于我国血液净化事业奠基人之一、中国腹膜透析第一人——上海交通大学医学院附属仁济医院钱家麒教授。

　　钱家麒 1939 年出生于江苏无锡，1963 年毕业于上海第二医学院医疗系，之后进入仁济医院肾内科工作，师从黄铭新、江绍基等教授。

钱家麒

　　他是我国杰出的肾脏病学家，在肾脏病学领域做出了三大贡献。第一，在 20 世纪 70 年代，钱家麒直接参与研发平板式血透机，率先将血透引入肾脏疾病

诊治的临床应用;他领衔起草了国内第一批血液透析标准化流程、质控手册等管理规范,大大提高了国内血液透析的诊疗水平和治疗效果,延长了尿毒症患者的生存期。第二,在 20 世纪 80 年代,钱家麒将腹膜透析技术引入中国,后于 2005 年创建上海市腹膜透析研究中心,率先规范腹膜透析工作,并在全国推广;与此同时,他从长期的临床实践中发现并总结出腹透的"中国标准",既保护了患者的腹膜功能,又降低了治疗费用、节约了有限的医疗资源。这一标准最终被采纳成为腹膜透析充分性的国际标准,并沿用至今,是真正中国原创的临床医学研究成果。钱家麒教授也因此获得国家科技进步二等奖、高等学校科技进步一等奖等多个奖项。第三,在 20 世纪 90 年代,他创建了上海市血液透析登记数据库。该数据库连续记录了超过 10 万例透析患者的高质量资料,被美国肾脏病资料系统(USRDS)收录,极大地提升了我国肾脏病学研究的国际地位和影响力。这三大贡献是钱家麒"勇于创新"精神的集中体现。

钱家麒的另一重身份,是我国著名的医学教育家。他致力于内科学教学工作 40 余年,获得 2003 年宝钢教育奖、2004 年上海市育才奖、2005 年上海交通大学医学院"校长奖"。钱家麒培养的近百名硕士、博士研究生已成为国内肾脏病领域的中坚力量。2019 年 11 月 19 日,钱家麒在上海逝世,享年 80 岁。

作为"中国腹膜透析术第一人",钱家麒创立了低剂量腹膜透析"中国标准"及"尿素清除指数",作为我国原创的临床医学研究成果,被采纳推广为国际标准。他为医学教育奉献终身,留下了宝贵的精神财富。广大医学生应学习钱家麒对医学职业的使命感和无私奉献精神,爱岗敬业,不断创新。

参考文献:

[1] 钱家麒,姚强,林爱武,等.腹膜透析患者生存率的基础与临床应用研究[J].
中国科技奖励,2008,2:39.

[2] 黄祺.中国腹膜透析第一人,每一位国内尿毒症患者都应该感谢钱家麒教授
[J].新民周刊,2019,46:86-88.

（夏小雨,基础医学院,组织胚胎学与遗传发育学系,副教授）

"中国克隆先驱"童第周

思政映射点：爱国情怀，科学精神，开拓创新

学科：人体解剖和组织胚胎学

相关知识点：胚胎学总论部分——克隆技术，胚胎早期发育

素材简介：本素材介绍了中国实验胚胎学的主要创始人，开创了中国克隆技术之先河，被誉为"中国克隆先驱"的童第周的求学之路、科研之路，让医学生领略科学家精忠报国的爱国情怀和努力探索的科学精神。

克隆，也就是体细胞核移植，是将含有遗传物质的供体体细胞的核移植到去除了细胞核的卵细胞中，通过无性繁殖的方式产生后代的过程。从 1952 年的克隆非洲爪蟾，到 1996 年第一只体细胞克隆羊"多莉"的诞生，再到 2017 年第一只体细胞克隆猴"中中"的问世，该技术一直是科学家们的研究兴趣所在。

20 世纪 60 年代初，童第周（1902—1979）首次用鱼类证实了异种克隆的可能性，为 20 世纪七八十年代国内完成鱼类异种间克隆和成年鲫鱼体细胞克隆打下基础，开创了我国克隆技术之先河。

让我们一起来回顾童第周的求学之路、科研之路，领略科学家精忠报国的爱国情怀和努力探索的科学精神。

1902 年，童第周出生在浙江鄞县，从小读私塾，中学毕业后考入复旦大学。1930 年他远渡重洋，来到比利时比京大学（今布鲁塞尔大学）留学，开始了胚胎学的研究。在比利时求学的日子并不十分顺利，他发现有的外国留学生对中国人抱着一种藐视的态度，说中国人是"弱国的国民"。和他同住的一个洋人学生公开说："中国人太笨。"童第周憋着一股气，在日记中写下了自己的誓言："中国人不是笨人，应该拿出东西来，为我们的民族争光！"

研究胚胎学，经常要做卵细胞膜的剥除手术，当时有一个青蛙卵的卵膜剥除手术，难度很大，多年来没人能完成。青蛙卵只有小米粒大小，外面紧紧地包着三层软膜，因为卵小膜薄，手术只能在显微镜下进行。童第周像高明的外科医生一样，用灵巧的双手干净利落地剥落了青蛙卵膜，此举一下子震动了欧洲的生物界。

1934 年，童第周获得布鲁塞尔大学博士学位的时候，已经是著名的实验胚胎学家了。1948 年，童第周应邀到美国耶鲁大学任客座研究员；1949 年 3 月，

中华人民共和国成立前夕,他的老师曾劝他说:"你的国家这么困难,在这里我可以给你申请特别博士。"童第周却说:"不,我要回去,我是中国人!"就这样,他拒绝了耶鲁大学的高薪挽留,放弃了优越的生活和科研条件,克服了种种阻力,在迎接中华人民共和国成立的隆隆炮声中,再次回到了祖国的怀抱。

1950年,他在青岛创建新中国第一个海洋科学研究机构;1955年,当选中科院学部委员(现称院士);1957年,任中国科学院海洋生物研究所所长;1977年,出任中国科学院动物研究所所长;1978年,任中国科学院副院长。

童第周的科研工作始终贯穿着一条线索,就是研究从卵子在受精前后的结构到细胞质与细胞核在发育中的相互关系,进而探讨细胞质在性状遗传中的作用。在这条科学探索之路上,童第周亲力亲为,锲而不舍,攻克了一个又一个科研难题。20世纪60年代初,童第周开创了鱼类细胞核移植研究。此前,美、英学者的有关研究,都是在同一物种中进行的;日本学者对异种蛙的核移植进行了大量尝试均未成功。面对前人研究未曾跨越的鸿沟,他的第一个目标就是在不同物种之间进行异种核移植。童第周进行的是鲤鱼和鲫鱼之间的细胞核移植。他将鲤鱼的囊胚细胞核移入鲫鱼的去核卵,或者反过来将鲫鱼的囊胚细胞核移入鲤鱼的去核卵,终于培育出了第一尾属间核质杂种鱼,发现了脊椎动物远缘物种间的细胞核和细胞质之间的可配合性,首次用鱼类证实了异种克隆的可能性,为20世纪七八十年代国内完成鱼类异种间克隆和成年鲫鱼体细胞克隆打下基础,开创了我国"克隆"技术之先河。

1979年,童第周于北京病逝。他鞠躬尽瘁,把一生都无私地奉献给了祖国的生物科学,在我国科学界群星灿烂的太空里,他是一颗光芒夺目的大星,他的科学精神和爱国情怀激励着中国科学家在科研的道路上继续前行。

作为中国实验胚胎学的主要创始人,童第周开创了中国克隆技术之先河,被誉为"中国克隆先驱",他的求学之路、科研之路值得所有医学生学习,我们能从他身上深刻感悟科学家精忠报国的爱国情怀和努力探索的科学精神。

参考文献:

海洋研究所.纪念童第周先生诞辰110周年:引领中国克隆走向世界的先驱[EB/OL].(2012-05-25)[2020-08-30].http://www.cas.cn/wh/SWXS/201205/t20120527_3585750.shtml.

(伍静文,基础医学院,组织胚胎学与遗传发育学系,副教授)

张明觉：名扬异乡，心系祖国

思政映射点：爱国情怀，科学精神
学科：人体解剖和组织胚胎学
相关知识点：胚胎学总论，辅助生殖技术
素材简介：美籍华人张明觉是世界闻名的生殖生理学家、美国科学院院士。在半个多世纪的研究生涯中，他发表了 350 多篇科学论文，荣获了许多高级别奖项，3 次荣获诺贝尔奖提名。他是著名的动物育种专家、甾体类口服避孕药的创始人。他在哺乳动物体外受精方面的开创性研究为"试管婴儿"技术奠定了关键基础。本素材可用于引导学生培养爱国情怀和科学精神。

　　1978 年 7 月 25 日晚 11 时 47 分，一名女婴在英国曼彻斯特的医院呱呱坠地。这位名叫路易斯·布朗的女婴一出生，立即成为全世界新闻媒体的焦点：她是世界上第一名经试管授精和胚胎移植孕育的"试管婴儿"。2010 年，英国科学家罗伯特·爱德华兹因"在试管受精技术发展方面的贡献"而被授予诺贝尔生理学或医学奖。当爱德华兹和他的合作者回忆世界首例试管婴儿诞生的艰辛历程时，曾数次提到一个中国名字——张明觉。当年，爱德华兹的团队曾经历数百次失败，直到读到张明觉的研究论文，获得极大帮助，及时改进了研究，才有了"试管婴儿"技术的诞生。所以，当路易斯·布朗出世时，有报道将她称为"张明觉的女儿"。

　　张明觉（1908—1991），字幼先，生于山西省吕梁市岚县，自幼勤奋好学。1933 年毕业于清华大学，获动物心理学学士学位。1938 年，他考取中英庚款留学项目，赴英国剑桥大学主攻动物育种和体外受精，仅用 3 年便获得了博士学位。1945 年，他离英赴美，加入美国马萨诸塞州伍斯特基金会实验生物学研究所任研究员。

　　20 世纪 50 年代初，张明觉和平卡斯合作，发明了以甾体激素为基础的女用口服避孕药，至今仍为全世界妇女所服用。1950 年，他成功地移植了兔的受精卵，提出"卵龄和子宫内膜发育必须同步化"的观点，为家畜的胚胎移植和良种培育提供了理论根据。1951 年，他发现"精子获能"现象，同年，澳大利亚学者奥斯汀也有相同发现，国际生理学界将此研究成果命名为"张-奥原理"，这为哺乳类卵子体外受精的成功奠定了理论基础。1959 年，张明觉通过体外受精、胚胎

移植技术,成功培育出了世界上第一批"试管兔",从而打破了"哺乳动物无法完成体外受精"的传统观念。在此基础上,他于1969年首次完成了人类卵子的体外受精。这一系列成果直接启发了罗伯特·爱德华兹团队有关试管婴儿的研究。

张明觉在他勤勉治学的一生中,共发表了350多篇论文。他的研究不仅十分严谨,还注重实用性。鉴于张明觉在学术上的重大贡献和地位,许多国家及国际学术组织先后授予他各种奖章和荣誉头衔。他曾3次获诺贝尔奖提名。1989年和1990年,他先后获得第三世界科学院院士和美国科学院院士称号。

张明觉虽然身居海外,却心系祖国、情系家乡。1972年7月,受中国政府邀请,他随美籍中国学者参观团第一次回到中国,受到周恩来总理的亲切接见。此后,他多次来华讲学,并邀请国内的青年科研人员到他美国的实验室进修。他向清华大学、山西大学和故乡岚县捐款,成立奖学金,培养优秀人才。他为家乡兴建学校,资助受灾群众。1991年,张明觉在美国弥留之际,嘱托将其研究资料全部捐赠给上海计划生育研究所与山西省人口和计划生育委员会。1994年,依照张明觉先生遗愿,他的骨灰安葬于家乡艾蒿沟,一代名士,最终魂归故土。2004年,家乡人民为他在岚县政府广场竖立了铜像,并将这个广场命名为"明觉广场"。

张明觉作为世界闻名的生殖生理学家,名扬异乡,却心系祖国。我们既要学习他开拓创新的科学精神,也要感念他情系家乡、无私奉献的爱国情怀。

参考文献:

[1] 王进.试管婴儿之父:张明觉[N].科学时报,2004-10-19.

[2] 试管婴儿之父张明觉:在学术上做出重大贡献 心系祖国情系家乡[EB/OL].(2018-09-14)[2020-07-20].http://xianyu.chinaxiaokang.com/xianyuzhanshi/lanxian/renwu/2018/0914/502072.html.

(夏小雨,基础医学院,组织胚胎学与遗传发育学系,副教授)

关爱罕见病患者

思政映射点：人文关怀

学科：人体解剖和组织胚胎学

相关知识点：胚胎学总论，罕见遗传病

素材简介：每年 2 月的最后一天为国际罕见病日。在我国，针对罕见病患者的科普宣传、专家义诊、政策研讨和慈善事业等也在不断推广并规范化。2019 年，国家卫生健康委办公厅印发了《罕见病诊疗指南》。了解、关爱罕见病患者需要全民参与。本素材可用于培养学生的人文关怀精神。

罕见病是发病率很低、很少见的疾病的统称，一般为慢性、严重的疾病，常常危及生命。根据世界卫生组织的定义，罕见病为患病人数占总人口的 0.65‰～1‰的疾病。

1994 年，有一部风靡全国的电视剧，名叫《过把瘾》。剧中王志文饰演的男主角方言，由于得了一种名叫重症肌无力的疾病，最终在爱人的怀抱中去世。重症肌无力是一类自身免疫性疾病，是患者体内存在乙酰胆碱受体抗体，导致神经肌肉接头功能障碍造成的。具体症状包括患者逐渐失去对骨骼肌的支配，丧失劳动能力直至无法自主呼吸。重症肌无力是一种罕见疾病。关于重症肌无力的记载最早出现于 17 世纪的英国。1934 年，英国医生玛丽·沃克在著名医学杂志《柳叶刀》上发表了世界上第一篇关于重症肌无力治疗的文章。目前，我国有 65 万以上的重症肌无力患者。随着医疗条件和医学技术的发展，重症肌无力的死亡率已经大大降低，虽然它仍然无法被治愈，但在及时有效的治疗下，患者可以维持较好的生活质量。

2014 年 6 月 15 日，在北京市民政局和北京市社工委的支持下，"爱力重症肌无力罕见病关爱中心"成立。中心联合全国重症肌无力患者、医生、政府相关人士、媒体与社会公众，在国家体育场（鸟巢）举办重症肌无力关爱日相关活动，并确定 6 月 15 日为我国的重症肌无力关爱日。像重症肌无力这样的罕见病还有很多，其中许多属于基因突变导致的遗传病。2008 年，欧洲罕见病组织发起活动，将每年 2 月的最后一天定为国际罕见病日，每逢闰年即为 2 月 29 日，以体现"罕见"之意。2019 年国际罕见病日，国家卫生健康委办公厅印发了我国的《罕见病诊疗指南》，内含"第一批罕见病目录"，共 121 种。未来，希望广大医学

生不断充实和宣传有关罕见病的知识，在力所能及的范围内关怀和帮助这些患者。

参考文献：
张抒扬.罕见病诊疗指南（2019年版）[M].北京：人民卫生出版社，2019.

（夏小雨，基础医学院，组织胚胎学与遗传发育学系，副教授）

生理学

科学方法是获得真知的途径：生理学的建立

思政映射点：专业扎实，开拓创新，勤奋进取，科学精神
学科：生理学
相关知识点：生理学常用的研究方法
素材简介：本素材介绍了英国近代生理学之父威廉·哈维敢于怀疑前人的观点、开辟正确的科学方法，发现血液循环和心脏的功能，开创了近代生理学的事迹。可用于引导学生在扎实专业基础上，培养开拓创新、勤奋进取的科学精神。

　　1616 年 4 月中旬，在伦敦骑士街圣保罗教堂一位英伦绅士像往常一样，带着一份看似平常的讲稿走上了讲台。这份讲稿记录着威廉·哈维（William Harvey，1578—1657）近十年的研究心血，即关于血液循环的理论。如今他的这份讲稿收藏在大英博物馆。1628 年，他公开发表了《关于动物心脏与血液运动的解剖研究》，从此，生理学发展进入了一个新时代。

　　1578 年 4 月 1 日，威廉·哈维出生于英国肯特郡福克斯通镇，是家中的长子。1602 年，在意大利帕多瓦大学——当时欧洲最著名的高级科学学府，在解剖学家法布里克斯指导下学习。哈维在学习期间，不但刻苦钻研，积极实践，被同学们誉为"小解剖家"，而且在法布里克斯从事静脉血管解剖和静脉瓣的研究中，成了老师的得力助手，这为他以后的生理学研究打下了坚实的基础。1609 年，哈维取得了圣巴托罗缪医院候补医师的职位。哈维每周至少出诊一次，他关心患者的疾苦，亲自探视行动不便的患者，从不计较报酬，常为穷人免费治疗。他的宗旨是：医生要为穷人做好事。

　　哈维不仅是一位医术高明的医生，更是生理学的奠基人。公元 2—3 世纪，古罗马医生盖伦就开始通过观察、假设和类比思维的方法认识人体，他的理论在解剖学和生理学中占着统治地位。盖伦认为血液从右心室通过心脏的中隔流入左心室，但因心房瓣不够完善，因此有一小部分静脉血从右心室倒流到静脉里，一小部分动脉血从动脉回到左心室里。当时没有人敢于撼动盖伦的理论。

　　16 世纪中期以后，情况有了变化，维萨里证明盖伦关于血液通过中隔的说法不正确，因为隔开左右心室的隔膜是一块硬肌肉，不容血液通过。而哈维开

辟了直接向现象求知、通过实验求证问题的科学方法,从此让生理学研究走上了现代实验科学的正确轨道。哈维利用比较方法得出血液流动动力来自心脏。他由表及里、由浅入深地描述了人体的皮肤、脂肪、肌肉和内脏器官,包括心脏的结构。另外,他还详细描述了心脏的运动及心脏和静脉中瓣膜的功能。他明确指出:血液不断流动的动力,来自心脏的收缩。哈维利用定量方法得出血液是不断循环流动的。他首次估算出每次心脏搏动时射血量是 15 毫升,按每分钟心脏跳动 72 次计算,每小时心脏射血量是 64 升,这远远超过了血液本身的重量。因此,哈维意识到可能每分钟有等量的血液往复不停地通过心脏。哈维是第一个利用数学原理做出这种定量估计的科学家。哈维进一步利用实验方法验证了血液流动的方向。他用兔子和蛇反复做实验,把它们解剖,找出还在跳动的动脉血管,然后用镊子把它们夹住,观察血管的变化,他发现通往心脏的血管很快膨胀起来,而另一端马上瘪了下去,这说明血是从心脏向外流出来的;他又用同样的方法,找出了大的静脉血管,用镊子夹注它们,他发现靠近心脏的那一段血管塌陷,而远离心脏的另一端膨胀了起来,这说明静脉血管中的血是流向心脏的。哈维在不同的动物解剖中发现了上述同样的结果,他得出这样一个结论:血液由心脏这个"泵"压出来,从动脉血管流出来,到达全身各处,然后再通过静脉血管流回心脏。哈维在提出假说后,花了 9 年时间进行实验观察和验证,最终掌握了血液循环的详情。

他曾说过:"假如为了真理和无可怀疑的证据而改变自己过去的看法,他们就应该这么做而不必害怕这种改变。如果发现谬误,即使是古人所承认的,也应该毫不犹豫地加以放弃。"

科学方法是获得真知的途径。英国近代生理学之父威廉·哈维,正因为他敢于怀疑前人的观点,开辟了正确的科学方法,从而发现了血液循环和心脏的功能,开创了近代生理学。威廉·哈维一生追逐真理、勇敢探索、积极实践的精神永远值得我们尊敬和学习!

参考文献:

吴襄.近代生理学发展简史[M].北京:高等教育出版社,1996.

(张国花,基础医学院,解剖学与生理学系,教授)

钠钾泵的发现

思政映射点：开拓创新，勤奋进取

学科：生理学

相关知识点：钠钾泵

素材简介：本素材介绍了钠钾泵发现的过程，体现了科学家勤奋进取的探索精神，旨在培养学生的开拓创新精神和能力。

细胞膜上的钠泵将钠元素的外运与钾元素的内运耦联，钠泵后来更多地称为钠钾泵，它是存在于细胞膜上的一种钠钾 ATP 酶。人体处于静息状态时，细胞 25% 的 ATP 被钠钾泵消耗掉，而神经细胞 70% 的 ATP 被钠钾泵消耗掉。钠钾泵对于维持细胞内外的离子浓度差、维持细胞膜静息电位、产生动作电位、帮助细胞进行继发性主动重吸收、帮助细胞信号进行转导都有十分重要的意义。

早在 1941 年，就有生理学家基于放射性钠元素对肌肉细胞的实验提出了在细胞膜上存在着"钠泵"的推测，当时认为"肌肉细胞之所以能逆浓度地运输钠钾元素是需要做功的，因此，在细胞膜上一定有一种泵存在，这种泵能在泵出钠元素的同时泵入钾元素"。不过，就当时而言，"钠泵"只是一个猜想，并没有引起人们的注意。直到 1949 年以后，英国生理学家和细胞生物学家霍奇金才将该设想用来解释动作电位产生后恢复至静息状态的现象。他认为，动作电位后，细胞膜仍然要恢复到原来的静息状态，这就需要将流入细胞内的钠元素重新转运到细胞外。由于钠元素从质膜内运出质膜外是逆浓度梯度运输，需要消耗能量，因此需要钠泵来转运。他还进一步推测，逆浓度运输的钠泵若是需要消耗 ATP 的，抑制 ATP 的合成会抑制钠的逆浓度转运。

那么，钠泵究竟是如何工作的呢？这开始引起科学家们的兴趣。1954 年，匈牙利的生理学家发现红血细胞钾元素的吸收是与 ATP 有关的。1956 年霍奇金等发现注射 ATP 到氰化钾中毒的枪乌贼巨大神经轴突不能使细胞逐出钠元素的主动运输活动得到恢复。此期间，在丹麦奥尔胡斯大学攻读医学博士学位并从事局部麻醉研究的生理学家斯科对此也产生了兴趣。他了解到，1948 年，美国生理学家在枪乌贼巨大神经轴突鞘上发现有 ATP 水解酶的存在。斯科猜想这种存在于神经细胞膜上的 ATP 酶可能是一种脂蛋白。为此，他产生了分离这种酶的想法。由于当时他只是一名助理教授,没有资格得到大量枪乌贼神经实验材料,他选择了螃蟹神经作为替代品进行探究,几年时间大约用了25 000只螃蟹。斯科坚持不懈,功夫不负有心人,他终于从细胞膜上分离了这种ATP酶。通过实验,他发现这种ATP酶会因钠元素的增加而被刺激,该酶需要钠钾元素的共同参与才有活性,这与过去发现的细胞内被钾元素激活的酶通常被钠元素所抑制的规律不同。1957年,他在《生物化学和生物物理》杂志上发表了"一些阳离子对外周神经ATP酶的影响"的论文。但这时,斯科还没有意识到他的发现的重要性。

1958年.斯科参加了维也纳的第四届国际生物化学学术会议。在这里,他有幸遇到了曾在同一个实验室工作过的同事波斯特。波斯特向斯科介绍了自己的研究成果,他通过化学计量学发现红血细胞转运出的钠元素与转运进的钾元素的重量比例是2:3。他还告诉斯科,瑞士生理学家在1953年发现乌本苷能抑制红血细胞主动运输的信息。得知这个信息后,斯科立即通知他的实验室工作人员安排这个实验,最终实验证实乌本苷确实能抑制他所分离出的这种ATP酶的活动,这样就把ATP酶与钠泵联系了起来。斯科的发现开启了人类认识离子泵的先河,具有里程碑的意义。钙离子泵、氢钾离子泵等相继被发现。因在发现钠钾泵方面的杰出贡献,斯科等分享了1997年的诺贝尔化学奖。

回顾这段历史,给我们带来重要的启示:①科学研究是一项长久的接力赛,一个科学家想要获得成功,除本身具备良好的科学素质外,还需要继承前人和汲取当代人的科研成果,站在该领域的前沿上去创新;②斯科及多位科学家信念坚定、脚踏实地、坚持不懈地细致追求真理的科学探索精神是他们取得突破的重要法宝。

参考文献:

[1] 任衍钢.钠钾泵是怎样发现的[J].生物学通报,2011,46(3):60-62.

[2] BLAUSTEIN M P. The pump, the exchanger, and the holy spirit: origins and 40-year evolution of ideas about the ouabain-Na + pump endocrine system[J]. American Journal of Physiology-Cell Physiology, 2018,314(1):C3-C26.

(王小芳,基础医学院,解剖学与生理学系,讲师)

中国战地输血的传播者：伟大的国际主义战士白求恩

思政映射点：国际情怀，专业扎实，无私奉献
学科：生理学
相关知识点：血型和输血原则
素材简介：本素材介绍了伟大的国际主义战士白求恩对中国战地输血机制的建立及推动中国输血医学发展的故事。旨在培养医学生具有国际情怀和无私奉献的精神，在扎实的专业基础上，不畏艰难，开拓进取。

诺尔曼·白求恩（1890—1939）是中国家喻户晓的伟大的国际主义战士。他是一名加拿大共产党党员，胸外科医生。他的事迹感动了无数的中国人，成为医学界乃至全国人民学习的榜样。白求恩还是推动世界战时输血医学发展的重要贡献者，大规模战时供血保障体系的创立者，晋察冀军区倡导志愿献血的先驱，是对中国输血医学发展有着深远影响的传播者。

自奥地利免疫学家兰德斯坦纳等人发现了人类血型系统后，人类输血才走上科学、安全的道路。从此，输血成为治病疗伤、挽救生命的重要方法之一。第一次世界大战期间，由于治疗战伤的需要，输血技术取得明显的进步。1936 年 7 月，西班牙内战爆发，加拿大援助西班牙民主委员会请求白求恩去领导马德里的加拿大医疗队，他欣然接受。这出乎很多人的意料，因为他当时是世界著名的胸外科专家，也是加拿大年薪最高的医生之一，这不符合他的个人利益。白求恩到达西班牙马德里后，考察了多家医院，发现许多伤员因得不到及时输血而死亡。

白求恩深刻地认识到失血伤员立即输血的重要性，极力主张在伤员送回后方医院之前应该在伤员急救站和野战医院进行输血。他建立了世界上第一个流动输血站，迅速购置相应设备，大规模招募并筛选献血者，将采集的血液储存，并向马德里周边的前线各野战医院配送血液。他记录道："我们每天收集血液，混入柠檬酸钠，装入无菌的牛奶瓶或酒瓶，保存在接近冰点的冰箱中，这样的血液可以保存一周。"白求恩创建的卓有成效的输血站，向人们展现了战时快速建立大规模采集血液和向前线配送血液的供血保障体系的可行性和优势，为战时输血医学的发展做出了重要贡献。

在中国抗日民族解放战争爆发之际，他远渡重洋，到中国支援，并有效利用了他在西班牙建立输血站的经验。1938 年 3 月 31 日，白求恩到达延安。1938

年5月,白求恩与助手布朗大夫从延安出发奔向抗日前线晋察冀军区,途经陕西贺家川八路军120师后方医院,在那里停留期间,他每天需要给10名以上伤员做手术。他还主动给伤员献血。当时,白求恩给一个重伤员做截肢手术,可是伤员失血过多,处于严重的贫血状态,经不起手术,必须先输血。白求恩大夫号召在场的人给伤员输血,可是当时的人没有见过也没有听说过输血,认为输血会影响行军和打仗,不敢主动献血。白求恩就果断地说:"我是O型血,万能输血者,抽我的吧!"白求恩大夫躺在另一张手术台,和伤员的手术台并列,伤员和白求恩的两臂交叉,从两个人的肘静脉采血和输血,这是直接输血,也是八路军的医务人员第一次接触到了输血技术。

　　1938年6月,白求恩到达山西五台松岩军区后方医院。他在这里开始为八路军医务人员讲授输血技术。输血在当时是一个比较新鲜的技术,在中国只有大城市少数几家医院才能开展。在野战医疗条件下输血,是人们连想也不敢想的事情。他耐心地向战地医生们详细讲述了采血操作、标准血型制作、血型鉴定、配血试验、储存、运输、保管等基本知识,并对一名胸部外伤的患者进行成功的输血示范性操作演示。在当时,O型血被称为"万能血型",可以提供给任何血型的人,而是O型血的白求恩经常带头输血。他所组织的10人医疗小队,6个西班牙人,3个加拿大人,1个美国人,无一例外都是O型血,是当时中国第一个流动军用血库。消息传开后,边区的农会、武委会、妇救会纷纷响应,上千人报名献血,很快组成了一支献血预备队,每天从中选取8人,每人献血500毫升。当时,白求恩将储存血液的瓶子封存,贴上标签,放在山上泉水中冷藏。在之后的一年里,这支队伍发展到4 000人,每天需要5辆送血车将血液送往前线提供给伤员,并创下了1年里1 900人献血的纪录。

　　白求恩医生来到中国,用他的品德和智慧,在中国大地上谱写了"白求恩精神",对中国战地输血机制的建立及推动中国输血医学发展做出了巨大贡献。医学生应学习白求恩这种具有国际情怀和无私奉献的精神,在扎实专业的基础上,不畏艰难,开拓进取。

参考文献:

[1] 吕年青.免疫化学的先驱——卡尔·兰德斯坦纳:纪念Karl Landsteiner诞辰125周年暨逝世50周年[J].大学化学,1994,9(3):56-60.

[2] 雷二庆,李芳.野战输血史研究[M].北京:军事医学科学出版社,2014.

（张国花,基础医学院,解剖学与生理学系,教授）

"火鹰"的诞生

思政映射点：开拓创新，追求卓越，前沿引领
学科：生理学
相关知识点：血液循环，冠脉循环的血流特点与调节
素材简介：本素材通过介绍我国自主研发的"火鹰"冠脉雷帕霉素靶向洗脱支架系统，体现了我国科研人员不断提升自主创新的能力和实力，在医学科学领域不断实现新的跨越，将核心技术掌握在自己手中，造福人类的精神。

　　根据《中国心血管健康与疾病报告 2019》，我国心血管疾病患者高达 3.3 亿人，其中高血压患者 2.45 亿人，冠心病患者 1 100 万人，心力衰竭患者 890 万人。心血管疾病死亡位居榜首，占居民疾病死亡构成的 40% 以上，心血管疾病已经成为我国重大的公共卫生问题。

　　心肌的节律性收缩和舒张，耗氧量很大，流经心脏的血液中，65%～70%的氧气被心肌摄取和利用。机体主要通过扩张冠脉，增加冠脉血流量，来适应心肌对氧气的需求。当冠状动脉发生粥样硬化导致冠状动脉狭窄和/或痉挛，继而引起心肌缺血、缺氧时，往往导致心绞痛、心肌梗死等缺血性心脏病发作。从 1929 年德国医生福斯曼将一根导尿管插入自己的肘静脉并从上腔静脉进入右心房，成功拍摄人类第一张心导管胸片开始，医学科研人员在心脏介入治疗的道路上不断探索。1977 年，德国医生进行了世界首例冠状动脉球囊扩张术，开创了介入心脏病学的新纪元。1987 年，瑞士科学家西格瓦特将第一枚裸金属支架置入人体的冠状动脉，翻开人类心血管疾病治疗新的篇章。通过将金属支架永久性地置放于冠状动脉病变处，经球囊扩张释放或自膨胀方式支撑住血管壁，使冠状动脉管腔保持开放，可大大降低急性心肌梗死的死亡率。但随着裸金属支架的临床应用，再狭窄的发生又对介入治疗提出了新的挑战。

　　药物洗脱支架手术的原理是将抗血管增生的药物包覆在金属支架上，当把支架置于血管病变部位时，支架上的药物通过洗脱方式有控制地释放至血管壁组织而发挥生物学效应，从而有效地防止再次阻塞。2001 年 9 月，欧洲心脏病学会公布的 RAVEL 试验结果显示，与裸金属支架相比，使用西罗莫司洗脱支架的患者术后 7 个月的再狭窄率为 0。从此，药物洗脱支架的新纪元开始了。2001 年，药物洗脱支架登上了美国心脏协会 AHA 年度十大研究进展榜首。但

是药物洗脱支架也存在着药物剂量大、晚期支架血栓发生率高、支架贴壁不全等弊端，患者承担着沉重的医药负担和心理压力。

为了去除悬在患者头上的"达摩克利斯之剑"，上海微创医疗器械（集团）有限公司科研人员开始自主研发疗效更佳的"靶向洗脱"支架，以期降低药物的剂量，既可防止再狭窄，又可有效预防晚期血栓的发生。研发人员不畏艰难，克服诸如激光显微雕刻、超微 3D 精准打印、光学智能微信号捕捉和精准微量点灌等重重困难，经过 15 年的艰苦研发，终于迎来"鹰"击长空、展翅高飞的时刻。2014 年，我国自主研发的"火鹰"冠脉雷帕霉素靶向洗脱支架获得国家药品监管部门批准上市。

"火鹰"支架采用独特的激光单面刻槽涂药技术和靶向洗脱技术，在细如发丝却极其坚硬的钴铬合金上挖出近 600 个凹槽，使支架仅在有效面上载药且通过包裹槽严密保护涂层，防止涂层在输送过程中洗脱和药物流失，不仅提升了药物的利用率，同时大大降低了药物剂量。其载药量仅为其他支架的 1/3，成为全球药物载量最低的药物洗脱支架。它不仅降低了裸金属支架引起的术后再狭窄，也降低了药物支架引发的晚期血栓的发生率，提高了安全性并减轻了患者后期的负担。

2015 年 12 月，上海微创医疗器械（集团）有限公司做出了一个大胆的决定，在确保安全的前提下，在英国、德国等 10 个欧洲国家的 21 所医院开展了一场"火鹰"支架与雅培 Xience 支架的同台竞技，而后者被认定是"国际第二代心脏冠脉药物支架金标准"，1 653 名患者随机植入两者中的一种，比对哪种技术更成熟、效果更好。

2018 年 9 月，世界顶级权威医学杂志《柳叶刀》全文刊登了中国自主研发的"火鹰"冠脉雷帕霉素靶向洗脱支架系统在欧洲进行的大规模临床试验研究结果，称该研究破解了困扰世界心血管介入领域十多年的重大难题，在心脏介入治疗中，解决了再狭窄和晚期血栓问题。这是《柳叶刀》创刊近 200 年来，在刊文中首次出现中国医疗器械的身影。

上海微创医疗器械（集团）有限公司成立以来，以全球领先的医疗器械为目标，从跟跑到领先，先后研发出国产第一个球囊扩张导管、第一个冠脉裸支架和第一个药物洗脱支架。与进口支架相比，"火鹰"支架提高了医疗效果，极大地减轻了患者和社会的经济负担，为造福人民健康做出了贡献。目前，该支架已在全球 36 个国家和地区上市或完成注册，以"微创"为代表的中国医疗器械品牌正被越来越多的国家和地区认可。

"火鹰"冠脉雷帕霉素靶向洗脱支架系统的成功研发，体现了我国在医学科学领域自主创新能力的提升,未来我们一定会实现新的跨越,掌握更多的核心技术,造福人民。健康中国的建设,需要我们一代代医学人不断开拓创新,追求卓越,砥砺前行。

参考文献:

[1] MORICE M C,SERRUYS P W,SAUSA J E,et al. A randomized comparison of a sirolimus-eluting stent with a standart stent for coronary revascularization[J]. New England Journal of Medicine,2002,346:1773-1780.

[2] LANSKY A,WIJINS W,XU B,et al. Targeted therapy with a localised abluminal groove,low-dose sirolimus-eluting,biodegradable polymer coronary stent(TARGET All Comers):a multicentre,open-label,randomised non-inferiority trial[J]. The Lancet,2018,392:1117-1126.

(张文慧,基础医学院,解剖学与生理学系,副教授)

乙酰胆碱悖论与一氧化氮

思政映射点：敢于质疑，严谨求实，科学精神，开拓创新

学科：生理学

相关知识点：血液循环，血管内皮生成的血管活性物质

素材简介：本素材主要介绍美国药理学教授弗奇戈特面对技术员的一个"错误"，用接受"错误"的宽大胸怀，以严谨求实的态度重新审视自己多年的研究，最终成功解开"乙酰胆碱悖论"，发现血管内皮释放的舒血管物质——一氧化氮（NO）的事迹。

罗伯特·弗奇戈特是一位美国的药理学教授，多年来一直致力于研究药物对血管平滑肌细胞的作用。自 1951 年开始，他以兔子的主动脉为研究对象，发现乙酰胆碱（ACh）等 M 受体激动剂在体外可引起血管平滑肌收缩，但在体实验则表明 ACh 引起了血管舒张，离体与在体实验结果背道而驰，成为当时困扰弗奇戈特的"乙酰胆碱悖论"。直到有一天，技术员的一个"错误"，成为打开悖论的"钥匙"。

1978 年的一天，技术员像往常一样，体外使用 ACh 刺激血管平滑肌，结果平滑肌没有像他预料的那样出现收缩，而是开始舒张。看着这个意料之外的结果，技术员不免有些沮丧，当他向弗奇戈特汇报这一实验结果时，弗奇戈特非但没有责备，反而和他一起来到实验室，仔细检查实验记录。弗奇戈特注意到技术员因疏忽，没有按照实验程序制备血管条标本。以往的操作都是取下兔子的主动脉，套在研究人员的中指上，用外科剪刀沿指尖将主动脉剪成窄圈，中指不断退缩，直到动脉圈剪完。为了防止血管条卷曲，技术员通常把剪下的血管条内膜面朝下铺在过滤纸上，再切成长短不一的血管条，以备体外检测平滑肌对不同药物的反应。而这一次，技术员则是在主动脉套叠后，将内膜外翻，中指穿过血管外膜形成的孔壁，制作了血管环。

于是，他们认真比较两种不同方法制备的标本对 M 受体激动剂 Carbachol 的反应。结果意外地发现，按照以往的操作，手指在血管内膜上摩擦，损毁了血管内皮细胞，Carbachol 引起了血管条收缩；而重复技术员的"疏忽"，保留主动脉的血管内皮细胞时，Carbachol 则引起了血管舒张。弗奇戈特从中得到一条重要的线索——无意的内膜摩擦可能导致血管失去对 ACh 的舒张反应。紧接

着，弗奇戈特进一步改进标本制备方法，小心地不触及血管内膜制备血管条，结果发现，这样制备的血管条对 ACh 具有良好的舒张反应。由此，"乙酰胆碱悖论"被打破。1979 年，他们把这一发现发表在《血管》上。

但是，为什么血管内膜面的损伤会导致其失去对 ACh 的舒张反应呢？血管内皮细胞是否在平滑肌舒张中发挥了作用？通过改进组织染色方法，弗奇戈特发现了内皮细胞在舒张反应中的关键作用，明确提出血管内皮细胞与血管反应性有关。

接下来，一个新的问题又摆在弗奇戈特面前：为什么刺激内皮细胞可引起血管平滑肌舒张？弗奇戈特回忆道："那天我刚醒来，一个漂亮的实验设计突然闯入我脑海。于是我到实验室立即按这一方案开始实验。"这就是弗奇戈特著名的"三明治"血管灌流模型。这个实验分别采用去除内皮的动脉条和保留完好内皮的动脉条，去尝试，同时使动脉条的平滑肌组织在两边，中间夹有一层内皮细胞。在给予 ACh 刺激后立即移除保留内皮的血管条，结果发现给予 ACh 可引起无内皮细胞的动脉条舒张。说明在 ACh 的作用下，内皮细胞产生了某种物质，该物质经扩散后作用于无内皮动脉条平滑肌，引起它的舒张。由此，弗奇戈特推断，血管内皮细胞释放了舒张血管的物质，他将其命名为内皮舒张因子（EDRF），并将结果发表在 1980 年的《自然》杂志上。

那么，EDRF 究竟是一种怎样的物质呢？1977 年，美国弗吉尼亚大学的穆拉教授发现硝酸甘油能在组织内代谢产生一氧化氮，一氧化氮激活鸟苷酸环化酶，进而产生 cGMP，引起血管平滑肌舒张。他认为一氧化氮可能是一种对血流具有调节作用的信号分子。与此同时，加州大学药理学家依格那洛教授的研究工作也在紧锣密鼓地进行，他们用 ACh 刺激血管环后提取含有 EDRF 的培养液，观察该液体对鸟苷酸环化酶的活化作用，并检测液体中一氧化氮的水平。他们的结果和穆拉的不谋而合，含有 EDRF 的培养液可活化鸟苷酸环化酶，而且培养液中产生的一氧化氮与鸟苷酸环化酶的活化程度呈正相关。

1986 年，弗奇戈特和依格那洛分别独立推断 EDRF 的化学本质就是一氧化氮。1987 年，英国科学家蒙卡达通过实验证实，EDRF 就是一氧化氮。至此，谜底终于揭开。在 ACh 或者其他刺激因素作用下，血管内皮细胞合成释放一氧化氮，通过扩散穿过内皮细胞膜进入血管平滑肌细胞内，作用于鸟苷酸环化酶，使其分解 GTP 产生 cGMP，cGMP 通过蛋白激酶 PKG 使肌凝蛋白轻链激酶磷酸化，抑制肌凝蛋白轻链激酶，减少肌凝蛋白与肌纤蛋白的交互作用，使平滑肌细胞松弛，血管舒张。

一氧化氮是人体内第一个被发现的气体信号分子。1992 年，一氧化氮被

《科学》杂志评为"年度明星分子",该杂志高度评价了一氧化氮的发现及其生物学作用。1998 年,弗奇戈特、穆拉及依格那洛因"发现一氧化氮在心血管系统中的信使分子作用"而共同获得诺贝尔生理学或医学奖。

在实验过程中,出现"非预期性"结果在所难免。面对技术员因疏忽带来的"意外",弗奇戈特以宽容的心态接受"错误",以严谨求实的态度解锁"悖论",以巧妙的设计大胆提出 EDRF 的存在,使人类在探索血管内皮功能的道路上少走了许多弯路,这是弗奇戈特最大的贡献。美国药理学教授弗奇戈特的事迹让我们明白,面对"错误",要有接受"错误"的宽大胸怀,并抱着严谨求实的态度坚持科学研究。作为医学生,不仅要有严谨求实的科学精神,开拓创新的毅力,还要有敢于质疑的勇气。

参考文献:

[1] FURCHGOTT R F, ZAWADZKI J V. The obligatory role of endothelial cells in the relaxation of arterial smooth muscle by acetylcholine[J]. Nature, 1980, 288: 373 - 376.

[2] CULOTTA E, DE KOSHLAND J R. No news is good news[J]. Science 1992, 258: 1862 - 1865.

[3] FURCHGOTT R F. Endothelium-derived relaxing factor: discovery, early studies, and identification as nitric oxide (Nobel Lecture)[J]. Angewandte Chemie International Edition, 1999, 38: 1870 - 1880.

(张文慧,基础医学院,解剖学与生理学系,副教授)

新药研发路上的追梦人

思政映射点：爱岗敬业，专业扎实，开拓创新，无私奉献

学科：生理学

相关知识点：血液循环，心肌细胞电活动

素材简介：本素材主要介绍中科院上海药物研究所王逸平不忘初心，始终把解除人民群众的病痛放在首位，先后完成多项国家重点项目的事迹。他主持研发的现代中药丹参多酚酸盐，造福了 2 000 多万名患者。王逸平创新研发的抗心律失常药——多离子通道抑制剂硫酸舒欣啶，在国内外获得了高度认可。虽身患重病，但王逸平始终以顽强的毅力和乐观的精神，在药物研发的领域中坚持耕耘，无愧于"时代楷模"的称号。

心肌细胞的电活动是心脏泵功能重要的电生理基础，其中各种不同的离子通道在心肌细胞跨膜电位的形成中发挥着重要的作用，直接影响到心肌细胞的兴奋性、自律性和传导性。在心肌缺血缺氧等病理情况下，由于离子通道性状发生改变，引起潜在起搏点接替主导整个心脏的兴奋，导致心律失常的发生。而抗心律失常药物在临床如果使用不当，往往又会引发新的心律失常。

王逸平是中科院上海药物研究所的研究员。他自 1988 年从上海第二医科大学（现上海交通大学医学院）获得药理学硕士学位，进入中科院上海药物研究所工作以来，便一直研究心血管药物，成为一个新药研发的追梦人。正如他在 2015 年药物所研究生毕业典礼上所说："我有一个梦想，能做成一个好药，出现在全球医生的处方中。希望这一天早点到来。"为实现这个梦想，王逸平脚踏实地、兢兢业业、锐意创新，先后完成了 50 多项新药药效学评价和国家科技部 863 项目、国家"十一五"重大新药创制等项目。

药物研发是一个漫长的过程，所消耗的时间是常人难以想象的，甚至可能在经历长期的研究后不得不放弃之前所有的心血。王逸平就曾经遇到过这样的挫折。他在一种药物的研发上已经投入了 10 多年的时间和精力，但在申请专利时，却因为药效评价不理想而选择放弃。对他来说，个人的名利得失不重要，新药的安全、患者的生命永远是第一位的。

丹参是我国传统药物，早在《本草纲目》等文献中就有关于丹参的记载。但是，丹参的有效成分究竟是什么？如何提高这一传统药物在心血管疾病治疗中的疗效？1992 年，丹参多酚酸盐项目立项。那一年王逸平年仅 29 岁，进入中科

院上海药物所工作不久。但年轻有为的他克服资金短缺,设备陈旧等困难,带领课题组成员夜以继日地开展研究。一天,当他正为 100 多种丹参水溶性组分和化合物做测试时,丹参乙酰镁引起了他的注意。由于其具有极强的生物活性,王逸平大胆推测:丹参乙酰镁可能就是丹参主要的药用成分。

但这只是万里长征第一步,在接下来的 13 年中,王逸平与同事们不懈努力,潜心研究,一次次否定,一次次重来,终于迎来了丹参多酚酸盐临床实验阶段。但此时,王逸平却主动提出增加平板运动实验。很多人不免担心,如果出现不良反应,大家 10 多年的心血将付诸东流。但王逸平坚持新药研发必须科学严谨,必须对人民群众的健康负责。在王逸平及其团队成员的共同努力下,丹参多酚酸盐粉针剂终于上市了。目前,该药在我国 5 000 多家医院内使用,在冠心病、心绞痛等疾病治疗中疗效显著,受益者高达 2 000 多万人,成为我国中药现代化研究的典范。1993 年,在丹参多酚酸盐研发刚刚起步不久,王逸平被确诊患上了不治之症"克罗恩病"。他默默承受着常人难以忍受的痛苦,始终以积极乐观的态度和顽强的毅力投入心血管药理研究中。

1997 年,中科院上海药物研究所开始了抗心律失常新药硫酸舒欣啶的研发,药理室心血管药理实验室研究组长王逸平再次领命承担这项艰巨的任务,一做就是 20 年。硫酸舒欣啶是以中药常山作为结构先导,经过结构改造合成的化合物,为一种多离子通道抑制剂,可同时作用与钠通道、钾通道和钙通道。在项目研发的 20 年间,王逸平忍受着"克罗恩病"巨大的痛苦与同事们并肩奋战,使硫酸舒欣啶的研究稳步推进。2004 年,该药临床研究获批;2006 年正式开始 Ⅰ 期临床试验;2016 年,该药进入 Ⅱc 期临床试验阶段。中外临床实验发现该药不良反应小,其安全性和疗效显著。该药物的开发为研制抗心律失常药物提出了新的方向,获得多项国家发明专利授权。但是,2018 年 4 月 11 日,就在药物即将进入 Ⅲ 期临床实验时,王逸平却倒在了心爱的工作岗位上。一个毕生致力于解除人民群众病痛的科学家,期盼着"再给我十年,再做两个新药"的追梦人,以他坚忍执着,锐意进取的精神,被中宣部追授为"时代楷模"。

王逸平造福了千万人,获得了国内外高度赞誉,却依然不忘初心,始终把解除人民群众的病痛放在首位;他虽身患重病,却始终以顽强的毅力和乐观的精神,在药物研发领域坚持耕耘,爱岗敬业,无私奉献。他无愧于"时代楷模"的称号。

参考文献:

[1] 白东鲁,王逸平,李亚平. 硫酸舒欣啶固体和靶向制剂机器制备方法[P].

中国，CN200510030150.8，2007 - 04 - 04.

[2] 王逸平，宣利江.中药现代化的示范性成果：丹参多酚酸盐及其注射用丹参多酚酸盐的研究与开发[J].中国科学院院刊，2005(5)：377 - 380.

（张文慧，基础医学院，解剖学与生理学系，副教授）

胸怀国家的中国生理学奠基人林可胜

思政映射点：爱国情怀，科学精神，淡泊名利

学科：生理学

相关知识点：胃肠运动，胃排空

素材简介：本素材介绍了中国现代生理学奠基人之一林可胜，他是一位蜚声国际的生理学家，在消化生理学与痛觉生理学两个领域成就卓越。他又是一位赤诚的爱国主义者，在中国人民反抗日本侵略的战争中，他舍弃优越的工作和生活条件，毅然决然地回到祖国，组织战地救护队，创建救护总站，为中华民族的医学发展做出了贡献。

在中国近代科学（特别是中国生命科学和医学研究）发展史上有一位对中国科学和社会有极大贡献，又几乎被人遗忘的科学家，他就是林可胜。林可胜1897年生于新加坡，祖籍福建海澄，自幼在英国接受教育，1919年获得爱丁堡大学医学内科、医学外科学士学位，1920年获爱丁堡大学哲学和生理学博士学位。1925年回到中国，任北平协和医学院生理学系教授和系主任，是协和的第一位华人系主任。

林可胜的主要研究工作是胃肠道生理和神经生理。他从美国芝加哥大学回国后，专注于研究胃液分泌，首先提出"肠抑胃素"的概念，并用科学、严谨的实验加以证明。他所提出的"肠抑胃素"后来被命名为肠抑胃多肽。林可胜开创了世界肠抑胃素和肠促胰素研究的先河，为内分泌学、糖尿病学、生理学和胃肠病学发展做出了卓越的贡献，是国际肠抑胃素和肠促胰素研究的先驱。1952—1967年，林可胜在迈尔斯试验所又对疼痛及止痛机制作了比较深入的研究，设计和进行了第一个有效区分外周和中枢镇痛的实验，并证明阿司匹林是在外周发挥镇痛作用的。这些实验至今仍被学界誉为镇痛研究的典范。

林可胜在科研上能取得超越前人的卓越成就，绝不是偶然的，这与他为科学而献身的精神和多年一贯的顽强钻研分不开。为了研究阿司匹林的镇痛作用，他先把缓激肽注入自己的动脉血管中，使身体产生剧烈的疼痛，然后用阿司匹林来镇痛。在协和医学院做研究实验时，经常废寝忘食。这可以看出他锲而不舍、刻苦钻研的科学精神。

林可胜不仅是一位杰出的科学家，还是一位赤诚的爱国主义者。1925年，

他怀着发展中国现代生理学的雄心壮志而慨然归国,在协和医学院任教一直到抗日战争全面爆发。这十几年间,他刻苦钻研、锐意创新,在科研、教学、培养人才等方面都有杰出成绩。培养了许多青年生理学工作者,如冯德培、卢致德、柳安昌、徐丰彦、沈其震、贾国藩、易见龙、李茂之、王世浚、沈诗章、徐庆祥、陈梅伯、黄仁若、李落英、汪昆仁、李宗汉、谢维铭、孟昭威、吕运明、王志均等。经过十几年的艰苦奋斗,他将我国的生理学建设得初具规模,他的学术影响也被传播到我国其他许多医学院校、综合性大学生物系以及研究机构。林可胜在学成后舍弃优越的工作和生活条件,毅然决然地回到祖国,为中华民族的医学发展做出了卓越贡献。他这种淡泊名利、心系祖国的爱国情怀,令人钦佩。

参考文献:

[1] 饶毅.几被遗忘的中国科学奠基人之一、中国生命科学之父:林可胜[J].中国神经科学杂志,2001,17(2):171-172.

[2] 陈适,赵维纲,潘慧,等.国际肠抑胃素和肠促胰素研究的先驱:北平协和医学院林可胜教授[J].协和医学杂志,2017,8(1):6-79.

[3] 何校生.中国红十字会救护总队总队长林可胜:中国红十字运动史上的一座丰碑[N].中国红十字报,2017-10-13(A3).

(董莉,基础医学院,解剖学与生理学系,讲师)

光遗传学之父

思政映射点：职业使命感，知识宽广，前沿引领，人文关怀
学科：生理学
相关知识点：神经系统功能活动的基本原理
素材简介：本素材介绍了美国精神病医生兼神经科学家卡尔·迪塞罗斯在治疗疾病的过程中践行职业使命感、不停思考、不断创新，由临床问题回到基础创新、再由基础创新回到临床实践的研究过程。旨在培养医学生拓展知识面，提升探究能力，养成始终心系患者的人文关怀情感。

卡尔·迪塞罗斯是美国精神病医生兼神经科学家，光遗传学的创始人。他原本打算做一名神经外科医生，但在一次为期 4 周的精神科义务轮班后，他改变了想法，成为一名精神科医生。

他的第一个患者患有分裂情感性障碍，迪塞罗斯为他开了强效的抗精神病和稳定情绪的药物，但那个患者病情始终没有好转，无法离开精神病医院。迪塞罗斯感到十分沮丧，但也激发了他寻求新方法的斗志。他会花一整天探视患者，然后回到实验室，花几个小时开展实验。他说："当我坐在患者面前听他们讲述自己的感受时，我的注意力非常集中。这是我的假说和思想的源泉。"这为他的神经科学研究工作提供了意义非凡的洞察。他经常问自己："如何才能制造出一种工具，在保持组织完好无损的情况下，观察并控制组织层面的活动呢？"

1979 年用电极刺激大脑已经是神经科学家的例行方法，但学界认为这个方法不够精确，有必要建立一种新的方法，最好不仅能激活或关闭特定神经元，还不会影响其他类型的细胞。有学者认为，要发现理想的治疗方法，就需要设法令特定类型的细胞具有光敏感性。其实 20 世纪 70 年代初，德国科学家已经发现了首个微生物视蛋白。视蛋白是一种光敏蛋白，比如眼睛感光细胞内的视紫红质。2002 年，科学家们通过从果蝇视网膜上提取的视蛋白，成功地为脑细胞赋予了光敏感性。2003 年，一个德国研究团队从绿色水藻中提取视蛋白并将其导入人类胚肾细胞后，细胞就会对蓝光刺激产生反应。迪塞罗斯意识到，这个发现可能具有划时代的意义。与果蝇的视蛋白不同，这种新的视蛋白即光敏感通道 2（ChR2），只需一步就能把光转化为电，转换的速度几乎与大脑电脉冲一

样快。

2004 年夏天，迪塞罗斯在斯坦福大学建立了自己的实验室，并聘用了一名出色的博士生，这位博士就是张锋。把藻类视蛋白引入脑细胞是一项精细的工作，而张锋似乎就是这项工作的理想人选。视蛋白需要通过一种病毒作为载体进入细胞，但必须注意浓度不能太高，否则会杀死神经细胞。迪塞罗斯告诉张锋，这个实验可能具有革命性的意义。张锋将分离出的大鼠神经元放在培养皿中培养，然后采用了一种温和的慢病毒来将视蛋白介导入细胞。经过一年的实验，这个团队在世界上首次开发出光敏感神经元的可靠技术，然而迪塞罗斯并没那么兴奋。他说："这项技术是否真的有用，还尚不明朗。我们必须通过准确地控制活体动物的行为，在某种程度上真正了解大脑到底在做什么。"2005 年8 月，当他们的论文终于在《自然·神经科学》上发表时，有人无比激动，有人质疑这项技术的普遍性和实用性，这也是迪塞罗斯想到的问题。迪塞罗斯和他的同事仍面临着一系列的挑战。他们费了很多工夫把视蛋白转染到特定的脑细胞上。比如和睡眠、记忆或焦虑有关的细胞。直到 2009 年春天，迪塞罗斯的学生用光遗传学来操控啮齿类动物，从而精确地确定了与帕金森病有关的神经环路。

光遗传学有可能成为人类的治疗手段，迪塞罗斯为此付出了不懈的努力。他率先将光遗传学的操作以一门技术的形式呈现在科学界，并带头将这门技术推广至全世界的实验室中。与此同时，迪塞罗斯也在临床实践中把他从光遗传学实验中获得的知识应用到患者身上。他在诊治一位患有重度抑郁，并伴随有帕金森病症状的患者时，想到了他的小鼠实验——该实验显示类似抑郁的状态与缺乏多巴胺神经元有关。于是他给这位患者使用了针对多巴胺系统的药片，效果非常好。迪塞罗斯作为一名临床医生，时刻饯行职业使命感，即一切为了患者，从患者中来，到患者中去，不停地在实验室创新路上寻求为临床患者解除病患的新路径。迪塞罗斯在治疗疾病的过程中不停思考、不断创新的探究精神，以及始终心系患者的人文关怀情感，值得所有人学习。

参考文献：

BOYDEN E S，ZHANG F，BAMBERG E，et al. Millisecond-timescale，genetically targeted optical control of neural activity[J]. Nature Neuroscience，2005，8：1263-1268.

（张国花，基础医学院，解剖学与生理学系，教授）

激素概念的提出

思政映射点：开拓创新，科学精神
学科：生理学
相关知识点：激素的概念
素材简介：本素材主要介绍了科学史上因对神经调节的勇敢质疑而发现第一个动物激素——促胰液素，并由此提出"激素"的概念、开创"内分泌学"新领域的过程。旨在让学生学习科学家们实事求是、开拓创新、敢于质疑和批判的科学精神。

在 19 世纪 50 年代，法国著名的实验生理学家克劳德·伯尔纳发现，进入小肠的酸性食糜可引起胰液分泌，这一现象后来被多个实验室的科学家反复观察到。由于当时巴甫洛夫神经反射理论占主导，巴甫洛夫是现代消化生理学的奠基人，对消化生理学的贡献十分卓著，并获得了 1904 年诺贝尔生理学或医学奖。因此他的神经反射理论影响了很多科学家。大家都从局部神经反射的角度去解释这个现象，认为是肠道存在"局部分泌反射"所致。

1902 年 1 月，英国两位生理学家贝利斯和斯塔林在重复了类似实验后，对此现象提出了新的解释。因为深信在实验中他们是完全切除了神经，所以他们大胆地跳出了"神经反射"这个传统概念的框框，提出了一个新的设想——"化学反射"。也就是说，在酸性条件下，小肠黏膜可能产生一种化学物质，当它被吸收入血液后，随着血流被运送到胰腺，引起胰液分泌。

为了验证这个假说，他们设计了一个实验：在酸性食糜进入实验动物（狗）的小肠后，立即将同一条狗的另一段空肠剪下来，制备出粗提取液，再注射到这条狗的静脉中，结果引起了比之前切除神经的实验更明显的胰液分泌，这个结果完全证实了他们的设想。于是，他们发现了一个能刺激胰液分泌的化学物质，这个物质被命名为促胰液素（secretin）。这是生理学史上的一个伟大发现！他们采纳了同事哈代的建议，于 1905 年创造了 hormone 一词，即"激素"，促胰液素便是历史上第一个被发现的激素。这样，产生了"激素调节"这个新概念，以及通过血液循环传递激素的"内分泌"方式，从而建立了"内分泌学"这个新领域。

斯塔林和贝利斯两位科学家在尊重科学事实的同时，敢于挑战当时的权威,跳脱出"神经反射"这个传统概念的框框,从而开创出新的学科——内分泌学。由此可见,在做学问的时候,在科学事实的基础上,要有一颗怀疑的心,倡导理性科学的怀疑精神,开拓创新,敢于质疑和挑战权威,勇于突破权威建立的旧模式旧框架,破旧立新,这对提出新见解、新理论有着重要的意义。医学生应学习文中这些科学家们始终实事求是、开拓创新、敢于质疑和批判的科学精神。

参考文献:
王庭槐.生理学(第三版)[M].北京:人民卫生出版社,2005:263.

(董莉,基础医学院,解剖学与生理学系,讲师;
罗萍,基础医学院,解剖学与生理学系,助理实验师)

垂体化学研究的先驱李卓皓

思政映射点：勤奋精神，探索精神，奉献精神，科学精神
学科：生理学
相关知识点：垂体内分泌
素材简介：本素材介绍了李卓皓研究垂体激素的过程，体现了科学家的勤奋探索精神，旨在培养学生具备医学研究的开拓创新精神。

　　李卓皓是世界上人工合成激素的奠基人。1933年，他以优异的成绩毕业于南京金陵大学（今南京大学前身）化学系，1935年起，他在加州大学伯克利分校化学院攻读博士学位。毕业后，李卓皓在该校实验生物学研究所研究激素化学。在那个年代，几乎没有成熟的蛋白质提纯技术，分离和提纯多肽很不容易。关于脑垂体的研究也才刚刚开始，人们只知道它会分泌一些物质，成分非常复杂，但对这些物质的具体成分和作用知之甚少。对于这些问题，李卓皓很感兴趣，他用化学方法把复杂的垂体激素逐一进行了分离纯化，并做了多种激素的鉴定、合成方面的开创性工作，最终在激素研究上做出了很多具有里程碑意义的研究成果。

　　1940年，李卓皓第一次从羊的脑下垂体中分离出促黄体激素，并确定了它的化学特性及生理性质。数年后，他又分离出促卵泡激素。20世纪50年代，李卓皓从垂体中进一步分离出若干种激素，包括促肾上腺皮质激素（ACTH）、促黑激素、人类生长激素和催乳素，并对分离出的所有激素的结构进行测定，进而研究其人工合成方法，其中ACTH就是世界上第一种用人工方法合成的激素。在这个过程中，他首先确定了ACTH化学结构是由39个氨基酸组成，并通过比较各种动物的ACTH，发现其功能相同，结构上仅末端的几个氨基酸不同。由此他认识到只有前面19个氨基酸序列才使ACTH具有生理活性，于是1960年完成了ACTH的化学合成，成为世界上人工合成激素的奠基人。

　　在生长激素的研究方面，李卓皓也取得了非凡的成就。1944年，他运用一般的有机化学方法和当时有限的蛋白质分离方法，从数以千计的牛的脑下垂体萃取物中首先分离出生长激素。但牛的生长激素对人体不起任何效用，因此他转而研究人类生长激素。1956年，李卓皓发表了《人类和猿猴生长激素的分离方法及性质》一文，并证明这种生长激素对罹患侏儒症的孩童具有促进生长的

疗效。随后,基于患者的需求,李卓皓又开始研究生长激素的合成。1966 年,李卓皓首次确定了人类生长激素的化学结构是由 256 个氨基酸所组成,并于 1970 年合成成功,成为合成人类生长激素的首创者,为大规模生产生长激素奠定了基础。

　　李卓皓还是发现人体自生的止痛激素——β-内啡肽的第一人。1970—1980年,李卓皓相继合成了一系列激素,其中就包括 β-内啡肽——一种具强效止痛作用的激素。此后数年,李卓皓专门从事人体内啡肽的分离、纯化、鉴定及合成研究,并为世界上许多研究内啡肽生理机能的单位提供内啡肽材料。

　　李卓皓在其领导的激素研究所先后接纳和指导了来自 30 多个国家的 300余名学者从事激素研究,一生与 300 多位学者合作发表了 1 204 篇学术论文,创造了科研史上的奇迹。这些卓越贡献不仅增进了世人对人体荷尔蒙及生长激素的了解,更促成了蛋白质及肽合成的长足进步。其研究成果直接对临床医学,特别对生长和生殖学研究方面有着深远的影响。李卓皓一生曾获 25 项科学奖,还曾 8 次获得诺贝尔奖提名,但终未获奖。他的研究造福百万家庭,贡献巨大,也获得了科学界和社会的认可和尊敬,被称为"脑下垂体大师"。1987 年11 月 28 日,于美国伯克利逝世,享年 75 岁。

　　李卓皓在科学事业上有如此卓越的成就,首先在于他有坚强的信念和开拓创新的精神,靠过人的勇气和耐心坚持下去。当时实验条件较差,实验技术尚未发达,而研究内容复杂且工作量很大,在如此艰苦的情况下他能首次开创分离纯化激素的方法,可见其惊人的毅力和追求真理的开拓精神。李卓皓经常说:"不要靠聪明,很多聪明人一事无成,就是被聪明误,一定要勤奋,我的经历就是如此。"他一生巨大的科研贡献,在全世界学术界也是罕见的,这离不开他勤奋进取、开拓创新的可贵品质。在医学的探索道路上,离不开研究人员的勤奋探索、对医学研究的开拓创新,以及对医学事业的无私奉献精神。

参考文献:

[1] 张家庆. 纪念国际杰出的华裔科学家,实验内分泌学家李卓皓教授诞辰
　　100 周年[J]. 中华内分泌代谢杂志,2013,29(12):1003-1005.
[2] 李卓美. 缅怀杰出的脑垂体内分泌生物化学家李卓皓博士[J]. 化学通报,
　　1991(05):49-52.

（王小芳,基础医学院,解剖学与生理学系,讲师）

遗传学

中国现代遗传学的开拓者谈家桢

思政映射点：爱国情怀，科学精神
学科：遗传学
相关知识点：单基因遗传
素材简介：本素材介绍了谈家桢为中国遗传学事业做出的巨大贡献，体现了他不畏困难、坚持真理，实事求是的科学精神。他发现的瓢虫色斑"镶嵌显性"遗传现象，被认为是经典遗传学的重要补充，为现代综合进化理论提供了关键论据。他为中国的遗传学教育和研究培养了一大批优秀的人才，毕生奉献于中国的遗传学事业，是中国现代遗传学的奠基人。

谈家桢是我国现代遗传学的开拓者，是他将"基因"（gene）一词带入了中文。1909 年，谈家桢出生在浙江省宁波慈溪。中学毕业后被免试保送进入苏州东吴大学学习，他选择了生物学专业，于 1930 年获理学士学位。后经东吴大学生物系主任胡经甫先生推荐，成为燕京大学李汝祺教授的研究生，开始从事有关"异色瓢虫鞘翅色斑遗传"的研究，于 1932 年获燕京大学硕士学位，并通过相关研究的论文申请赴美国摩尔根实验室攻读博士学位。

1934 年，谈家桢告别母亲和新婚妻子，只身漂洋过海来到美国，师从摩尔根及其弟子杜布赞斯基开始从事果蝇的进化遗传研究。其间，他对果蝇近缘种之间的染色体差异和染色体的遗传图进行了一系列开创性的研究，相关的研究结果被引入现代综合进化理论的创立者杜布赞斯基的代表作《遗传学与物种起源》一书中，为"现代综合进化论"的形成提供了关键论据。1936 年，谈家桢获得了美国加州理工学院的博士学位。

1937 年，谈家桢谢绝导师的挽留，毅然回国。他应时任浙江大学校长竺可桢先生之邀任浙江大学生物系教授、理学院院长，在浙江大学开设了遗传学和细胞学课程，并开始招收研究生。

1939—1946 年间浙江大学西迁至贵州，在湄潭的唐家祠堂中，谈家桢不畏艰难，继续对亚洲异色瓢虫鞘翅色斑的遗传方式进行深入研究。就是在这座破陋的祠堂中，他发现了"异色瓢虫色斑遗传中的镶嵌显性"这一极具价值的遗传现象并发表了论文，在国际遗传学界引起巨大反响，被认为是丰富和发展了摩尔根的遗传学说。1948 年，谈家桢代表中国遗传学界参加了在瑞典斯德哥尔摩举行的第八届国际遗传学会议,应邀做了学术报告,并当选为国际遗传学联合会的常务理事。

　　中华人民共和国成立后,由于当时的国情是"一边倒"全盘学习苏联,中国的遗传学教育和研究一度完全被苏联的李森科主义支配,导致我国遗传学的发展遭受重创。面对李森科主义的反科学逆流,谈家桢并未曲意逢迎,而是勇敢地弘扬真理,毫不动摇地坚持科学信念。1956 年 8 月,在毛泽东"百花齐放、百家争鸣"方针的指引下,遗传学座谈会在青岛召开。这次会议的召开,使中国的遗传学家们重新获得了开展科研活动的权利,大家都痛感中国的遗传学已远远落后于世界的先进水平,迫切需要恢复遗传学的教学与研究。1957—1959 年间,毛主席四次接见谈家桢,鼓励他"要大胆地把中国的遗传学搞上去"。谈家桢率先在复旦大学创建了中国第一个遗传学专业和遗传学研究所,并恢复招收研究生。同时,他还以"基因与遗传"为主题在全国高等院校进行遗传学知识的巡回系列讲学和培训,让大家系统了解孟德尔-摩尔根遗传学的理论。此举对于匡正中国遗传学的发展方向、提高我国高等学校遗传学专业的教学水平、转变当时高校中教师和研究人员的学术思想、培养储备中国遗传学的人才,起到了重要作用。他被誉为"中国的摩尔根",也是他将"基因"一词带入了中文。

　　1978 年,当科学的春天到来时,谈家桢虽已年届古稀,仍壮志不减。为了实现"把中国的遗传学搞上去"的宏愿,他集结队伍,为中国遗传学的崛起和走向世界奋力拼搏。在他和李汝祺先生等的倡议和组织下,成立了中国遗传学会。他以博大的胸怀和务实的精神,携手遗传学界的同仁,行走在全国各地的高校,一方面,继续在全国举办遗传学培训和学术研讨活动;另一方面,不辞辛劳、远涉重洋,与世界各国的著名大学和研究机构开展广泛的合作交流,邀请专家来中国讲学。从 20 世纪 70 年代末到 20 世纪 90 年代,谈家桢不仅推荐了一大批年富力强的教师和科研人员到欧、美、日等地学习和进修,还亲自跨越重洋,召唤自己的弟子回国效力。如今这些弟子也已经在中国遗传学的各个领域挑起了大梁。20 世纪 90 年代中期,晚年的谈家桢依然矢志不渝地关心着中国遗传学的发展,多次上书国家领导人,建议加强对我国遗传资源的保护和中国人类基因组的研究等。1998 年,在谈家桢先生的直接关心下,上海人类基因组南方研究中心成立。

　　谈家桢毕生秉持发展中国遗传学事业的信念,弘扬真理,实事求是,为遗传学教育与研究人才的培养呕心沥血。作为杰出的科学家和教育家,他仁厚待人、提携后学的大师风范,得到了国内外遗传学界的高度评价与充分肯定。1980 年,谈家桢当选为中国科学院生物学部委员、院士;1985 年,当选为美国国家科学院外籍院士和第三世界科学院院士；1987 年，当选为意大利国家科学院外籍院士；1989 年，他在八十华诞祝寿会上宣布成立"谈家桢生命科学奖学金"；1999 年，他当选为纽约科学院名誉终身院士，同年国际天文学机构批准将中国科学院紫金山天文台发现的一颗小行星命名为"谈家桢星"；2000 年，他荣获"上海市首届教育功臣"称号。谈家桢为中国的遗传学教育和研究培养了一大批优秀的人才，毕生奉献于中国的遗传学事业，是中国现代遗传学的奠基人。他不畏困难、坚持真理、实事求是的科学精神，激励着一代代医学人。

（童建华，附属瑞金医院，中心实验室，研究员）

曾溢滔潜心血红蛋白病研究

思政映射点：爱国情怀，爱岗敬业，科学精神，开拓创新
学科：遗传学
相关知识点：血红蛋白病研究
素材简介：本素材介绍了曾溢滔几十年如一日地研究血红蛋白病并做出开创性贡献的过程，体现了科学家锲而不舍、大胆创新的精神。旨在培养学生为医学事业、为国家的发展，不计个人得失的高贵品质以及大胆创新、勇于参与国际科学竞争的精神。

　　曾溢滔是我国血红蛋白病研究领域的专家。他于1962年本科毕业后考取了复旦大学遗传学研究所刘祖洞教授的研究生，攻读人类遗传学专业。当时，他选择了国际上正在兴起的血红蛋白生化遗传研究为自己的研究课题。复旦大学遗传所当时没有生化遗传学研究的工作基础，曾溢滔就在一间空房间里利用暑假一边建设实验室一边开展血红蛋白生化遗传研究。经过艰苦的努力，曾溢滔很快就完成了混合淀粉胶电泳，攻克了血红蛋白的肽链解离技术，研发出了人-狗血红蛋白种间分子杂交技术和"指纹法"分析血红蛋白化学结构等技术，和上海市第六人民医院吴文彦主任及其助手黄淑帧医师共同完成了国内第一例异常血红蛋白的鉴定，论文发表在《科学通报》上。

　　1966年，"文化大革命"开始，复旦大学遗传所的研究工作被迫中断。曾溢滔作为毕业的研究生被分配到上海市第一结核病总院从事针刺麻醉工作，整整12年。"文化大革命"结束后迎来了科学的春天。1978年3月在北京召开了全国科学大会，曾溢滔的"血红蛋白生化遗传研究"获得科学大会奖。同年，曾溢滔奉命和夫人黄淑帧在上海市儿童医院筹建医学遗传研究室。研究室成立不久，曾溢滔夫妇接待了一位外国女留学生，她患有严重贫血症，到上海多年都未诊断出病因。曾溢滔夫妇通过自制的高压电泳仪对患者的血样进行高压电泳分析以及血红蛋白肽链"指纹图谱"和氨基酸组成分析，终于诊断出该留学生患有 $\delta\beta^+$ 地中海贫血组合 HbS（镰状细胞贫血）病。这是我国完成的首例血红蛋白化学一级结构分析。该项工作应邀在中国遗传学会成立大会上作大会报告。

　　1978年10月，中国遗传学会成立了全国血红蛋白研究协作组，曾溢滔出任该协作组的副组长，与广西医学院梁徐教授等倡导和领导了世界上规模最大的

异常血红蛋白病和地中海贫血的普查。对于在普查中发现的大量异常血红蛋白,他们除了采用已有的常规血红蛋白分析技术鉴定外,还应用黄淑帧教授建立的双偶合微量氨基酸片列分析技术进行化学结构鉴定,阐明了这些疾病在我国的发病率和地理分布。1981 年 4 月,曾溢滔以国际研究员的身份到美国佐治亚医学院国际血红蛋白研究中心进行合作研究。在美国短短 8 个多月的时间里,曾溢滔发表了 13 篇有关血红蛋白研究的论文。1982 年初回国后,他领导的科研团队与全国 70 多家兄弟单位协作,完成了 131 个家系的异常血红蛋白化学结构分析工作,发现了 8 种以中国地名命名的国际新型血红蛋白变种,填补了中国在世界异常血红蛋白分析版图上的空白。以曾溢滔为首席科学家的"中国人血红蛋白病变异性研究"项目因此获得了美国国立卫生研究院科学基金资助。他成为第一位获此基金资助的中国科学家。曾溢滔因他在血红蛋白研究领域的卓越贡献,成为公认的血红蛋白权威。

血红蛋白疾病中对人类健康危害最严重的是地中海贫血(简称地贫)。目前,地贫还没有根治的手段,产前基因诊断仍是杜绝患儿出生的最好方法。曾溢滔早在 20 世纪 80 年代初,就率先在国内完成了地贫等常见遗传疾病的基因诊断和产前诊断。当一个个健康活泼的孩子在这些家庭中诞生时,感激不尽的父母给医学遗传研究室寄来孩子的照片……20 世纪 90 年代初,曾溢滔根据自己对基因调控研究的结果,尝试通过羟基脲调控血红蛋白基因的表达来治疗 β 地中海贫血,获得成功,《美国医学会杂志》评论这一成果为当年血液学的重要进展之一。

曾溢滔的执着追求造就了他事业上的成功,使他成为国内外知名的医学遗传学家。1994 年中国工程院成立之初,他被推荐成为医药卫生学部首批院士。2019 年,在曾溢滔八十寿辰之际,中国工程院在贺信中评价道:"您对发展我国医学遗传学做出了重大贡献,是推动我国医学遗传学走向世界的杰出领头人之一。"

曾溢滔几十年如一日地研究血红蛋白病并做出开创性贡献的事迹,体现了科学家锲而不舍、大胆创新的精神。当代医学生应当学习他不计个人得失的高贵品质以及大胆创新、勇于参与国际科学竞争的精神,为国家医学事业的发展做出应有的贡献。

参考文献:

[1] 吴文彦,曾溢滔,黄淑帧,等. 两个新型的血红蛋[M].科学通报(抽印本),
　　 1965:443-446.

[2] YI-TAO ZENG，SHU-ZHEN HUANG. Disorders of haemoglobin in China[J]. Journal of Medical Genetics，1987,24:578-583.

[3] YI-TAO ZENG，SHU-ZHEN HUANG.α-Globin Gene Organization and prenatal diagnosis of α-thalassemia in China[J]. The Lancet，1985,I: 304-306.

（曾凡一，基础医学院，组织胚胎学与遗传发育学系，研究员）

正直、责任、良心：夏家辉的故事

思政映射点：爱国情怀，开拓创新，科学精神

学科：遗传学

相关知识点：疾病基因克隆，遗传病的诊断

素材简介：本素材介绍了夏家辉在我国人类与医学遗传学领域做出的贡献。夏家辉从事研究的事迹体现了科学家锲而不舍、开拓创新的科学精神以及坚守初心、担当使命的爱国情怀。该素材旨在培养学生热爱医学事业、勇于探索创新、为解决患者疾苦不懈努力、为祖国的健康卫生事业执着追求的精神和品质。

夏家辉，中国工程院院士，人类与医学遗传学家，1937 年出生于湖南省桃江县，1961 年毕业于湖南师范学院生物系。夏家辉是我国现代人类与医学遗传学的开拓者，我国"临床遗传学"奠基者。多年来，他始终致力于人类与医学遗传学的研究，创下多项中国乃至世界第一。

1957 年，夏家辉以优异的成绩考入湖南师范学院生物系。读书期间，夏家辉跟随傅伯老师进行了"岳麓山区主要蚊种及其生活习性的调查研究"。在和傅老师一起鉴定一种在长沙从未报道过的"林氏按蚊"的一只雌蚊时，老师不慎将作为鉴定标志的一条蚊子后腿遗失，就在大家都惋惜因无法获得完整标本无法将之写入论文时，夏家辉默默在桌子周围找了三天，终于找到了那条遗失的蚊子腿。系副主任知道此事后，十分欣赏夏家辉这种锲而不舍的精神，决定介绍他到湖南医学院工作。1961 年 9 月，夏家辉成了湖南医学院生物教研室的一名助教。也正是如此锲而不舍的探寻精神，为他奠定了吃苦耐劳、细致钻研的基础。

1972 年，夏家辉冒着风险，在极其艰苦的条件下恢复"人类与医学遗传学"研究。经历长时间的考察，他发现在细胞遗传学方面，自己带领的团队已处于国际前沿，但在分子遗传学研究方面至少落后国外 10 年；面对国际"人类基因组项目"的实施，每年有近百个人类遗传病的致病基因被克隆，而我国作为世界医疗保健大国，却没有拿出一个成果。因此，疾病基因的克隆成为夏家辉的重点关注方向。

1990 年，当夏家辉及其团队用显微切割、PCR、微克隆技术构建好 Yp11.32

带的 DNA 文库,打算克隆睾丸决定基因时,哈佛大学的一位教授宣布已克隆该基因。1991 年秋,夏家辉决定将家系收集与基因克隆工作转到外生性骨疣病的基因克隆上。因 EXT1 基因突变可能致多发性外发性骨疣病,从 1991 年 9 月至 1995 年 10 月的 4 年多时间里,夏家辉率领实验室 20 多位研究生和技术人员,以"吃住都在实验室"的高强度状态,攻克 EXT1 基因克隆难题。不巧的是,《自然-基因》在 1995 年刊发论文,EXT1 基因已被美国研究人员克隆。由于 EXT 病涉及 8 号、11 号、19 号染色体上的三个基因,夏家辉带领团队立即转向克隆位于 11 号染色体的 EXT2 基因,却再一次遭遇类似命运。

经历数次失败之后,夏家辉果断放弃以显微镜切割、PCR 技术为主的策略,决定另辟蹊径。经过近半年的摸索,终于发现了"基因家族-候选疾病基因克隆"的新方法,并于 1998 年 3 月成功克隆了间隙连接蛋白 β-3 基因(GJB3)。随后,他们对实验室收集的 42 个相关疾病家系进行突变检测,最终确定 GJB3 是决定人类遗传性神经性高频性耳聋的疾病基因。该成果于当年在《自然 · 基因》发表,并被国际权威的"在线人类孟德尔遗传数据库"收录。

2000 年 3 月 27 日,夏家辉在一次业内会议上作题为"基础研究要争世界第一"的报告中说,"这是我国本土克隆的第一个遗传疾病基因,是我国克隆遗传病疾病基因零的突破。经过 1972 年至 1998 年 27 年的追求,我终于第一次圆了冲出亚洲、走向世界的梦想……"

夏家辉在遗传病诊断和治疗方面也颇有成就。早在 1973 年,他就在湘雅医院开设了"遗传咨询门诊",开展了染色体病的诊断与产前诊断。他不时安排实验室的研究生到门诊接触患者,了解病患疾苦,感悟研究的意义。他编写了我国第一本《医学遗传学讲座》教材,从零开始建立起了新的学科"临床细胞遗传学",他领导团队不断创新检测技术,在已有染色体显带技术、DNA 分析技术的基础上,引进、创新国际上最新的微阵列技术,开发出了无创 DNA 产前检测方法,完成了来自全国的 283 012 例高危孕妇的产前检测,阻止了 3 565 例病患儿出生(检出率约 1.3%),解除受检孕妇及其家庭由于血清学筛查技术的高假阳性、假阴性带来的精神和经济负担。"正直、责任、良心",这不仅是夏家辉的人生准则,也是他 1995 年给中国遗传学国家重点实验室提出的室训,做一个正直、对患者高度负责、有良心的医务工作者。他用锲而不舍的毅力,勇于创新的魄力,实现了一位科学家为解决患者疾苦而不懈努力、执着追求的使命担当。

从夏家辉的身上,我们看到了科学家锲而不舍、开拓创新的科学精神以及坚守初心、担当使命的爱国情怀。我们应当学习和培养这种热爱医学事业、勇于探索创新、为解决患者疾苦不懈努力、为祖国的健康卫生事业执着追求的精神和品质。

参考文献：

[1] 林广.夏家辉院士:社会贡献是衡量一个科学家的标尺[EB/OL].(2016 -06 - 21)[2020 - 05 - 30].https://www.cn-healthcare.com/article/20160621/ content-483680.html.

[2] 张灼华,戴和平,等.基础研究要争世界第一[M].长沙:湖南师范大学出版 社,2007.

（黄雷,基础医学院,组织胚胎学与遗传发育学系,教授）

无创产前检测技术的先驱：卢煜明

思政映射点：开拓创新，前沿引领，科学精神

学科：遗传学

相关知识点：无创产前诊断

素材简介：本素材介绍了卢煜明从对解决产前诊断的问题产生兴趣到发现母体血浆内胎儿游离 DNA 的过程以及后续发展的无创产前检测技术对生命科学和人类健康所做出的贡献。体现了科学家勇于创新、坚韧不拔的精神。旨在培养医学生维护人类健康的使命感和发现问题、解决问题的能力。

出生缺陷是危害人类健康的三大疾病之一，全球每年新增近 800 万出生缺陷患儿。基因缺陷和染色体异常是造成出生缺陷的主要原因之一，产前筛查和诊断是避免出生缺陷发生的关键手段。临床上一直采用血清学生化及影像学方法筛查唐氏综合征等发病率较高的疾病，对于筛查阳性的孕妇采取绒毛膜取样、羊水穿刺、脐血穿刺等侵入性产前诊断手段（孕妇有流产、感染的风险，胎儿有致畸和致残的风险）进行染色体分析，从而获得相对准确的诊断结果。但是这些筛查方法假阳性率高，很多不必要的侵入性产前检查可能带来风险，给孕妇造成一定身心伤害。

卢煜明在牛津大学作医学生的时候就尝试探索无创产前检查的方法。他在牛津大学实验室进行了 8 年研究，之后经历了很多困难和曲折，但是他一直想方设法继续研究这个问题。直到 1997 年 1 月他看到发表于《自然·医学》的两篇文章。这两篇文章提到癌细胞 DNA 可以在癌症患者的血浆和血清里找到。他突然想到一点：胎儿和癌细胞其实有相似的地方，都是寄宿在另外一个人身体里面的组织细胞，肿瘤能向血浆中释放足够的 DNA 而被检测到，为什么胎儿就不能呢？这一念头，成为改变卢煜明一生的重要契机。他立刻动手进行试验验证这个想法。受到煮公仔面（方便面）的启发，他将孕妇血浆煮了五分钟，然后拿一些出来检测，很神奇地检测到了胎儿的 DNA。原来做了 8 年研究都没有成功的原因是他以为要找的胎儿 DNA 是在细胞内，但其实是在细胞外。事后卢煜明谈到这个漫长而艰难的发现过程时说，他的动力就是很想解决这个问题。我们从中也可以看出，虽然最后解决问题的方法看似是灵光一闪的念头，但其实是 8 年尝试和积累的结果。

1997 年,卢煜明的论文《孕妇血浆与血清中存在胎儿 DNA》在国际著名医学期刊《柳叶刀》上发表。自此,卢煜明开展了一系列工作,开启了无创产前检测的先河。他于 2008 年证明,通过对孕妇血浆游离 DNA 的测序及定量分析,可以实现对染色体非整倍体胎儿的临床诊断。2010 年,他又通过对孕妇血浆中胎儿游离 DNA 的分析测序,绘制出胎儿的全基因组图谱。此后,NIPT 技术开始在临床大面积推广并获得认可,为减少 21、13 及 18 号染色体的非整倍体导致的疾病的发生作出了重要贡献。

NIPT 技术的无创性及高准确性在世界范围内造福了众多家庭。由于采样方式简单,无创更容易被大多数孕妇所接受且其检测准确率在 99% 以上,使接受侵入性产检的孕妇数量大大下降,并且将产前诊断的时间提前。自 2011 年 8 月,NIPT 技术已在全球 90 多个国家被用于临床的产前筛查。目前,NIPT 技术已被推广应用于单基因遗传病及其他疾病如肿瘤、心脏病等的筛查诊断。

凭借其在胎儿 DNA 检测方面作出的开拓性贡献,卢煜明获得 2005 年国家自然科学奖、2016 年未来科学大奖中的"生命科学奖"以及 SCI 引文桂冠奖。

卢煜明从对解决产前诊断的问题产生兴趣,到发现母体血浆与血清中存在胎儿 DNA,并由此发展出无创产前检测技术,对生命科学和人类健康做出了巨大贡献,这一过程体现了科学家勇于创新、坚韧不拔的精神。而像卢煜明一样,以维护人类健康为使命,不断发现问题、解决问题,正是当代医学生需要培养的能力。

参考文献:

[1] LO Y M, CORBETTA N, CHAMBERLAIN P F, et al. Presence of fetal DNA in maternal plasma and serum[J]. The Lancet, 1997, 350 (9076): 485 - 487.

[2] CHIU R W, CHAN K C, GAO Y, et al. Noninvasive prenatal diagnosis of fetal chromosomal aneuploidy by massively parallel genomic sequencing of DNA in maternal plasma[J]. Proceedings of the National Academy of Sciences USA, 2008, 105 (51): 20458 - 20463.

[3] LO Y M, CHAN K C, SUN H, et al. Maternal plasma DNA sequencing reveals the genome-wide genetic and mutational profile of the fetus[J]. Science Translational Medicine, 2010, 2 (61): 61ra91.

[4] XIONG W P, WANG D, GAO Y, et al. Reproductive management through integration of PGD and MPS-based noninvasive prenatalscreening/

diagnosis for a family with GJB2-associated hearing impairment［J］. Science China-Life Sciences，2015，58：829－838.

（党素英，基础医学院，生物化学与分子细胞生物学系，副教授）

40万颗豌豆与经典遗传学的诞生

思政映射点：科学精神，勤奋进取，开拓创新，前沿引领

学科：遗传学

相关知识点：孟德尔与遗传学基本定律

素材简介：该素材主要介绍遗传学之父孟德尔在修道院的花园里，用了8年时间，种了数万棵豌豆植株，观察统计了近40万颗种子，最终揭示出遗传学基本定律的过程；引导学生明白任何一个科学进展的取得都需要坚韧不拔的意志，从而培养学生用辩证的方法思考问题、用科学的方法解决问题的能力，以及严谨求实的科学态度和持之以恒的探索精神。

1843年10月，奥地利布隆的奥古斯汀修道院来了一位西里西亚小伙子，他个头不高，体型偏胖，戴着一副金边眼镜。他自称对信仰不感兴趣，但他有旺盛的求知欲，动手能力非常强，是位天生的园艺家。谁也没有料到，日后这位修士就是在这个修道院的花园里，通过研究豌豆，奠定了现代遗传学的基石。他就是现代遗传学之父——孟德尔。

图1　孟德尔

当时的欧洲，育种学蓬勃发展。起初，孟德尔收集了34个品系的豌豆，热衷于筛选出纯种优良品系。但在实验的过程中，他逐步把重点转向了探索遗传规律。孟德尔培养纯育植株时选用了七种纯育性状：种子形状、种子颜色、豌豆

花颜色、豌豆花位置、豆荚颜色、豆荚形状和植株高度。他发现纯种豌豆植株的不同性状可以遗传,并且每种性状至少会出现两种变异体。为了揭示生物遗传的奥秘,孟德尔意识到繁育杂合体的重要性,也十分清楚这项研究对于阐明"有机体进化历史"的深远意义。出人意料地,在短短的两年时间内,孟德尔就构建出了一整套可满足研究需求的植株杂交实验模型。

1857 年夏末,孟德尔记录下了第一批杂交豌豆的花色。当豆荚成熟后,他又逐一将种子的性状统计在案。此时孟德尔又突发奇想,将某些杂合体进一步杂交,构建出"杂合体的杂合体",深入研究性状的传递规律。按照这个模式,整个豌豆杂交实验持续了整整 8 年。他终日沉浸在播种、授粉、采摘、剥荚和计数的工作里,周而复始,笔记本上满是各种表格,记录着成千上万次的杂交实验数据。整个过程极度枯燥乏味,同时也是一项高强度体力劳动。1857—1864 年间,孟德尔分析了包括 2.8 万株植物、4 万朵鲜花和近 40 万颗种子的杂交数据,终于揭示了遗传学分离定律及自由组合定律,敲开了遗传学领域的大门。

1865 年,孟德尔的研究成果发表在名不见经传的《布隆自然科学协会学报》上。遗憾的是,也许是因为当时达尔文的进化论太热,大家更多地关注进化和变异;也许是因为这项成果仅仅是一个默默无闻的民间科学家在修道院里数豌豆得出来的;也许是因为依据实验统计数据得出具有颠覆意义的自然法则的思维太超前……这项里程碑式的研究成果被长期埋没。直到 1900 年,孟德尔辞世 16 年后,他的遗传学基本定律才被三位学者独立地"重新发现",开启了生命科学史上的一个新纪元。

孟德尔的科学发现,一方面离不开他坚韧、勤奋的科研品质;另一方面也得益于他使用了科学的方法来解决问题。他巧妙地选择了自花授粉、相对性状明显的豌豆作为实验材料;从纯育到杂交、从一对到多对性状逐步展开实验;合理提出假设并设计实验,通过统计学方法分析结果来进行验证。正是这种科学的研究方法和严谨求实的科学态度帮助孟德尔揭示了具有划时代意义的遗传学分离定律和自由组合定律,奠定了现代遗传学的基础。

遗传学之父孟德尔用了 8 年时间来揭示遗传学基本定律,这让我们明白,任何一门学科,每一步进展的取得,都需要有坚忍不拔的意志,需要用辩证的方法思考问题、用科学的方法解决问题,需要严谨求实的科学态度和持之以恒的探索精神。

参考文献：

［1］悉达多·穆克吉.基因传：众生之源［M］.马向涛，译.北京：中信出版社，2018.

［2］DE CASTRO M. Johann Gregor Mendel：paragon of experimental science［J］. Molecular Genetics and Genomics，2016，4(1)：3－8.

［3］SMÝKAL P，VARSHNEY R，SINGH V，et al. From Mendel's discovery on pea to today's plant genetics and breeding：Commemorating the 150th anniversary of the reading of Mendel's discovery［J］. Theoretical and Applied Genetics，2016，129(12)：2267－2280.

（李慧，基础医学院，组织胚胎学与遗传发育学系，副研究员）

从胚胎到基因：发育生物学的探索之路

思政映射点：科学精神，开拓创新，勤奋进取

学科：遗传学

相关知识点：近代生物学到现代生物学的进展，基因的发现

素材简介：本素材介绍了1900年前后，以特奥多尔·博韦里和托马斯·摩尔根为代表的一批科学家，在技术手段简陋的条件下，以求实精神不断探索，尊重事实、细心观察，通过巧妙的实验设计和艰辛的工作发现染色体和基因，推动了现代遗传学和现代生物学的发展进程。本素材可用于激励学生树立严谨的科学态度和大胆的创新精神。

    1858年，《物种起源》发表，同一时期，显微镜技术取得突破性进展。在这两块基石上，生物学蓬勃发展。胚胎如何从单个受精卵发育成生物体？物种来自何方？又是什么造就了千变万化的自然界呢？这是人们最关心的问题。科学家们选用两栖类动物作为研究胚胎的对象，因为它们的胚胎透明，在体外孵化形体较大，并且可以在显微镜下观察到胚胎发育的全过程。著名的针刺蛙卵实验就是用一根细针戳刺蛙胚处于两细胞时期的其中一个细胞，发现被戳刺的细胞不能继续发育，而剩下的一个细胞发育成半个胚胎。这个实验的盲点在于没有去除掉死去的细胞，因此忽略了死去细胞提供的位置信息。1891年，有科学家用海水震荡海胆的卵，使两细胞期的细胞分开，结果两个细胞各自发育成两个正常的幼体，只是外形小了一些。

    这个实验说明两细胞期的细胞具有全能性，却难以用已有的理论进行解释。不仅是胚胎学，细胞生物学和物种起源与进化似乎也受阻于相同的节点：任何细胞和个体都需要信息来执行自身的生理功能，可是这些"信息"来自何方？又是如何一代代传递呢？一枚青蛙卵如何"知道"自己要发育成蝌蚪，又是如何"知道"要在某个特定的发育阶段变成青蛙呢？一匹古代马如何"知道"自己要进化成现代马呢？

    遗传信息到底藏身于细胞的何处呢？19世纪90年代，德国胚胎学家特奥多尔·博韦里巧妙地运用改良的显微镜观察透明的海胆胚胎，发现父本和母本分别向合子提供了同样数量的细丝，这种可以被苯胺染成蓝色的细丝，平时呈卷曲的螺旋状，因此被命名为"染色体"。每个染色体是一个独立的遗传元件；

而且一个胚胎的染色体数目或组合方式异常将导致胚胎发育的异常。博韦里的学生发现雄性的黄粉虫是由 Y 染色体决定的，并且 Y 染色体只存在于雄性胚胎中（显微镜下，Y 染色体比 X 染色体要短粗），因此他大胆提出染色体就是基因的载体。

1900 年，孟德尔的遗传理论被重新发现。然而，孟德尔的遗传理论和博韦里的染色体学说在当时遭到了很多人的反对，其中包括哥伦比亚大学的动物学教授托马斯·摩尔根。他认为很多性状并不能由单因子解释，而要引入两个、三个因子来解释，因此他认为孟德尔的遗传统计在某种程度是一种数字游戏。但是在自己后来的科学研究中，摩尔根最终被事实证据说服，接受和支持了这两个理论。

阿瑟·科恩伯格曾经说：“细胞生物学家凭借观察（显微镜），遗传学家仰仗统计，生化学家依靠提纯。”当时在显微镜下，细胞生物学家们已经习惯在细胞水平上观察细胞内部的结构和功能。但是，基因只在统计学意义上显现，而摩尔根非常渴望揭示遗传的物理基础，基因是如何在染色体上排列的呢？是像珍珠项链一样分布在染色丝上吗？是否每个基因在染色体上都有固定的位置？基因之间存在物理连接吗？摩尔根选择了果蝇做实验对象。他在显微镜下观察了数以千计的果蝇，为几十种果蝇突变体进行分类，并注意到在常见的红眼果蝇中偶然出现了一只罕见的白眼雄性果蝇。摩尔根将正常的红眼果蝇与突变的白眼雄性果蝇进行杂交，然后追踪后代的遗传性状。F1 后代中有 1 237 个是红眼，有 3 个是白眼。将这些 F1 代果蝇雌雄交配后获得 F2 代，产生了 2 459 只红眼雌性，1 011 只红眼雄性，782 只白眼雄性。也就是说白眼性状与性别之间有连锁。

随后，他发现黑体基因和小翅基因也密不可分。在事实面前，摩尔根立刻接受了孟德尔遗传学说和染色体学说；如果将染色体比作一条细绳，那么基因就是穿在上面的串珠。摩尔根发现的基因连锁定律，是对孟德尔定律的重要修正，还促使了后续的革命性发现。如果产生蓝眼睛的 B 基因与产生金发的 Bl 基因连锁，那么金发的孩子肯定也会遗传蓝眼睛。但是基因连锁定律也存在例外，在极其偶然的情况下，某个基因可以从伙伴基因上解除连锁，并且从父本染色体交换到母本染色体，于是就会出现非常罕见的蓝眼睛加黑头发的后代。摩尔根将这种现象称为“基因互换”，后者掀起了一场生物化学领域的革命，为遗传信息混合、配对和交换夯实了理论基础。基因互换还促使了另一项重要的发现，由于某些基因之间的连接十分紧密，以至于他们从来不发生互换。摩尔根的学生斯特提万特认为，这些基因在染色体上的物理位置可能较为接近，而其他位置相距较远的连锁基因则更容易分离。简而言之,遗传连锁的紧密程度反映了染色体上基因的物理位置的远近。

1911 年冬季的一个夜晚,年仅 20 岁的大学生斯特提万特在宿舍里通宵推算,如果 A 基因与 B 基因之间连接紧密,但是 A 基因与 C 基因的连接比较松散,那么它们在染色体上的位置应该是 AB……C,而且三者之间的距离将符合一定的比例。在天色破晓时,他绘制出了世界上首张果蝇染色体线性遗传图谱(包含 6 个基因),成为 20 世纪 90 年代蓬勃兴起的庞大人类基因组计划的序曲。

基因将三门学科——细胞生物学、遗传学和发育生物学结合了起来。基因为生命的存在、延续、变异和进化提供了密码信息,成为现代生物学研究的主角。以特奥多尔·博韦里和托马斯·摩尔根为代表的这一批科学家,在技术手段简陋的条件下,以求实精神不断探索,尊重事实、细心观察,通过巧妙的实验设计和艰辛的工作发现了染色体和基因,推动了现代遗传学和现代生物学的发展进程。我们医学生应向他们学习,树立严谨的科学态度和大胆的创新精神。

参考文献:
[1] 悉达多·穆克吉.基因传:众生之源[M].马向涛,译.北京:中信出版社,2018.
[2] 饶毅.摩尔根与遗传学:研究与教育[J].中国科学:生命科学 2013,43:1-7.

(周一叶,基础医学院,组织胚胎学与遗传发育学系,助理研究员)

聪明的沃森和克里克

思政映射点：开拓创新，科学精神

学科：遗传学

相关知识点：DNA 双螺旋结构

素材简介：沃森、克里克和威尔金斯因发现了 DNA 双螺旋结构而共享了 1962 年的诺贝尔生理学或医学奖。这一里程碑式的发现，虽然离不开前人的科研成果，但正是因为他们有着勇于挑战权威，开拓创新，启发新思路的科学精神，才最终获得了令世界为之瞩目的伟大成就。

学过生物的人几乎都知道，是沃森和克里克两人一起发现了 DNA 的双螺旋结构。

其实对该发现做出重大贡献的还有一位女性科学家，名叫罗莎琳德·富兰克林。1951 年，富兰克林进入剑桥大学国王学院，跟同事威尔金斯一起合作研究 DNA 的结构。她使用 X 射线衍射技术成功地拍摄出了 DNA 晶体的照片，为后来沃森和克里克的研究打下了重要基础。沃森听了威尔金斯的学术报告，看到了 DNA 的 X 射线衍射图片后，认定一旦搞清 DNA 的结构，就能了解基因，于是他选择和克里克一起在剑桥大学的卡文迪许实验室开始 DNA 结构的研究。1962 年三人共享了诺贝尔生理学或医学奖。

1952 年，一位奥地利裔美国生物化学家测定了 DNA 中 4 种碱基的含量，发现其中腺嘌呤与胸腺嘧啶的数量相等，鸟嘌呤与胞嘧啶的数量相等。这使沃森和克里克立即想到 4 种碱基之间存在着两两对应的关系，形成了腺嘌呤与胸腺嘧啶配对、鸟嘌呤与胞嘧啶配对的概念。当时，权威学者提出了关于 DNA 结构的"3 股螺旋论"。沃森和克里克按照这一思路进行了很长时间的工作，可是既构建不出合理模型，也遭到结晶学专家富兰克林的强烈反对，工作陷于僵局。彼时的沃森和克里克都是名不见经传的小人物，25 岁的沃森连博士学位都还没有拿到。然而，这两位年轻的科学家没有迷信权威，而是选择向权威挑战。他们在认真思考并向同事们请教后，决然地否定了权威的结论。在威尔金斯和富兰克林的 DNA 晶体的 X 射线衍射照片的启发下，两人终于领悟到了一个现在众所周知的事实：两条以磷酸为骨架的链相互缠绕形成了双螺旋结构，靠氢键把它们连接在一起。1953 年 2 月 28 日，第一个 DNA 双螺旋结构的分子模型终于诞生了。他们在 1953 年 4 月 25 日出版的《自然》杂志上发表了论文,报道了这一重大发现。这是生物学的一座里程碑,开启了分子生物学时代,使遗传学研究深入分子层面,"生命之谜"被打开,人们清楚地了解了遗传信息的构成和传递的途径。在发表 DNA 双螺旋结构论文后不久,《自然》杂志随后又发表了克里克的另一篇论文,阐明了 DNA 的半保留复制机制。

在沃森-克里克模型的建立过程中,富兰克林的贡献是毋庸置疑的:她分辨出了 DNA 的两种构型,并成功地拍摄了它的 X 射线衍射照片。可惜的是,1962 年,当沃森、克里克和威尔金斯共同分享诺贝尔奖时,富兰克林已经因长期接触放射性物质而患乳腺癌英年早逝。按照惯例,诺贝尔奖不授予已经去世的人。这个故事的结局有些伤感,如果 1962 年富兰克林还在世,那么跟沃森和克里克分享诺贝尔奖的有可能就是她了。

沃森、克里克和威尔金斯对 DNA 双螺旋结构的这一里程碑式发现,虽然离不开前人的科研成果,但也正是因为他们有着勇于挑战权威,开拓创新启发新思路的科学精神,才最终获得了令世界瞩目的伟大成就。

参考文献:

[1] WATSON J D, CRICK F H C. A structure for deoxyribose nucleic acid [J]. Nature, 1953, 171:737 – 738.

[2] PRAY L. Discovery of DNA structure and function: Watson and Crick [J]. Nature Education, 2008, 1(1):100.

(王芳,基础医学院,公共技术平台,讲师)

确定人类染色体数目的两位华裔遗传学家:徐道觉和蒋有兴

思政映射点:科学精神,开拓创新
学科:遗传学
相关知识点:人类染色体标本的制备
素材简介:本素材介绍了染色体制备技术中低渗处理这一关键步骤的发现过程。其中,两位华裔科学家徐道觉和蒋有兴做出了重要的贡献。在医学研究中,我们既要像徐道觉那样认真细致,善于观察;也要像蒋有兴一样勇敢地将自己创造性的研究成果公开发表,造福社会。此素材旨在鼓励学生向两位科学家学习,用自己的聪明才智为科学研究作出贡献。同时,教育学生在科学研究中既要善于抓住机遇,又要勇于挑战权威。

　　人类的大部分基因位于染色体上,因此染色体是遗传物质基因的载体。然而,20世纪50年代前,由于染色体制备技术的局限,使细胞核中的染色体重叠和缠绕在一起,难于在显微镜下进行分辨及计数,故遗传学家所报告的染色体数目不尽相同。就连美国遗传学权威、得克萨斯大学校长潘特(Paint)在1923年都得出了人类染色体数目为48条的结论。这一错误的定论曾一度充斥在各种遗传学教科书及百科全书中,误导了整整一代遗传学者。直到1956年瑞典隆德大学遗传学研究所美籍华裔学者蒋有兴和瑞典学者莱万通过实验才明确了人类细胞中的染色体总数为46条。蒋有兴因此获得了美国肯尼迪总统授予的杰出成就奖。

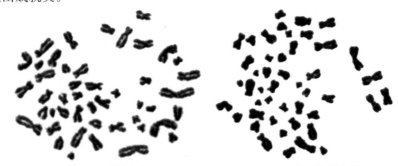

　　　　a. 有丝分裂早中期　　　　　　　　b. 有丝分裂中期
图1　人类肺成纤维细胞秋水仙素中期染色体总数为46条

[图片来源:TJIO J H, LEVAN A. The chromosome number in man[J]. Hereditas, 1956,(42):1-6]

　　事实上，在人类染色体研究中首先观察到染色体数目为 46 条的是美籍华裔科学家徐道觉。徐道觉早年师从我国著名的遗传学家谈家桢教授，20 世纪 50 年代初，徐道觉在美国得克萨斯大学取得博士学位后开始研究人和哺乳类动物细胞。1952 年，他发现在人类染色体制片过程中采用低渗溶液预处理的技术可使染色体散开，从而更便于观察。1956 年，蒋有兴等采用该法确定人类二倍体细胞的染色体数为 46 条。从此，两位华裔遗传学家共同开创了人类细胞遗传学的历史。徐道觉于 1973—1974 年当选美国细胞生物学会主席，在这之前只有很少的华人学者获得过类似的殊荣。他的一生发表了近 400 篇论文，出版了 12 本专著，被国际遗传学界尊崇为"哺乳动物细胞遗传学之父"。

　　为什么经过低渗处理之后就能准确计数染色体呢？因为经过低渗处理后细胞膜会破裂，细胞中的染色体就会分散开来便于计数和分析。徐道觉看似很偶然地发现了低渗处理技术，其实有其必然性。以下是他自己描述如何发现低渗处理技术的过程：

　　"实验室收到几份来自治疗性流产的胎儿组织样本……我想也许我能看看体外的淋巴细胞生成。当我看到在这些细胞中一些分散得非常美丽的染色体时，我简直不相信自己的眼睛……我试着研究那些片子，并制备了另一些培养物想重复这一奇迹。但什么事也没有发生，有丝分裂图像又回到了它糟糕的面貌，我重复了两次都没有成功。我开始思考，那批不同寻常的人脾脏培养物一定发生了什么'差错'，使有丝分裂细胞如此美妙。我用了约 3 个月的时间尝试着去改变我能想到的每一种因素：培养液的成分、培养的条件、培育的温度、秋水仙素的添加、固定的步骤、染色的方法，等等。一次只改变其中之一，还是什么事也没有发生。1952 年 4 月，我改变了平衡盐溶液的渗透压。平衡盐溶液是在固定之前用来漂洗培养物的。当我用蒸馏水与平衡盐溶液混合以降低其渗透压时，'奇迹'又重新出现了……很明显，那第一批呈现极美妙有丝分裂图像的人脾脏培养物在固定之前准是意外地被低渗溶液漂洗过了。唯一合乎逻辑的解释是有一位技术员在配制平衡盐溶液时读错了刻度，以致在完全不知情的情况下配成了低渗溶液。"

　　从这段自述中可以看出，机遇不是人人都能抓住的，偶然中蕴含着必然。假如没有徐道觉这种孜孜以求的精神，即使很重要的研究结果出现在你的眼前，可能也会不明所以。

　　利用低渗液处理染色体标本是人类细胞遗传学和脊椎动物细胞遗传学得以发展的一个重要的里程碑，正是因为明确了正常人类染色体的数目并改良了染色体制备的实验手段，后续才能发现染色体数目或结构异常导致的染色体病,人类染色体病的研究和诊断水平才得以突飞猛进。但由于受到当时潘特有关人类 48 条染色体定论的影响,徐道觉未能确认自己所观察到的 46 条染色体的事实,也许是面对众多的权威不敢公开发布,也许是认为条件未成熟不肯轻易发布。

1955 年,蒋有兴与莱万创立了秋水仙素处理技术,确认了人类的染色体数为 46 条,并毫不犹豫地向潘特的"定论"发起挑战,于第二年正式公布了这一发现。于是,人体 46 条染色体的发现权便属于这位敢于向权威挑战的华裔科学家,而很遗憾不能属于在他之前的发现者。

机遇青睐有准备的头脑,让我们向这两位华裔科学家学习,不仅要抓住机遇勤于思考,还要以科学事实为依据,坚持真理不畏权威或质疑,只有如此,才能在科学研究的道路上砥砺奋进、创造辉煌。

参考文献:

[1] TJIO J H, LEVAN A. The chromosome number in man[J]. Hereditas, 1956 (42): 1 - 6.

[2] 高翼之. 蒋有兴[J]. 遗传,2006, 28(8): 911 - 912.

[3] 高翼之. 徐道觉[J]. 遗传,2006, 28(7): 767 - 768.

[4] 冯永康. 不断探索、不停奋斗的遗传学家徐道觉:纪念人类及哺乳动物细胞遗传学的开创者徐道觉诞辰 100 周年[J]. 生物学通报, 2017, 52(10): 55 -59.

[5] HSU T C. Human and mammalian cytogenetics: a historical perspective [M]. New York: Springer-Verlag, 1979.

(倪萦音,基础医学院,组织胚胎学与遗传发育学系,讲师)

基因诊断之父简悦威

思政映射点:开拓创新,勤奋进取,科学精神,爱国情怀

学科:遗传学

相关知识点:遗传病的基因诊断

素材简介:本素材介绍了美籍华裔科学家简悦威致力于血液学研究六十余载,应用独创性 DNA 检测技术,阐述了地中海贫血和镰状细胞贫血的分子机理,发现了基因的多态性,使 DNA 基因诊断和产前诊断技术广泛应用于人类疾病的诊断和分析的事迹。简悦威持之以恒的科研精神和对医学事业的热爱,使他将临床医生的工作和科学研究工作完美结合,为医学发展做出了突出的贡献。

简悦威是国际著名的美籍华裔遗传学家、DNA 分析的创始人,是英国皇家学会院士、美国国家科学院院士、美国国家医学院院士、第三世界科学院院士、中国科学院首批外籍院士、香港科学院创院院士、美国加州大学旧金山分校罗氏·达蒙血液学讲座教授。

简悦威 1936 年出生于香港,1958 年香港大学内外全科医学士毕业,并完成了两年住院医生实习;1960 年在美国开始科学研究,选择的方向是血液学。血液学自此成为简悦威孜孜以求、始终未曾改变的研究方向。他最终在这一领域做出了杰出的贡献。

简悦威 20 世纪 70 年代开始从事地中海贫血研究。地中海贫血又称海洋性贫血,是一种或多种血红蛋白中的珠蛋白肽链合成受阻或完全抑制,导致血红蛋白成分组成异常而引起的慢性溶血性贫血,其中 α-地中海贫血和 β-地中海贫血是最为常见的类型。1974 年,简悦威及其同事对 α-地中海贫血进行研究,他们应用逆转录酶获得了 α 珠蛋白的 cDNA,并使用该 cDNA 对 α-地中海贫血患者的 DNA 进行杂交,发现存在基因缺失并导致最终的蛋白功能缺陷,这是首次在人类疾病中报道基因缺失现象。1976 年简悦威和同事将这个重大发现应用于临床检测,他们从一个曾经分娩过地中海贫血患儿的孕妇羊水中获得羊水细胞,进行了 DNA 检测,发现该孕妇所怀胎儿不存在珠蛋白的基因缺陷,因此不会患上严重贫血,可以放心分娩。这也是人类第一次应用 DNA 技术实现疾病的产前诊断。1978 年简悦威等揭示了镰状细胞贫血的限制性内切酶片

段长度多态性现象,并将 DNA 多态性检测技术应用于该病的基因诊断与产前诊断。

　　这些原创性的研究工作促进了基因诊断技术在临床上的应用。通过抽羊水进行胎儿产前诊断的技术也应运而生,简悦威也被誉为"基因诊断之父"。鉴于出色的学术成就,简悦威 1991 年获得拉斯克临床医学奖,并于 2002 年、2005 年两次获诺贝尔奖提名。无论得奖与否,作为华人科学家,简悦威在遗传学方面的卓越成就都值得每一个中国人骄傲。

　　直至今日,简悦威还一直从事地中海贫血基因治疗方面的研究。在其工作生涯中,简悦威兼顾临床看病和医学研究两方面的工作。他曾先后在波士顿、匹兹堡、费城医疗机构担任医生,完美地将临床工作和科研工作结合到一起,以科研促临床,相辅相成,取得了不错的成绩。简悦威也一直心系祖国,在中美两国之间的学术交流和人才培养方面发挥了重要作用,1996 年简悦威当选为中国科学院首批外籍院士。

　　正是持之以恒的科研精神和对医学事业的热爱,使简悦威将临床医生的工作和科学研究工作完美结合,为医学发展做出了突出的贡献。

参考文献:

[1] 郭晓强.简悦威[J].遗传,2008,30(3):255-256.

[2] TAYLOR J M, DOZY A, KAN Y W, VARMUS H E, et al. Genetic lesion in homozygous alpha thalassaemia (hydrops fetalis)[J]. Nature, 1974, 251(5474): 392-393.

[3] KAN Y W, GOLBUS M S, DOZY A M. Prenatal diagnosis of alpha-thalassemia: Clinical application of molecular hybridization[J]. The New England Journal Of Medicine, 1976, 295(21): 1165-1167.

[4] KAN Y W, DOZY A M. Polymorphism of DNA sequence adjacent to human beta-globin structural gene: relationship to sickle mutation[J]. Proceedings of the National Academy of Sciences USA, 1978, 75(11): 5631-5635.

（薛燕,基础医学院,组织胚胎学与遗传发育学系,副研究员）

张锋与基因编辑

思政映射点：开拓创新，勤于思考，批判精神，科学精神，前沿引领
学科：遗传学
相关知识点：基因治疗，CRISPR
素材简介：本素材从 2020 年度诺贝尔化学奖引发的争议出发，介绍了张锋研发 CRISPR 基因编辑技术的过程，体现了科学家的创新精神。旨在培养学生对科研的兴趣以及献身科学的精神，强调严谨的科学态度、科学思维方法和创新性思维的重要性。

2003 年，西班牙微生物学家弗朗西斯科·莫伊卡在《分子演化杂志》报道了细菌和古菌基因组上的重复序列（Clustered Regularly Interspaced Short Palindromic Repeats，CRISPR），成为 CRISPR 系统的发现者。自此，CRISPR 吸引众多科研工作者加入研究行列，一个又一个难题被先后破解。2012 年 8 月 17 日，CRISPR 系统拼图的最后一块碎片拼接到位，詹妮弗·杜德纳和埃玛纽埃勒·沙尔庞捷合作，在《科学》杂志上发表了基因编辑史上的里程碑论文，成功解析了 CRISPR/Cas9 基因编辑的工作原理。2013 年 2 月 15 日，华裔科学家张锋在《科学》杂志发表文章，首次将 CRISPR/Cas9 基因编辑技术应用于哺乳动物和人类细胞。生命科学领域 CRISPR 基因编辑技术正式诞生。虽然张锋与詹妮弗·杜德纳、埃玛纽埃勒·沙尔庞捷一起被称为 CRISPR 基因编辑三巨头，但是 2020 年度诺贝尔化学奖只授予詹妮弗·杜德纳和埃玛纽埃勒·沙尔庞捷，以表彰两人在阐释和发展 CRISPR 基因编辑技术方面做出的突破性贡献。张锋与诺贝尔奖失之交臂，令人惋惜，但这不能掩盖张锋在 CRISPR 基因编辑方面的重大贡献，特别是创新性地将 CRISPR 技术运用到哺乳动物细胞，极大降低了修改基因，尤其是修改哺乳动物基因的成本和技术门槛，开启了基因编辑的新纪元。

张锋如何在 34 岁就跻身世界顶尖生物学家之列？其中有一些偶然性因素，但更多的是他所具有的优秀科研素养和创新精神。11 岁时，张锋离开中国到美国艾奥瓦州定居。高中阶段，他就在研究基因治疗的实验室实习，经常很晚回家。在拿到全额奖学金进入哈佛大学后，张锋主修化学和物理学，还在著名华裔科学家庄小威的实验室进行流感病毒研究，并在顶级学术期刊发表论

文,描述流感病毒进入细胞的机制。2004 年从哈佛大学毕业以后,他加入神经生物学教授卡尔·戴瑟罗特研究小组,与爱德华·博伊登一起发明了光遗传学技术,一项神经科学领域的革命性技术。取得博士学位以后,张锋开始思考如何才能将基因插入动物细胞基因组,并尝试运用当时前沿的基因编辑技术:ZFN 和 TALEs。但是他对以上两种基因编辑技术并不满意,认为一定还有更高效、更方便的基因编辑方式。2011 年 2 月,张锋在一次学术会议上偶然了解到细菌基因组中关于 CRISPR 的免疫系统研究,利用遗传物质 RNA 寻找特定序列的 DNA,然后使用一种称为 Cas9 的酶来切开 DNA。科研直觉告诉他 CRISPR 系统或许能在人类细胞中工作,所以决定冒险尝试该假设。张锋带领学生专注于这个课题研究,经常工作到晚上 11 点甚至更晚。2012 年 6 月,詹妮弗·杜德纳和埃玛纽埃勒·沙尔庞捷合作研究成果在《科学》杂志发表,报道了在试管中使用 CRISPR-Cas9 切割 DNA 序列,揭示了使用靶向 RNA 来编辑基因组的可能性。在相似工作被抢发的情况下,张锋没有放弃,而是加大研发力度,发现上述论文中使用的系统缺乏在哺乳动物细胞中进行基因编辑的关键成分,通过优化设计,他终于得到在活细胞中具有更高编辑效率的 CRISPR-Cas9 系统,并且得到了《科学》杂志的认可。这篇论文成为基因编辑领域内被引用次数最多的文献。同时,他将 CRISPR-Cas9 系统的相关质粒免费开放给全世界的实验室使用,为 CRISPR 技术的迅速推广与发展做出了突出贡献。

由上可见,对于科研工作的热情、敏锐的洞察力、严谨的科学态度、高效率的工作在张锋发明 CRISPR 基因编辑技术的过程中发挥了重要作用,但异乎寻常的独立性和创造性可能才是决定因素。虽然张锋已经在遗传和神经领域发明了两种革命性技术,但是他没有停下探索的脚步,坚守"献身科学以研发更好的精神疾病疗法"的初心,继续在脑科学领域飞奔驰骋。严谨的科学态度、科学的思维方法和创新性的思维,对医学生来说非常重要,我们应该在平时的学习中培养对科研的兴趣以及献身科学的精神。

参考文献:

[1] MOJICA F J, DIEZ-VILLASENOR C, GARCIA-MARTINE Z J, et al. Intervening sequences of regularly spaced prokaryotic repeats derive from foreign genetic elements [J]. Journal of Molecular Evolution,2005,60 (2):174-182.

[2] JINEK M, CHYLINSKI K, FONFARA I, et al. A programmable dual-RNA-guided DNA endonuclease in adaptive bacterial immunity [J].

Science，2012，337(6096)：816－821.

[3] CONG L，RAN F A，COX D，et al.Multiplex genome engineering using CRISPR/Cas systems [J]. Science，2013，339(6121)：819－823.

[4] BOYDEN E S，ZHANG F，BAMBERG E，et al. Millisecond-timescale，genetically targeted optical control of neural activity [J]. Nature Neuroscience，2005，8(9)：1263－1268.

[5] ZHANG F，CONG L，LODATO S，et al. Efficient construction of sequence-specific TAL effectors for modulating mammalian transcription [J]. Nature Biotechnology，2011，29(2)：149－153.

[6] LANDER E S.The Heroes of CRISPR[J]. Cell，2016，164(1－2)：18－28.

(廖兵，基础医学院，组织胚胎学与遗传发育学系，副研究员)

医学细胞生物学

中国科学家与新冠病毒受体解析

思政映射点:爱岗敬业,前沿引领,开拓创新,勤奋进取

学科:医学细胞生物学

相关知识点:细胞生物学绪论,非细胞形态的生命体(病毒),细胞膜的基本特征与功能等

素材简介:本素材主要介绍了在全球新冠病毒暴发和蔓延时,中国科学家们为研究新冠病毒受体解析做出的努力。他们的成果为后期新冠药物筛选以及疫苗的研制奠定了坚实的基础。本素材体现了科研人员的奉献精神,激励着我们认真做科研,切实服务于人民群众。

新冠病毒(COVID-19)具有极强的传染性和致病性(见图1)。控制和防治病毒的重要手段在于深入精准掌握致病机制,从而针对新冠病毒的靶分子展开高效的药物筛选以及特异性防御疫苗的研制。中国科学家在新冠病毒细胞受体解析方面取得了大量宝贵的科研成果,为全球抵御和防治新冠病毒蔓延做出了卓越的贡献。

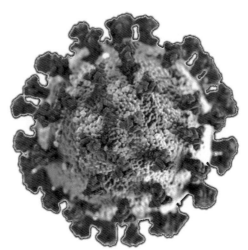

图1 新型冠状病毒

2020年1月21日,上海巴斯德研究所郝沛等人率先发表研究论文,系统地阐

述了 COVID-19 与严重急性呼吸综合征 SARS 和中东呼吸综合征 MERS 病毒的遗传学进化关系,并且利用对 COVID-19 病毒的 Spike 蛋白(简称 S 蛋白)结构进行模拟计算,揭示了 COVID-19 病毒 S 蛋白与人类血管紧张素转化酶 2 蛋白作用并介导传染人的分子作用通路。

　　2020 年 2 月 3 日,《自然》杂志刊登了武汉病毒研究所石正丽团队关于新冠病毒 COVID-19 的研究内容。正值新冠病毒在国内肆虐,石正丽团队快马加鞭地完成了对新冠病毒特性的鉴定,也证实了其与 2003 年在我国流行的 SARS 冠状病毒的相似性,并且确定了 COVID-19 与 SARS 病毒都是通过 ACE2 细胞受体进入细胞的。这一研究结论帮助科学家们更加清晰地认识了新冠病毒的传播特性,并为后续寻找有效阻滞新冠病毒感染的方法指明了方向。

　　冠状病毒主要通过 S 蛋白上的受体结合结构域与细胞受体进行特异性的结合,进一步诱导病毒 S 蛋白空间构象发生改变,将冠状病毒的包膜与靶标细胞膜融合,造成了病毒核衣壳顺利进入细胞,使病毒得以复制,并大规模感染其他细胞。ACE2 作为新冠病毒的细胞受体,在病毒造成的肺部感染中发挥着非常重要的作用。当新冠病毒进入人体肺部后,病毒可以通过其 S 蛋白与表达 ACE2 的Ⅱ型肺泡上皮细胞相互作用并进入细胞内部,造成人体肺部细胞感染,引发肺部相关急性病征。目前,针对 S 蛋白与 ACE2 蛋白互相作用的表位去设计小分子药物或者抗体药物,抑制新冠病毒进入肺泡细胞内部,是后续研究新冠药物的重点。因此,对于新冠病毒 S 蛋白和 ACE2 蛋白的晶体结构的研究是极为关键的。

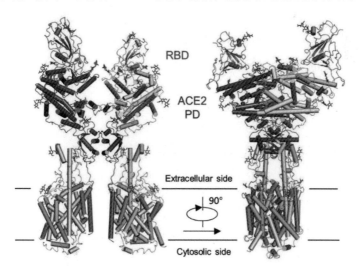

图 2　周强等人关于 ACE2 蛋白晶体结构解析的研究工作

2020 年 3 月 27 日,西湖大学周强研究团队利用冷冻电镜技术成功解析出新冠病毒的受体 ACE2 的全长蛋白结构(见图 2)。他们的研究成果在《科学》杂志上发表,该项工作为新冠病毒 S 蛋白复合物与 ACE2 受体相互作用的晶体空间结构提供了极为重要的科研基础。

人类是命运共同体。面对新冠病毒,我们只有认清它的真面目,才能研发有效药物。在抵御新冠病毒的时刻,中国科学家通过不懈的努力和探索,发现了一项项重要的科研成果。相信在无数医护人员、科研工作者、人民群众共同努力下,我们终将会使新冠病毒无处遁形,彻底战胜新冠病毒。

在全球新冠病毒暴发和蔓延时,中国科学家们研究新冠病毒受体解析的努力成果,为后期新冠药物筛选以及疫苗的研制奠定了坚实的基础,也将激励我们广大医务工作者,秉承爱岗敬业的奉献精神和开拓进取的创新精神,认真坚守岗位,切实服务于人民群众。

参考文献:

[1] Xintian Xu,Ping Chen,Jingfang Wang,et al. Evolution of the novel coronavirus from the ongoing Wuhan outbreak and modeling of its spike protein for risk of human transmission[J]. Science China,Life Science. 2020 Mar;63(3):457 – 460.

[2] Peng Zhou,Xing-Lou Yang,Xian-Guang Wang,et al. A pneumonia outbreak associated with a new coronavirus of probable bat origin[J]. Nature,2020 Mar;579(7798):270 – 273.

[3] Cynthia Liu,Qiongqiong Zhou,Yingzhu Li,et al. Research and Development on Therapeutic Agents and Vaccines for COVID – 19 and Related Human Coronavirus Diseases[J].ACS Central Science,2020 Mar 25;6(3):315 – 331.

[4] Renhong Yan,Yuanyuan Zhang,Yaning Li,et al. Structural basis for the recognition of SARS-CoV-2 by full-length human ACE2[J].Science. 2020 Mar 27;367(6485):1444 – 1448.

(徐艳艳,基础医学院,生物化学与分子细胞生物学系,助理研究员)

要么不做，要做就做最好：
华人科学家王晓东与细胞凋亡的故事

思想映射点：专业扎实，科学精神

学科：医学细胞生物学

相关知识点：细胞凋亡

素材简介：本素材主要介绍华人科学家王晓东在细胞凋亡研究与抗癌药研发中的贡献，体现他追求卓越、坚韧不拔、脚踏实地、耐心细致的科学精神以及富有社会责任感的优秀品质。

人体内的细胞跟我们人类一样也有生老病死的规律，细胞在适当的时候会启动一套自毁的机制，也就是细胞的凋亡，这也是人类生长、发育和衰老的原因。当应该凋亡的细胞不肯乖乖地自我毁灭，反而开始疯狂地自我繁殖，就变成了癌细胞。所以不管是想要延缓人体的衰老，还是要阻止癌细胞的出现，都必须解开细胞凋亡的秘密。在解开这个谜团的道路上，领跑的是一位华人，他就是改革开放以后第一位成为美国国家科学院院士的中国人，北京生命科学研究所所长：王晓东。因为发现了线粒体在细胞凋亡中起到的重要作用，王晓东的名字被写进了分子生物学的教材里。

作为一种生理现象，细胞凋亡是如何发生的？从分子尺度研究细胞凋亡的内在机理是王晓东的学术兴趣所在。他和助手通过实验，找到了执行细胞程序性凋亡的 2 个关键蛋白："扣动扳机"的细胞色素 c 和"拉开保险栓"的 Smac。而这 2 个蛋白都来自细胞内部的线粒体，在细胞启动凋亡信号时从线粒体中释放出来。线粒体过去通常被认为只是为细胞提供能量的结构，王晓东的发现使人们对线粒体的功能有了新的认识。王晓东通过从细胞裂解液中纯化蛋白来寻找并确定与细胞凋亡相关的活性蛋白。他采用"建立体外检测体系-跟踪纯化活性"模式对上下游蛋白进行仔细清晰的逻辑推理，对 assay 法进行多次的细微调整，才最终纯化得到了启动细胞凋亡的蛋白。"脚踏实地、默默无闻潜心研究，耐得住寂寞，不急功近利"正是王晓东的真实写照！

自 1996 年独立领导实验室至今，王晓东在国际学术刊物上发表论文 50 多篇，被同行引用 5 万多次，获得多项重大突破。正是在细胞凋亡领域所取得的学术成就，使时年 41 岁的他成为最年轻的美国科学院院士之一。王晓东所在的生物化学系主任麦克奈特教授评价他说："王晓东是过去 10 年中论文被引用率最高的科学家之一,当选美国科学院院士是对他工作的恰当承认。"

　　王晓东从事的细胞凋亡研究,旨在揭示细胞生长与死亡的规律,为癌症等疑难杂症治疗提供了理论依据。他说："我们已经破解导致癌细胞死亡的生化开关机制,目前就是着手人工合成这种生物开关。"王晓东并没有止步于科学发现,为了让科研成果转化为实际社会效益,2011 年初,他和具有 10 多年制药公司管理经验的美国企业家欧雷强发起创办百济神州,研发全球领先的抗癌新药。"要做就做全球最好的抗癌新药。"这是公司成立之初,王晓东和欧雷强达成的共识。临床结果显示,他们研发的靶向型药物明显优于其他同类药物。德国老牌制药企业默克旗下生物制药公司默克雪兰诺出资 5 亿美元购买了其中两种药物的海外市场开发权,这成为我国新药研发历史上的一个里程碑。

　　华人科学家王晓东在细胞凋亡研究与抗癌药研发中的贡献,体现了他专业扎实、坚韧不拔、耐心细致的科学精神以及富有社会责任感的优秀品质。医学生要学习王晓东一路追求卓越,脚踏实地,不急功近利的精神,才能做出影响世界的科学发现。

（樊雪梅,基础医学院,生物化学与分子细胞生物学系,副研究员）

基因剪刀手张锋的故事

思政映射点：勤奋进取，科学精神，开拓创新，前沿引领
学科：医学细胞生物学
相关知识点：基因与基因组，基因编辑等
素材简介：本素材通过介绍杰出科学家——张锋的成长故事，以及他在 CRISPR-Cas9 基因编辑技术领域的卓越贡献，激发学生创新的科研思维以及勇于开拓的精神，培养学生为治疗人类疾病无私奉献的精神、严谨钻研的科学态度。

张锋，1982 年出生于河北石家庄，斯坦福大学化学及生物工程学博士，是世界顶尖生物学家之一。11 岁时，张锋随母亲离开中国来到美国艾奥瓦州得梅因市定居。高中时期，张锋有幸被选中参加了一个分子生物学的"周六提高计划"，其中一堂课就是观看电影《侏罗纪公园》，这部 1993 年的科幻电影，讲述了一群研究人员将恐龙与青蛙的 DNA 重新组合，将已经灭绝的恐龙带到了现实中的故事，这让年少的张锋明白了生物体也是一个可编程的系统。至此，一颗种子就在年少的张锋心里种下。他意识到，一个有机体的遗传指令可以被改写，由此改变它的特性，就像编写计算机代码一样。

张锋以全额奖学金进入哈佛大学后，主修化学和物理学，并在庄小威的实验室进行了流感病毒研究，其研究成果在 2004 年发表在了顶级学术期刊上，描述了流感病毒是如何进入细胞的过程。2004 年 6 月从哈佛大学毕业后，张锋到斯坦福大学继续研究生阶段的学习，并加入了神经生物学教授卡尔·戴瑟罗特的实验室，该团队发明了光遗传学技术：他们让感光蛋白进入神经元，通过光激活特定的神经回路。张锋的主要贡献是开发了一套系统，即使用病毒作为载体将外源基因导入神经元，从而让基因表达生成感光蛋白。

2011 年 2 月，在博德顾问委员会的一次会议上，一位访问学者报告了他关于细菌基因组里一种被称为 CRISPR 的免疫系统的研究工作。当时这个奇怪的名字立刻激发了张锋的好奇心。张锋回忆说："我完全不知道 CRISPR 是什么，但我用谷歌对它进行了搜索后，发现结果非常令人兴奋。幸运的是，这个领域开始的时间不长，相关成果也不多。"CRISPR 全名为"规律成簇的间隔短回文重复序列"，是微生物学家从细菌中发现的。CRISPR 在细菌中的作用是抵

御病毒入侵,其通过 gRNA 寻找特定序列的 DNA,同时使用一种被称为"Cas9"的酶来切割 DNA。当时这个领域关注的是使用 CRISPR 生产更好的酸奶,CRISPR 可以抵御集乳酸菌的病毒,而这种病毒得染后会使酸奶变味。张锋却有着更为宏大的目标:"我们能让它在人类细胞中工作吗?"从此,张锋团队开始了疯狂的研究工作。张锋最为突出的是他的工作效率,他的实验室到深夜都是灯火通明,通常他与家人吃过晚饭后就会回到实验室,因为他等不到第二天早上看实验结果。

尽管 CRISPR 潜力巨大,在 2012 年之前,科学家仅在原核细胞或体外试管实验中检测到了 CRISPR 的编辑活性,而人类细胞的结构和环境复杂度远高于细菌细胞。在生物学历史上,大量技术虽然适用于细菌或体外,却始终未能在人类细胞中实现。而张锋团队从 2011 年开发能在人体细胞进行基因编辑的 CRISPR 系统,最终于 2013 年在《科学》发表了相关研究成果。截至目前,该突破性论文也是 CRISPR 基因编辑领域中引用率最高的文章。张锋团队首次将 CRISPR-Cas9 技术真正成功应用于高等生物的基因编辑。科学家通过 CRISPR-Cas9 技术可以高效、精确地改变、编辑或替换高等生物的基因。这也意味着,人类的诸多遗传性疾病有望通过 CRISPR 技术解决。

张锋团队的突破性成果打开了 CRISPR 研究的大门,其团队还通过非营利性机构 Addgene 等与全世界的生物学家分享 CRISPR 信息和相关质粒载体,进一步推动了 CRISPR-Cas9 基因编辑技术在全世界的应用和发展。

虽然张锋以 CRISPR 闻名,但这仅仅是他实现真正目标的一个手段,他希望使用遗传学技术最终治愈人类疾病。从科学技术发展的角度来看,基因编辑还处在走向成熟的初期,所以也会出现过热、欲速则不达的潜在问题,比如长期安全性、编辑准确度、人类社会伦理等。张锋团队也认为新兴技术需要稳健、有序发展,并强调他的研究团队正在研发基于 CRISPR 的治疗方法并不针对生殖细胞,而是用于其他细胞,比如编辑血液细胞来治疗镰状细胞贫血。他说"即使一次只能改变一个基因,也足以引发一次革命"。

通过学习科学家张锋的成长故事,以及他在基因编辑技术领域的卓越贡献,医学生们应自觉学习他为治疗人类疾病无私奉献的精神、严谨钻研的科学态度,培养创新的科研思维以及开拓精神。

(赵娴,基础医学院,生物化学与分子细胞生物学系,副研究员)

中国克隆的奠基人：童第周

思政映射点：爱国情怀，科学精神，开拓创新，淡泊名利

学科：医学细胞生物学

相关知识点：细胞分化，去分化，干细胞及分化细胞的应用，体细胞核移植

素材简介：该素材主要介绍了卓越的实验胚胎学家、中国实验胚胎学的主要奠基人，20世纪生物科学研究的杰出领导者童第周。他在科研上崇尚滴水穿石的精神并将之作为自己的座右铭，取得了一系列令世人瞩目的成绩：成功培育出双头青蛙，是世界上第一个解决文昌鱼人工饲养和人工授精的人；开创了异种细胞核移植的先河，是我国最早开展克隆研究的人，被誉为"克隆先驱"，在科学的道路上不断攀登高峰。该素材旨在使医学生体会坚韧、踏实的治学研究态度和"坐得住冷板凳、十年磨一剑"，以"滴水穿石"的专注向着科学顶峰不断攀登的科学家精神。

    童第周是小学课本里的励志典范、爱国榜样、中国克隆事业奠基人。他从事的发育生物学研究始终居于世界先进行列：脊椎动物、鱼类和两栖类的卵子发育能力，文昌鱼卵子发育规律，生物性状遗传中细胞核质关系。他还在防治海洋有害生物、培育经济鱼新品种、人工养殖经济水产动物等方面做出了很大贡献。

    1902年，童第周出生在浙江宁波鄞州，从小脑子里装满了无数个"为什么"，作为私塾老师的父亲总能耐心解答。看到屋檐下整齐的一行小坑，他好奇柔软的水滴怎能滴穿坚硬的石头？父亲用"滴水穿石"的古语教导他：一滴水滴不穿石头，成百上千滴水，日复一日、经年累月就会滴穿；学知识也靠一点一滴积累，坚持不懈才能获得成功。"滴水穿石"是父亲对童第周的勉励，在科研道路上，他一直践行这种精神，抓住每分每秒，以顽强的毅力向着科学顶峰攀登。因家境贫困，童第周1918年才入读宁波效实中学，第一学期期末他的成绩全班倒数第一。此后，他经常借路灯刻苦夜读，功夫不负有心人，下一学期期末名列全班第一！他深信：别人能办到的事，我经过努力也能办到，世上没有天才，天才是用劳动换来的。1923年，童第周以优异的成绩考入复旦大学，他迷上了探究微观世界的胚胎学，此后一生都在追寻生命的真相。

    1930年，童第周留学比利时的布鲁塞尔大学。当时，导师达克教授在显微

镜下做剥除青蛙卵膜的实验,这是整个研究非常关键的技术,也是课题瓶颈。导师和助手们好几年都没成功;童第周却不声不响一次性做成了,轰动了整个欧洲。教授对童第周的生物学天分欣喜万分;第二年,带他来到法国海滨实验室,童第周再次顺利完成直径不到十分之一毫米的海鞘卵子的外膜剥离,让国际同行十分钦佩。1934 年,童第周以优异的成绩获得博士学位,并敏锐地观察到卵质对个体发育的重要性。该研究具有开创性,他因此成了中国实验胚胎学的创始人之一。之后,他不顾日军侵华战争危险,毅然放弃国外优越的条件回国。

1941 年,他携妻辗转流亡到同济大学,住在四川宜宾李庄。当时学校条件非常艰苦,只有几张板凳,没有电灯和任何仪器,这让需要显微镜开展研究的童第周非常痛苦。偶然一天,他在某旧货店看到一个德国蔡司双筒显微镜,遂变卖家当、求亲借友,终以 6 万圆纸币天价买下。从此,仅凭这台显微镜,童第周在经典胚胎学研究上取得了很大突破,并在英国杂志上发表了数篇高质量论文,将世界胚胎学研究向前推进了一大步,引起国内外生物学界的瞩目。有人问他:"国外那样好的实验室,你为什么一定要到这么穷的地方呢?"童第周说:"因为我是中国人嘛!"童第周无论境遇如何,始终满怀不计个人得失、不忘报效祖国的爱国热情! 当年多少中国知识分子,即便烽火连天,也要和祖国在一起!

1949 年中华人民共和国成立,童第周迎来了科研生涯黄金期,同时担任山东大学动物系主任和副校长、中科院生物学部主任。工作再忙,行政事务再多,哪怕兼顾教学科研,他设计的课题也始终站在世界胚胎学研究领域的前沿。他说:"自己不动手,怎能指导研究生?""我们的事业需要的是手而不是嘴。""不亲自观察、亲自动手得到的结论是危险的,科学家不自己动手做实验,就变成了科学政客了。"当今天学术腐败不再是新鲜事的时候,我们对童第周身上闪烁的科学家本色,愈加感到可贵。1950 年 8 月,童第周倡议在青岛建立新中国第一个海洋研究机构——中国科学院海洋研究所,由此开创了新中国海洋研究事业。1953 年,童第周又开始探索新的胚胎学研究。1963 年,他把鲤鱼细胞核移植到去核的鲫鱼卵内,这种"细胞核移植"培育出的鲤鲫鱼成体性状介于鲤鱼和鲫鱼之间,充分展示了克隆技术广阔的应用前景;他在论文中称这种鱼为"核移植鱼",这是生物遗传学说"细胞质影响性状表达"的第一次伟大实证;国际生物学界将这条鱼命名为"童鱼"。

童第周的"细胞核移植"研究就是今天妇孺皆知的"克隆技术",这是世界上首个克隆鱼类的记录,是中国人开创的研究领域,当时中国的生物学和克隆技术都是领先世界的。遗憾的是,今天的人们很多只知英国的克隆羊,不知中国的克隆鱼。因为当时国际形势和国内的特殊历史时期,童第周的研究几乎没有任何交流,其成就几乎是在封闭的情况下取得的。没有必需的仪器设备,他根据文献资料自己动手设计研制仪器,从未放弃心中的抱负,坚守科学家本色,穷毕生心血,在简陋的条件下使中国的克隆站在了世界前沿,开创了中国的克隆事业,被誉为"中国克隆之父"。他的研究为动物育种提出了一个新的途径,开拓了发育生物学和分子遗传学中非常值得进一步探索的研究领域。其研究成果发表在相关中文杂志上,始终贯穿一条线索:从卵子在受精前后的结构到细胞核质在发育中的相互关系,进而探讨细胞质在性状遗传中的作用。

童第周就是这样一位纯粹的科学家,他永远都是为了科学、为了国家。童第周没有在鱼类的核移植成功上停留,他又展开了哺乳类动物克隆的探索,但不久后"文化大革命"暴发,他的研究工作也被迫中止。1976年"文化大革命"结束,74岁的童第周再次酝酿哺乳动物的克隆。1979年3月30日,童第周不幸因病与世长辞,带走了那双灵巧的手和独特奔放的学术思想;留下了令人扼腕的叹息和忠于科学的精神。

今天,童第周的话"我们中国人,一定要争气!"仍然振聋发聩。他所崇尚的"滴水穿石"的专注精神,不仅激励着他在科学的道路上不断攀登高峰,也让后来的医学生们深刻学习到踏实的治学研究态度,和"坐得住冷板凳、十年磨一剑",向着科学顶峰坚韧攀登的科学家精神。

参考文献:

[1] 童第周,李嘉泳,叶毓芬.鱼类卵子发育能力的进一步研究[J].实验生物学报,1955(2):107-128.

[2] 李秀芹.青少年教育的生动教材:读院士丛书有感[J].青少年研究(山东省团校学报),1999(2):42-44.

[3] 周静书.世间克隆技术第一人:纪念著名科学家童第周诞辰100周年[J].宁波通讯,2002(06):43.

[4] 尤为.少年童第周[J].家庭教育.2003(9):10-11.

[5] 冀强,郑晓芳,李颖.1949年,从中央大学到南京大学[EB/OL].(2009-09-28)[2020-04-25].http://news.sciencenet.cn/sbhtmlnews/2009/9/224438.html.

[6] 俞为洁.童第周:中国实验胚胎学和海洋事业的先驱[J].今日浙江,2006(16):58-59.

[7] 中国克隆之父:童第周[J].群言,2019(10):2.

[8] 郑瑞珍.童第周的科学人生[J].中国细胞生物学学报,2019,41(4):774-784.

[9] 李树雪,汤俊英.童第周:中国实验胚胎学的创始人[J].自然辩证法通讯,2020,42(6):120-126.

（王英,基础医学院,生化与分子细胞生物学系,讲师）

大器晚成的诺贝尔奖获得者大隅良典

思政映射点：国际思维，科学精神，终身学习，勤奋进取

学科：医学细胞生物学

相关知识点：细胞质，蛋白降解相关亚细胞结构，溶酶体

素材简介：该素材主要介绍了"科研道路崎岖坎坷，但持之以恒终大器晚成"的诺贝尔奖获得者大隅良典。他凭借着一股坚忍不拔的钻研精神，最终探寻出细胞自噬，即细胞"自己吃掉自己"的科学奥秘，为细胞凋亡、胚胎发育和细胞分化打开了新的研究视角，为老年人疾病的诊断和治疗翻开了新的篇章。他阐释并证明了从酵母细胞到人类细胞自噬背后的巧妙机制；介绍了自噬机制与细胞凋亡、胚胎发育、细胞分化及Ⅱ型糖尿病、肿瘤、帕金森病、阿尔茨海默病等老年人疾病的相关性；指出自噬基因突变可以导致遗传病；同时，简单介绍了以上疾病治疗药物的研发状况。该素材旨在使医学生体会坚韧、终身学习、勤奋进取和"十年磨一剑"的科学精神。

　　2016年诺贝尔生理学或医学奖得奖者日本生物学家大隅良典的研究内容，在日文中写作"自食作用"，意思是"自己吞吃自己"。自噬（autophagy）一词来自希腊单词 auto-，意思是"自己的"，phagein 意思是"吃"。细胞自噬的意思就是"自己吃掉自己"，细胞自噬的过程是细胞成分降解和回收利用的基础。大隅良典获奖的理由是为人们阐释了细胞自体吞噬的机理。诺贝尔奖得主都有一段精彩的人生故事，大隅良典也不例外。不同于一帆风顺的天之骄子，大隅良典的故事要坎坷一些。

　　1945年2月，大隅良典出生在日本福冈，父亲大隅芳雄是九州帝国大学的工科教授。小时候，他最喜欢《动物的历史》《空气的发现》和法拉第的《蜡烛的化学史》。这些书令他感动，也启发了他的科学兴趣，使他立志要当一名化学家。当他如愿以偿进入东京大学化学系的时候，他冷静了下来。尽管对化学充满热情，但他认为作为最古老的现代学科之一的化学，体系已经非常成熟，他不太可能干出什么成就。于是，他决定转专业，去学生物。

　　1967年，22岁的大隅良典本科毕业后读了研究生，接着到京都大学读博。他回忆自己在此期间"表现一般，没做出什么东西来"。1972年毕业时，他因论文未通过答辩没拿到博士学位，又花了两年时间继续。毕业后却发现连工作都

很难找到,当时日本的科研环境不尽如人意,可供选择的研究所职位太少。无奈之下,他拿着导师推荐信来到美国研究所做博士后研究。研究所的导师有很高的科研成就,1972 年因免疫从吮哪氐期们满贝后将时才 34 岁,是个名副其实的青年才俊。

1974 年,大隅良典来到美国。在 2012 年的采访中,大隅良典大笑着回忆这段日子是"这辈子最艰难的时光"。语言并非主要障碍,最大的问题是,他一直都在研究大肠杆菌,而该实验室主要研究发育学,对此他一窍不通,只能从头学起。他抑郁又苦闷地干了一年半,实验室里来了一位新同学。大隅良典打听到其研究方向是酵母细胞内的 DNA 复制,于是决定加入他的研究。从那之后,大隅良典就和酵母结下了不解之缘。三年时光一晃而过,毕业后大隅良典返回日本母校就职。他的升迁之路相当缓慢,当了九年的实验室助手,1986 年升讲师,1988 年才当了助理教授,拥有了自己小得可怜的实验室。一开始只有大隅良典一个人,后来他招了两个学生。在开始研究自噬相关基因时,就只有这三个人。但就在这个小地方,大隅良典解决了从 20 世纪 60 年代以来就困惑着大家的自噬难题。

自噬这个现象早在 20 世纪 60 年代就被科学家们首次观察到了:细胞能够将自身成分用膜包起来,形成囊泡状结构后运送到一个负责回收利用的"小隔间"(溶酶体)去降解这些成分,清除内部的代谢残渣,顺便还能回收有用的资源,以满足自身物质和能量的需要。但由于其过程太过复杂,研究该现象困难重重,人们对其一直所知甚少,也一直没能搞懂自噬的机制。大隅良典于 20 世纪 90 年代初期,通过一系列精妙的实验,筛选了上千种不同的酵母细胞,找到了酵母这种简单又与人体细胞相似的实验模型,将复杂问题简单化。最后,他利用面包酵母找到并定位了和细胞自噬有关的 15 种关键基因,并进一步阐释了酵母细胞自噬背后的机理,同时证明人类细胞也遵循类似的巧妙机制。他的研究令全世界的科研人员豁然开朗,在此之前,每年与自噬相关的论文不足 20 篇,之后呈现了爆发式的增长。今天,关于自噬的论文每年平均涌现 4 500 篇。

在谈及成功时,大隅良典经常用"幸运"来形容自己。他说自己正好赶上了分子生物学发展的黄金时期;自己的兴趣在于做别人不做的事,发现一个无人问津的课题,他会非常开心。日本学士院夸奖他"一贯坚持研究细胞自噬,从不跟风"。专注冷门领域,从他十几岁毅然放弃化学时就能看出。2016 年 10 月 3 日下午,在对外宣布获奖结果的几分钟前,诺贝尔奖委员会秘书打了个越洋电话通知大隅良典。当时日本时间六点半,这位 71 岁的老教授仍在自己实验室里忙活。他非常吃惊,也非常高兴。这是自 2014 年来,日本连续第三次获得诺贝尔奖。大隅良典摘得桂冠的消息迅速登上了各大头条快讯，很快，蜂拥而来的记者就将原本安静的实验室团团包围住。大隅良典笑容满面地接受了世界的祝贺，在接受采访时，他依然谦虚地说："我们的面前还是有许多未解决的难题。"

大隅良典的工作被认为是现代自噬研究的基础。通过自噬机制，细胞在面对饥饿和其他各种应激引发短暂生存压力时，可通过自噬降解自身非必需成分来提供营养和能量，从而维持生命。细胞利用自噬来消灭受损的蛋白质和细胞器的质检过程对于抵抗由衰老带来的负面影响有举足轻重的意义。在遭受感染之后，自噬能消灭入侵细胞的细菌或病毒。自噬还能降解潜在毒性蛋白阻止细胞损伤或减缓细胞凋亡进程。自噬机制于胚胎发育和细胞分化也有贡献，与Ⅱ型糖尿病、肿瘤、帕金森病、阿尔茨海默病和其他许多老年人常见病相关。自噬基因的突变可以导致遗传病。目前人们正在研究能够在各种疾病中影响自噬的药物。

能几十年持之以恒潜心聚焦在一种细胞模型上，终于大器晚成，做出堪称深入而系统的研究，这恐怕是大隅良典成功的原因。他不在乎其他研究者对他几十年坚持研究酵母是否理解，不在乎当时有《自然》《科学》《细胞》等高影响因子期刊是否愿意接受他的论文，不在乎将来是否有更多的研究团队、经费加入或资助他提升——时间终将告诉世人，十年磨一剑，能坚持坐冷板凳的才是真正的科学精神。真的前瞻，就是耐得住寂寞；真的前沿，就是十年孤独。终于，当诺贝尔奖如期而至，科学家乃至普通人，都会发现在这个生命体的世界中，无论正常细胞还是病态细胞，自噬与其生长、代谢、死亡一样，都是贯穿始终、不可或缺的基本活动与功能，没有什么生命科学研究可以绕开它，也没有什么刊物还可以无视它。

"科研道路崎岖坎坷，但持之以恒终大器晚成"，这是大隅良典的成功人生写照。他凭借着一股坚忍不拔的钻研精神，为老年人疾病的诊断和治疗翻开了新的篇章。医学路漫漫，医学生始终需要保持这种坚忍不拔、终身学习、勤奋进取和"十年磨一剑"的科学精神。

参考文献：

[1] The Nobel Assembly at Karolinska Institutet has today decided to award the 2016 Nobel Prize in Physiology or Medicine to Yoshinori Ohsumi for his discoveries of mechanisms for autophagy [EB/OL].(2016 - 10 - 03) [2020 - 10 - 25]. https://www.nobelprize.org/prizes/medicine/2016/

press-release/.

[2] 壹加.细胞的"循环经济"——2016诺贝尔生理或医学奖[J].今日科苑,2016(10):3-4.

[3] TSUKADA M，OHSUMI Y. Isolation and characterization of autophagy-defective mutants of Saccharomyces cerevisiae[J]. FEBS Letters,1993,333(1-2):169-174.

[4] MIZUSHIMA N，NODA T，OHSUMI Y.et al. A protein conjugation system essential for autophagy[J]. Nature,1998,395(6700):395-398.

[5] KUMA A，HATANO M，OHSUMI Y.et al. The role of autophagy during the early neonatal starvation period[J]. Nature,2004(7020):1032-1036.

[6] ALBERTS B. et al. Molecular biology of the cell[M]. Garland Science,2008.

[7] MIZUSHIMA N.et al. Autophagy：renovation of cells and tissues[J]. Cell,2011,147(11):728-741.

（王英,基础医学院,生化与分子细胞生物学系,讲师）

医学生物化学

人工合成结晶牛胰岛素

思政映射点:前沿引领,开拓创新
学科:医学生物化学
相关知识点:蛋白质合成
素材简介:本素材介绍了中国科学院上海生物化学研究所、上海有机化学研究所和北京大学团队人工合成牛胰岛素的探索过程,展现了科学家们不畏艰难,勇于探索重大基础科研问题的奋斗精神,以及严谨求实和团结协作的科学素养。旨在培养学生的探索精神,树立学生的民族自豪感。

胰岛素是胰岛细胞分泌的蛋白质类激素,在调控机体糖代谢中发挥着重要作用,并用于糖尿病的治疗。1955 年,英国科学家桑格首先测出了牛胰岛素的氨基酸结构并完成了纯化工作,他也因为这一重要贡献获得了 1958 年的诺贝尔化学奖。随着糖尿病患者的增加,从动物胰脏中分离的胰岛素已经无法满足需求,人工合成胰岛素这一重要的蛋白质成为时代的迫切需求。1958 年,中国科学院上海生物化学研究所的科研人员提出研究"人工合成牛胰岛素"计划。这一项目在 1959 年被列为国家科研计划,并获得国家机密研究计划代号"601",意思是"六十年代第一大任务"。

这个课题在当时国际上也是一个非常重要而艰难的课题。为整合资源、集体攻关,由中国科学院上海生物化学研究所(简称生化所)、中国科学院上海有机化学研究所(简称有机所)、北京大学生物系三个单位联合进行研究。整个合成过程分成三步:第一步,先把天然胰岛素拆成两条链,再把它们重新合成为胰岛素;第二步,在合成了胰岛素的两条链后,用人工合成的 B 链同天然的 A 链相连接;第三步,把经过验证的半合成的 A 链与 B 链相结合。具体分工是:由北京大学邢其毅领导小组负责 A 链的前 9 肽合成;有机所汪猷领导的小组负责合成 A 链的后 12 肽;生化所钮经义和龚岳亭领导的小组负责合成 B 链;生化所邹承鲁领导的小组负责连接 A 链和 B 链。

当时,中国并没有蛋白质合成方面的经验,连氨基酸都没有生产过。合成胰岛素所需要的氨基酸需要进口,而当时中国的外交紧张,难以进口。为此,生化所钮经义等组织人员,在较短时间内搭建了能制备全套氨基酸的合成厂房。经过科学家们的艰辛努力和通力合作,以上三步分别在 1959 年、1964 年和

1965 年完成。1965 年 9 月 17 日中国科学家们完成了结晶牛胰岛素的全合成。经过严格鉴定,它的物理化学性质、结构、结晶形状和生物活性都与天然的牛胰岛素完全一样。1965 年 11 月,这一重要研究成果首先以简报形式在《中国科学》发表,全文于 1966 年在《中国科学》发表,并出专集发表于当年的《科学通报》。

　　人工合成牛胰岛素,被认为是我国继"两弹一星"之后的又一重大科研成果,是人类探索生命奥秘的征途中取得的关键性成果,开辟了人工合成蛋白质的时代,在我国生物化学的发展史上有巨大的意义与影响。值得注意的是,邹承鲁等研究人员发现,A 链和 B 链能彼此识别并通过二硫键正确相连而组合成天然胰岛素分子,说明这两条肽链具有相互识别而正确配对的能力和专一性,提示蛋白质高级结构的信息可能蕴藏在其一级序列中,具备重大的理论意义。参加了人工合成牛胰岛素工作的张友尚说:"在人工合成牛胰岛素的研究工作中,有太多默默奉献的无名英雄……西方国家感到迷惑不解,为什么在科学还比较落后的中国能做出这样的工作。一个重要的因素是所有参加这一工作的人能够取长补短、密切合作,再加上领导者的精心组织,因而能发挥团队精神,在集体中充分发挥出每个人的聪明才智。"

　　中国科学院上海生物化学研究所、上海有机化学研究所和北京大学团队人工合成牛胰岛素的探索过程,展现了中国科学家们不畏艰难,勇于探索重大基础科研问题的奋斗精神,以及严谨求实和团结协作的科学素养。医学生应注重培养探索精神,并树立强烈的民族自豪感,为祖国的医学事业添砖加瓦。

参考文献:

[1] 熊卫民.人工全合成结晶牛胰岛素的历程[J],生命科学,2015,27(6):692-708.

[2] 龚岳亭.关于人工合成结晶牛胰岛素的回忆[J],生命科学,2015,27(6):780-785.

[3] 邹承鲁.关于人工合成结晶牛胰岛素的回忆[J],生命科学,2015,27(6):777-779.

[4] 中国科学院生物化学研究所,中国科学院有机化学研究所,北京大学化学系.结晶胰岛素的全合成[J],化学通报,1966(5):26-31.

(屠俊,基础医学院,生物化学与分子细胞生物学系,副研究员)

青蒿素的发现

思政映射点：爱国情怀，无私奉献，专业扎实，探索精神
学科：医学生物化学
相关知识点：生物氧化
素材简介：本素材介绍了屠呦呦发现和提取青蒿素的艰辛历程，体现了科学家爱国敬业、无私奉献及不畏艰难的探索精神，同时也展现了中国传统医药文化的实力，增强了学生的文化自信。

疟疾是经过蚊虫叮咬或输入携带疟原虫者的血液而感染疟原虫所引起的传染病，其临床表现为周期性规律发作，全身发冷、发热、多汗，长期多次发作后，可引起贫血和脾脏肿大。疟疾曾是我国主要的寄生虫病之一，早在三千年前已开始流行，也称"瘴气"。中华人民共和国成立初期，全国有疟疾流行的县市达1 829个，占当时县市总数的70%以上。疟疾也是全球性的传染病，在热带、亚热带地区流行更广。我国古代医籍中对疟疾有最早最详细的记载。《素问·疟论》《素问·刺疟论》等专篇对疟疾的病因、病机、症状、治法等有系统而详细的论述。《神农本草经》《肘后备急方》《千金要方》等记载了常山及其嫩枝叶（蜀漆）、青蒿和马鞭草等截疟功效，为中医药治疟积累了丰富经验和资料。

1961年越战期间，越南军民深受疟疾之苦。1964年，越共中央领导请求中国帮忙解决疟疾问题。为了帮助越南人民，同时也为了解决我国人民正遭受的疟疾困扰，党中央于1967年5月23日召开"疟疾防治药物研究工作协作会议"，召集相关专家开发防治疟疾的药物，称之"523任务"。原卫生部中医研究院接到任务后任命屠呦呦为中药抗疟研究组组长，寻找有效的抗疟中药。

屠呦呦在接受中药抗疟研究任务后便广泛收集、整理历代医籍，查阅群众献方，请教老中医专家。仅用3个月的时间就收集到2 000多个方药，并在此基础上精选编辑了包含青蒿在内的640个方药的《疟疾单秘验方集》。前期筛选的药物对疟原虫的抑制效果不够理想，因此，屠呦呦请教中医专家，对前期研究过的几种药物重新查阅文献。在反复研读文献的过程中，屠呦呦因发现葛洪在《肘后备急方》中记载的"青蒿一握，以水二升渍，绞取汁，尽服之"的药方而受到启发。她意识到之前青蒿用水煎煮或者用乙醇提取后，效果不好，可能是提取方式不合适，其中的有效成分也许跟提取温度有关，还可能与提取部位有关。

于是,她又重新设计了以乙醚低温提取青蒿的研究方法。1971年,屠呦呦用这种方式得到的191号青蒿乙醚中性提取物对疟原虫的抑制率达到了100%。之后,她又进一步完善方案,制备样品,并准备开展临床试验。然而,在临床前的毒性试验中,个别动物出现了毒副作用。这到底是药物产生的,还是动物本身存在问题?为了尽快解决这一争论,赶上当年的临床观察季,屠呦呦决定以身试药。经批准后,1972年7月,屠呦呦及其同事们开始了青蒿提取物的人体试验,发现在人身上并没有明显的毒副作用。同年8月,经讨论同意上临床后,屠呦呦携带药物赴海南昌江疟区,并亲自喂药以确保用药剂量,最终实现了21例患者的疟原虫检测结果全部转阴的满意结果。同时,在北京302医院验证了9例疟疾患者也有效。屠呦呦在1972年11月召开的全国各地区"523"办公室主任座谈会上报告了青蒿乙醚中性提取物首次临床30例抗疟全部有效的结果。会后,山东和云南的专家们跟屠呦呦交流后,优化了提取工艺,得到了更高品质的青蒿素。

由于青蒿素对人类健康的重要贡献,屠呦呦获得了2015年诺贝尔生理学或医学奖。北京大学饶毅教授指出:青蒿素的科学史在今天最大的启示是"扎实做事"。发现青蒿素的工作不是天才的工作,而是平凡的人通过认真工作,在条件有限的情况下做出的杰出成就。屠呦呦发现和提取青蒿素的艰辛历程,体现了科学家爱国敬业、无私奉献及不畏艰难的探索精神,同时也展现了中国传统医药文化的实力,增强了中国医学生的文化自信。

参考文献:

袁亚男,姜廷良,周兴,等.青蒿素的发现和发展[J].科学通报,2017(18):1914-1927.

(陈亚兰,基础医学院,生物化学与分子细胞生物学系,助理研究员)

"最美医生"王振义

思政映射点:爱国情怀,前沿引领,开拓创新,终身学习,淡泊名利

学科:医学生物化学

相关知识点:维生素 A 的衍生物全反式维 A 酸

素材简介:2018 年,95 岁的王振义在央视"寻找最美医生"颁奖台上收获"最美医生"称号,王振义不仅历经艰辛找到攻克急性早幼粒细胞白血病的治疗方法,全反式维 A 酸联合三氧化二砷的"上海方案",而且为让患者都吃得起治疗该病的药,他没有申请专利。因为他的科学精神以及放弃专利的大爱善举,全球万千患者获得新生。他的大爱无疆、淡泊名利、终身学习等优秀品质都是我们学习的楷模。

王振义是上海交通大学医学院附属瑞金医院教授。他于 1924 年出生于上海,1948 年获得医学博士学位。王振义被誉为全球"癌症诱导分化第一人",是 2010 年国家最高科学技术奖获得者,和哈尔滨医科大学第一附属医院的张亭栋教授共同获得 2020 年未来科学大奖的"生命科学奖"。

图 1 王振义

1978 年,王振义投入急性早幼粒细胞白血病(APL)研究。这是一种最凶险、病情恶化最快、死亡率最高的白血病,90% 的患者将在半年内死亡,最快的只要三天。1986 年的一天,上海市儿童医院血液科收治了一名 5 岁女孩,她身患急性早幼粒细胞白血病,生命危在旦夕。"只要能救她,怎样都行!"家属哀

求。此时，王振义已在研究全反式维 A 酸治疗，但还处于试验阶段，分析女孩的病情后，他认为可以尝试。女孩只吃了一周的全反式维 A 酸，病情就出现了转机，最终被治愈。这就是全球公认的诱导分化理论的首个成功案例。整整八年探索，王振义终于发现全反式维 A 酸可在体外将 APL 细胞诱导分化为正常细胞，成为"癌症诱导分化第一人"。值得一提的是，在 1986 年出现"001 号"患者这个转机时，王振义已经 62 岁。当他要尝试这种自制新药时，有不少人劝他："您已功成名就，别折腾了，当心毁了清誉。"他却说："我是为了患者！我们有试验依据！我，相信科学！"

此后，王振义与学生陈竺、陈赛娟等又创造性地提出"全反式维 A 酸联合三氧化二砷"的治疗方法，让这种曾被视作最凶险的白血病，成为世界上第一种可被治愈的白血病。该治疗方法被海外媒体誉为"上海方案"，与青蒿素的发明等并列为"新中国对世界医学的八大贡献"。1996 年，王振义因此获得凯特林金质奖章，这是中国人第一次获此殊荣。2009 年美国"临床指南"将全反式维 A 酸治疗方法定为规范性治疗方案。如今，"吃不起天价肿瘤药"让很多人唏嘘。不过，有一种治疗白血病的药很便宜。今天，在中国，一盒 10 粒装的口服全反式维 A 酸的售价仅 290 元，并已纳入医保，而其他类似抗癌药的价格高达 2 万元以上。这个"全球最低价"也得感谢这位老人。"老实说，当时没有专利意识，就想着快点救患者。这也是我们从小接受的教育，为人民服务是不计代价的。"王振义向记者展示了他的母校震旦大学医学院的九条校训。其中两条被他特别标出："余于病者当悉心诊治，不因贫富而歧视，并当尽瘁科学，随其进化而深造，以期造福于人群。""余于正当诊金之外，绝不接受不义之财。"王振义说："医生就是要解决患者的问题，而不是拼命想着如何挣钱，这跟我的信仰是违背的。"

王振义院士不但自身成就非凡，还创造了"一门四院士"的团队奇迹。他先后培养出陈竺院士、陈赛娟院士、陈国强院士，还为新中国培养了一大批医学翘楚。在上海血研所，师徒接力攻克白血病，让中国声音传向了世界。王振义还发明了一种十分特殊的人才培养方式。2003 年他自创了特殊查房方式，即每周一由学生提交临床上遇到的疑难病例，形成"考卷"，他利用一周时间搜索全球最新文献，思考、分析后"答卷"，并在每周四与大家一起探讨。根据王振义每周"开卷考试"的答案梳理而成的专著《瑞金医院血液科疑难病例讨论集》已出版两集。该汇编中的"1gG4 相关淋巴结病"，就是近年来新命名的疾病，讨论既解决了患者的诊断与治疗问题，又综述和介绍了此病的发病机制、诊断关键和治疗方法。更令人感动的是，这些年，王振义不只在瑞金医院"交卷"，只要无碍，他都会风雨无阻地来到徐汇区中心医院血液科患者身边。在他眼里,没有"大医院""小医院"之分,只有"患者需要"。"解决患者的问题",是王振义一生不懈探索医学创新的动力来源,也是他始终"停不下脚步"的原因。

图 2　王振义和学生

"这辈子看好了一种病,是欣慰也是遗憾。还有很多病没有攻克。患者需要我们,祖国需要我们,我们每个人都要不断学习和创新,更好地为患者服务。爱国,首先就要爱自己的事业。"何谓"最美"? 王振义院士的医学生涯就是对这个词的最好诠释! 2018 年,95 岁的王振义在央视"寻找最美医生"颁奖台上收获"最美医生"称号。王振义不但找到攻克急性早幼粒细胞白血病的方法,而且为了让患者都吃得起治疗该病的药,他没有申请专利。因为他的科学精神以及放弃专利的大爱善举,全球万千患者获得新生。他大爱无疆、淡泊名利、终身学习等优秀品质永远值得医学生学习。

（吴丽芳,基础医学院,生物化学与分子细胞生物学系,副研究员）

真知、真实、真理：记中国生物化学和营养学之父：吴宪

思政映射点：科学精神，爱岗敬业，爱国情怀
学科：医学生物化学
相关知识点：血糖值，血糖测定及血糖调节
素材简介：本案例介绍了吴宪在血糖测定方法的创立及改进方面的贡献，并介绍了他利用所学报效祖国的经历，旨在培养学生爱国敬业的精神。

吴宪，我国生物化学家和营养学家，1893 年生于福建福州，自幼接受中国传统教育。1906 年，13 岁的吴宪开始接受新学教育。1911 年，18 岁的吴宪赴美国麻省理工学院海军造船工程专业学习。但在麻省理工学院学习的过程中，吴宪接触到了更多的新科学、新思想，特别是受到赫胥黎著作《生命的物理基础》这篇文章的影响后，"科学报国"的想法在他脑海中扎了根。1913 年，吴宪更改了专业，主修化学、辅修生物学。毕业后他来到哈佛大学成为一名生物化学专业的博士生，师从著名生物化学家奥托·福林。1919 年，年仅 26 岁的吴宪和导师一起在《生物化学杂志》发表论文《一种血液分析系统》。基于此分析系统，吴宪在医学界首次用比色法测定了血糖含量。

血糖是指血液中的葡萄糖。当时主流的血糖分析法采用的是本尼迪克特法。吴宪在探索实验的过程中，发现用弱碱性酒石酸铜溶液氧化糖，并用酚试剂对生成的氧化亚铜进行显色反应，可以得到强烈而稳定的颜色。这是因为葡萄糖的半缩醛羟基具有还原性，在加热条件下可使碱性铜试剂中的 Cu^{2+} 还原为黄色的氧化亚铜沉淀。而氧化亚铜可使磷钼酸还原为蓝色的钼蓝，而且钼蓝的颜色深浅和葡萄糖的浓度成正比。但是血液成分复杂，尤其有许多蛋白质存在，对血糖的测定会产生干扰。因此，吴宪后续还提出了钨酸血滤液法，利用钨酸沉淀血液中的蛋白质，制备无蛋白滤液，然后测定其中的葡萄糖含量。

相比之前的本尼迪克特血糖测定法，这种新型血糖测定法用血量少、操作简便、数据准确，后续广泛应用于临床检验达 70 年之久，造福了无数患者。1920 年，吴宪和团队改进了方法，利用钼酸、钨酸钠和磷酸配置了(磷)钼酸盐溶液，代替了早期方法中的苯酚试剂。此外，他们还设计了带有细颈的新式血糖管，以避免空气中的氧气对氧化亚铜的再氧化问题。吴宪 1919 年提出的"血液系统分析法"，能制备出无蛋白质的血液，使血液中除了血糖以外，其他重要成

分如氨基酸、肌酸、肌酐、尿素、非蛋白氮以及乳酸等的测定成为可能。

图1 福林吴宪式血糖管

　　1920年，吴宪回国，在北京协和医学院任教，参与创建生物化学系。1924年，他担任首届生化系主任。1927年，他开始研究中国人的营养问题，着重阐明了素膳与荤膳的优缺点，并于1938年制定了"中国民众最低限度之营养需要"标准。1929年在波士顿召开的第13届国际生理学会上，他提出蛋白质变性学说，认为天然蛋白质分子不是一条长的直链而是一个紧密的结构。这种结构是借肽键之外的其他键，是将肽链的不同部分连接而形成的，所以容易被物理及化学的力所破坏，即从有序的折叠排列形式变成不规则及松散的形式。

　　吴宪的蛋白质变性学说全文于1931年用英文正式发表于《中国生理学杂志》。该学说对研究蛋白质大分子的高级结构有重要价值。从1920年回国在协和医学院任教开始，吴宪不仅完成了许多重要研究，还领导着一个高水平、高效率的生化系，使之成为中国生物化学的重要基地，并且在国际学术界也颇有影响力。他重视实验室建设和学生实验课的设置，刚到协和医学院工作时就开设了实验课，编写实验讲义，并在多年实践的基础上与其他教师合著了《生物化学实验》一书。该书于1941年由中华医学会编辑委员会出版，向全国医学院校推广使用。吴宪还重视师资力量和青年学生的培养，除了留住医学院的优秀学生，他还先后引进了十余位刚回国的青年化学家到实验室工作，并接受和培养进修生、研究生二十余人。

　　吴宪说："我的座右铭是三真，即真知、真实、真理。求学问要真知，做实验要真实，为人要始终追求真理。"他的图章刻着"博学、审问、慎思、试验、明辨、笃行"，这既是他的追求，也是他的真实写照。他的同事说："无论是发表论文，还是审阅别人稿件，对文稿每一句话，每一个数据，甚至每一个标点符号，他（吴宪）都仔细地推敲、修改，直到满意为止。"1959年8月8日，吴宪因心脏病逝世。吴宪利用所学报效祖国的经历，体现了他爱国敬业、心怀大爱的科学家精神，值得所有人学习。

（张萍，基础医学院，生物化学与分子细胞生物学系，副教授）

中国生物化学的奠基人：吴宪

思政映射点：科学精神，开拓创新，爱国情怀
学科：医学生物化学
相关知识点：蛋白质变性理论，福林-吴方法
素材简介：本素材介绍了中国生物化学之父——吴宪为中国近代生物化学学科的建立，所作出的杰出贡献，体现了科学家爱岗敬业的精神。他提出了著名的"蛋白质变性"理论，为临床血液生物化学分析方法的建立做出了重要贡献；他还是λ-噬菌体序列和结构的确定者。本素材旨在培养学生为科学、为国家、为患者无私奉献的品质，形成严谨的科学态度和分析问题、解决问题的创新能力。

　　吴宪被誉为20世纪前半叶中国最伟大的化学家，中国生物化学学科的创立者，同时也是一名营养学家和医学教育家。他培养了中国第一代的生物化学家和营养学家，提出了著名的"蛋白质变性"理论，在临床血液生化分析系统的创立和改进中做出了卓越贡献。吴宪出生于福建福州，于1911年通过庚款留美考试后，进入美国麻省理工学院学习，1917年入哈佛大学攻读博士学位，师从著名的美国生化学家奥托·福林，在博士和博士后期间从事血液化学分析的研究，发表了血液化学领域的经典著作，以福林-吴方法闻名于世。其中，吴宪独立完成了血糖定量分析的改进方法，以用血量少、操作简便、数据准确而闻名于业界。业内普遍认为，血糖定量方法的改进，大大加速了胰岛素的发现过程。

　　1920年，吴宪在协和医学院从助教开始做起，历任讲师、副教授和教授，并担任了生物化学系主任。吴宪以麻省理工学院学士、哈佛大学博士的身份在协和任职八年，方才晋升教授，可见协和对教授的要求之高。1927—1937年是吴宪学术生涯的黄金十年，他在协和医学院领导了一个高水平、高效率的生化学科，在协和医学院领导完成了许多科学研究项目，使协和医学院成为中国生物化学的重要基地，并且在国际学术界也具备了一定的影响力。

　　1929年，第十三届国际生理学大会在美国波士顿举行，吴宪在大会上发表了主题演讲，首次提出了"蛋白质变性"理论。1931年，他在《中国生理学》杂志上发表学术论文，正式提出了"蛋白质变性说"：天然蛋白质之分子，因环境种种之关系，从有程序而坚密之构造，变成无程序而散漫之构造，是为变性作用。

他还指出,蛋白质肽链从有规律的折叠变成无序、松散形式的原因,是分子内次级键的破坏。"蛋白质变性说"这一学术研究成果,是一项非常了不起的科学预见,吴宪因此被提名诺贝尔奖。

吴宪的夫人严彩韵从事营养学方面的研究,也激发了吴宪在营养学研究方面的兴趣。夫妇二人针对中国人的膳食结构特点,提出了改良国民饮食结构和习惯的观点,旨在用膳食改良国民的体质,改变国家积贫积弱的局面。吴宪与周启源合编了中国最早的营养学专著——《营养概论》,40 年后再版的时候,严彩韵又对该书进行了严谨的校对和增补。吴宪还撰写了中国第一部《食物成分表》,主持制定了"中国民众最低限度之营养需要"标准。吴宪夫妇对于营养学的研究,不仅具有学术意义,更重要的是体现了一种改善国民体质以拯救国家和民族的忧患意识和家国情怀,对当时的中国,乃至以后的中国,都具有现实指导意义,因此他被誉为中国的"现代营养学之父"。

吴宪一生勤奋笃学、治学严谨、持己以严、待人以诚,堪称一代师表。他有一个"三真"座右铭——"真知、真实和真理",即"求学问要真知,做实验要真实,为人要始终追求真理"。吴宪不仅在科学上追求真理,还把发展中国科学事业作为自己的责任和义务。他在 1934 年出版了用英文写的《物理生物化学原理》,作为协和本科医前期一年级生物化学的课本,并亲自讲授,为学生打下了扎实的理论和实验基础。他严格选择师资和重视培养青年,他培养的生化教师和研究人员,大多为我国生物化学或其他化学学科方面的发展做出了重要贡献。在他的领导下,北京协和医学院生化科在 20 世纪 20 至 40 年代前期出人才、出成果,享誉国内外。他是个很有修养的人,待人接物彬彬有礼、掌握分寸、心胸开阔,能与人友好相处,极富同情心,对朋友真诚相待。吴宪和严彩韵的子女个个成才。长子吴瑞是重组 DNA 技术和基因工程研究领域的杰出学者,中国工程院外籍院士,吴宪、吴瑞基金会和奖学金奖励和资助了很多中国学生和青年科学家,为培养中国新生代科学力量做出了重要贡献。

作为中国生物化学之父,吴宪为中国近代生物化学学科的建立作出了杰出贡献。他一生为科学、为国家、为患者无私奉献的品质,严谨的科学态度,分析问题、解决问题的创新能力,爱岗敬业的进取精神,值得所有人学习。

(蔡蓉,基础医学院,生物化学与分子细胞生物学系,副教授)

人类肝脏蛋白质组计划

思政映射点：国际思维，前沿引领
学科：医学生物化学
相关知识点：蛋白质组学
素材简介：本素材介绍了贺福初等中国科学家领导国际团队开展人类肝脏蛋白质组计划的事迹，体现了新时代中国科学家在国际重大科研计划中的使命担当和历史贡献。旨在培养学生的创新精神和文化自信，在百年未有之大变局中为构建人类命运共同体担当时代使命，贡献中国智慧。

为了破解人类生老病死的规律和本质，人们最初希望通过对人的基因进行测序以发现其中的奥秘。随着人类基因组计划的完成，一部"天书"呈现出来却无法解读。蛋白质作为遗传物质传递的最后环节，是生命活动的体现者。一个有机体只有一个基因组，但是同一个有机体的不同细胞中的蛋白质的组成和数量却随细胞种类和功能状态的不同各有差异。因此，人们希望通过解码蛋白质来解读基因"天书"。

1994年，澳大利亚科学家首先提出"蛋白质组学"这一概念。蛋白质组是一个生物系统在特定状态下表达的所有种类的蛋白质。蛋白质组学采用大规模、高通量和高速度的技术方法，通过研究所有蛋白质在不同时空的表达谱和功能谱，全景式揭示生命活动的本质，特别是人体健康与疾病的机制。蛋白质组是开发疾病预防和诊断药物的直接靶标库，人类蛋白质组已经成为21世纪最大的战略资源之一，将直接关系未来生物学相关产业的发展空间。

肝脏是人体最大的器官，是物质代谢和能量的枢纽，我国人民长期饱受肝病困扰。1998年，中国科学家开始了肝脏蛋白质组的研究，并于2002年国际蛋白质组第一次研讨会上提出开展人类肝脏蛋白质组计划的建议。2003年，国际人类蛋白质组计划正式启动，"人类肝脏蛋白质组计划"和"人类血浆蛋白质组计划"两大项目首先开始执行。其中，"人类肝脏蛋白质组计划"由中国科学家贺福初院士领导执行。这是中国科学家第一次领导执行重大国际科技协作计划，主导第一个人体组织/器官的蛋白质组计划。计划启动初始，共吸引来自18个国家和地区的100多位科学家参与。

在人类肝脏蛋白质组计划中，我国科学家提出"两谱、两图、三库和两出口"

的科学目标和规划,即:构建肝脏蛋白质表达谱和修饰谱,绘制蛋白质相互作用连锁图和细胞定位图,建立符合国际标准的肝脏标本库、肝脏蛋白质抗体库和肝脏蛋白质组数据库,系统建立肝脏"生理组"和"病理组"。在对这些计划的执行中,我国科学家构建了人类第一个器官(肝脏)蛋白质组图谱,出版人类首个器官蛋白质组"百科全书",为人类蛋白质组计划的全面展开发挥了示范作用(见图1)。这一贡献在《自然》《科学》等国际学术期刊上得到了领域内科学家的高度肯定。

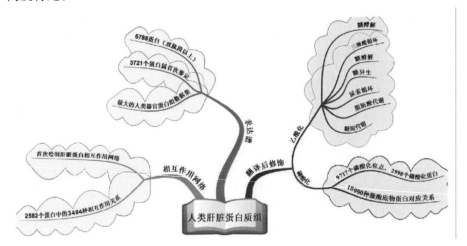

图1 中国人类肝脏蛋白质组计划取得的进展

[图片来源:李衍常,李宁,徐忠伟,等.中国蛋白质组学研究进展:以人类肝脏蛋白质组计划和蛋白质组学技术发展为主题[J].中国科学:生命科学,2014(11):1099-1112.]

随着人类蛋白质组计划的深入开展,贺福初院士团队进一步提出:蛋白质组不是基因组的"附庸",除了注释基因组外,还要驱动和引领精准医疗。在系统总结人类肝脏蛋白质组计划成功经验的基础上,2014年,贺福初院士领导启动"中国人蛋白质组计划"。该计划以我国重大疾病的防治需求为牵引,发展蛋白质组研究相关设备和关键技术,绘制人类蛋白质组生理和病理精细图谱,在高置信度水平定量鉴定出人类表达蛋白质15 553种,并获得疾病组织信号网络调控蛋白表达变化的规律基础上,绘制了10种主要器官代表性疾病的蛋白质组图谱。2018年工作组发表了弥漫型胃癌的蛋白质组全景图,2019年公布了早期肝细胞癌的蛋白质组分子分型,再次证明蛋白质组学在精准医学中的独特性和重要性。

2020年,贺福初院士荣获蛋白质组学杰出成就奖。他说:"经过十余年的积累沉淀,由我国主导的蛋白质组学驱动精准医学研究已开始'领跑'国际蛋白质组学发展!"新时代的中国科学家们,在各大国际重大科研计划中,越来越多地展现出中国的使命担当和历史贡献。中国的医学生们,也要培养创新精神和文化自信,在百年未有之大变局中为构建人类命运共同体担当时代使命,贡献中国智慧。

参考文献:

[1] 贺福初.国家人类肝脏蛋白质组计划[J].医学研究通讯,2004(7):2.

[2] 李衍常,李宁,徐忠伟,等.中国蛋白质组学研究进展:以人类肝脏蛋白质组计划和蛋白质组学技术发展为主题[J].中国科学:生命科学,2014(11):1099-1112.

[3] 姜颖,张普民,贺福初.人类蛋白质组计划研究现状与趋势[J],中国基础科学,2020(2):21-27.

(屠俊,基础医学院,生物化学与分子细胞生物学系,副研究员)

世界上第一条人工合成的染色体

思政映射点：开拓创新，勤奋进取，科学精神，终身学习
学科：医学生物化学
相关知识点：真核基因与基因组
素材简介：本素材介绍了世界首例人造单染色体真核细胞的创造者覃重军的科学成果、研究历程及对科学的思考和追求，体现了科学家开拓创新、勤于思考、理性思考及热爱科学的科学精神。旨在培养学生创新思考、百折不挠及追逐真理的科学精神。

在自然界漫长的进化过程中，不同的生物逐渐形成了自己特有的基因组结构，包括特定的染色体数目。原核生物通常只有一条环形或线型染色体；对于真核生物而言，其染色体数目差异较大，即使是同一种类的真核生物也会有不同的染色体数目，以昆虫为例，其中既有只包含 1 条染色体的雄蚁，也有含 223 条染色体的蝴蝶，即使是属于同一物种的酵母，酿酒酵母单倍体拥有 16 条染色体，而粟酒裂殖酵母却只有 3 条染色体。染色体的数目对生物本身是否具有明确的生物学意义？真核生物能否像原核生物那样只拥有简单的一条染色体？染色体的数目在物种进化的历程中是否发生了改变？

2018 年 8 月 2 日，中国科学院分子植物科学卓越创新中心/植物生理生态研究所覃重军研究团队与合作者在《自然》杂志上报告了一项重大突破：他们将酿酒酵母的 16 条染色体成功融合为 1 条染色体，人工创造出了一种有功能的单染色体酵母，这是世界首例人造单染色体真核细胞。除了删除了少数非必需基因外，新菌株所含的遗传物质与正常酿造酵母相同。尽管把 16 条染色体融合成一条后，显著改变了染色体的三维结构，但基因组表达、细胞复制周期等变化非常小，仍具有正常的细胞功能。这是人类首次通过实验手段系统、大规模地改造一个物种的染色体数目，也是继人工合成牛胰岛素和人工合成酵母丙氨酸转移核糖核酸之后，中国学者利用合成科学策略，来探索生命起源与进化的重大基础科学问题的新范例。这项工作表明，天然复杂的生命体系也可以通过"人造"变简约，自然生命的界限可以被人为打破，甚至可以人工创造全新的自然界不存在的生命。

同一期杂志还发表了来自国际酵母基因组计划的总负责人、美国纽约大学

朗格尼医学中心杰夫·博伊克院士团队的成果,他们只完成了将酿酒酵母的 16 条染色体合并成 2 条染色体。中美两个研究团队创造出来的新型酵母菌株,将使人类对染色体结构与功能有更深入的认识。

选择自己并不熟悉的领域,这需要不一般的勇气。在此项工作之前,覃重军在原核生物链霉菌领域深耕了 30 年,从未发表过一篇和酿酒酵母相关的文章。在 2011 年,他从传统的链霉菌分子操作研究向合成生物学转型。在这五年中,他密密麻麻写下了超过 2 000 页 A4 纸的科学思考和实验设计,每一页内容都见证了过程的曲折。

在覃重军研究经费最紧张的时候,经常向研究所"赊账",他所在研究组的经费一度"赤字"超过几百万元,有些单位的研究组账面资产少于一定数额,就可能被关闭,而他所在的研究所却包容了这个研究所最大的"负翁"。即便如此,他仍然坚持着自己所热爱的科学研究。不忙时,覃重军还喜欢翻阅《爱因斯坦文集》《巴斯德传》。他认为"心若绷得太紧,很难有创新想法,技术领先常常是短暂的、容易模仿的,创新思想领先,一般人是不容易赶上的"。在覃重军看来,每一次基础研究的比拼,都不只是时间上的赛跑,更是理念上的交锋,以及实验操作上的高低之分。他还记得,中国团队曾经"遭遇"过染色体融合之后酵母就不生长的问题,核查之后发现还是在操作上出现了误差,"把着丝粒附近重要的基因损伤了"——这些细节,或许正是染色体融合成功与否的关键。

覃重军一直没有忘记自己年轻时候的科学梦想,在布满荆棘的科学道路上一直坚持着自己热爱的科学事业。他在博士毕业论文的后记中写道:"照亮我前进道路并不断给我勇气去正视失败的,是对科学的热爱,对揭示生命世界奥秘的向往以及科学发现给我带来的纯真快乐……对我而言,科学是一条无穷无尽的探索之路,也许一生都会这样干下去。"覃重军对科学的思考和追求,体现了科学家开拓创新、勤于思考、理性思考、热爱科学的精神。当代医学生们也应自觉学习,不断创新,培养百折不挠追求真理的科学精神。

参考文献:

SHAO Y,LU N,WU Z,et al. Creating a functional single-chromosome yeast [J]. Nature,2018,560(7718):331-335.

(陈亚兰,基础医学院,生物化学与分子细胞生物学系,助理研究员)

百年树人：记中美生物化学学科的交流使者吴瑞

思政映射点：科学探索和创新精神，爱国精神

学科：医学生物化学

相关知识点：DNA 测序，基因工程

素材简介：本案例介绍了吴瑞在 DNA 测序、基因工程及转基因水稻研究方面的开创性工作，并介绍了他晚年在发起和促成中美生物化学与分子生物学联合招生项目上做出的贡献，旨在培养学生对科学的探索创新精神和爱国情怀。

吴瑞是美籍华人，分子生物学家。生物化学家及营养学家吴宪的长子，生于北京。1949 年，吴瑞随家人到美国。1950 年，他获得阿拉巴马大学化学学士学位。1955 年获得宾夕法尼亚大学生物化学博士学位，之后长期在康奈尔大学任教。他于 2001 年当选为中国工程院外籍院士、2008 年 2 月 10 日因心脏病在纽约州伊萨卡去世。

在学术方面，吴瑞首创 DNA 核苷酸测序分析方法，同时也是 λ-噬菌体序列和结构的确定者。1971 年，吴瑞将引物延伸用于 DNA 测序。1976 年，他发明了用于基因工程的联接子和衔接子。此外，由于水稻是中国的主要粮食，他致力于水稻的抗盐、抗旱、抗虫、耐寒研究。吴瑞不仅秉承父业，还像父亲那样致力于促进中美学术和教育交流。

1978 年中国实行改革开放后，准备大量派遣留学生出国学习。但当时多数美国大学不愿接收中国学生。1979 年，哥伦比亚大学教授李政道启动中美物理学联合招生项目（CUSPEA），招收中国学生赴美攻读物理学博士学位。时任康奈尔大学生物系主任的吴瑞得知后与李政道联系，探询在生物学科启动类似项目的可能性。李政道很欣赏吴瑞的想法，帮助他与中国联络。经过多方努力，吴瑞于 1981 年促成了中美生物化学与分子生物学联合招生项目。

在吴瑞的努力下，从 1981 年到 1989 年，中美生物化学与分子生物学联合招生项目共选送 422 名中国学生赴美，在 80 所大学学习生物化学或分子生物学。1987 年，吴瑞还设立了"吴宪生物化学教授基金"，资助为中国生物化学做出贡献的教授。许多当年得到以上项目和基金资助的学子已成为生命科学领域的顶尖专家，在促进中美学术交流与发展中国生命科学的过程中起着重要作用。

吴瑞逝世后，他的朋友与学生们传承吴瑞精神，成立了吴瑞纪念基金会，至今继续资助优秀华人博士生追逐学术梦想。吴瑞对科学的探索、创新精神和爱国情怀应当被赞扬和延续。

（张萍，基础医学院，生物化学与分子细胞生物学系，副教授）

细胞凋亡研究领域的开拓者：袁钧瑛

思政映射点：爱国情怀，科学精神，坚持不懈，勤奋进取

学科：医学生物化学

相关知识点：细胞凋亡

素材简介：袁钧瑛是细胞凋亡研究领域杰出的开拓者，是世界上首个细胞凋亡基因的发现者。在职业生涯的早期她为细胞凋亡的发现和表征做出了重要的贡献，而后她又发现了坏死性凋亡，即坏死性细胞死亡的程序性形成过程。她的科研之路，体现了她勇于钻研，开拓创新的精神。

袁钧瑛，1958年10月3日出生于上海。1977年恢复高考后，她作为第一批参加高考的学生以上海生源第一名的成绩考入复旦大学就读。1982年获得生物化学学士学位后，在首批中美生物化学审核和应用计划的25 000名申请者中，她以第二名的成绩获得了去美国留学的机会。她也是通过中美合作项目在美国攻读博士学位的首批学生之一。

初到美国时，尽管哈佛大学还在放假，但袁钧瑛的博士生导师保罗·帕德森教授仍亲自去波士顿车站接她，并开车将她送到宿舍。在攻读博士学位期间，袁钧瑛注意到，此前的学者只是观察到了细胞死亡，并没有人研究细胞死亡本身是怎么发生的。为什么在疾病中有的应该死亡的细胞没有死亡，而有的不应该死亡的细胞却死亡了？这促使袁钧瑛把"细胞死亡的机理"作为科研主攻方向。然而袁钧瑛在哈佛大学博士学习阶段却没有找到自己喜欢的课题。于是她来到了麻省理工学院罗伯特·霍维茨教授的实验室，跟着他研究细胞死亡问题。1989年，她取得了哈佛大学神经科学的博士学位。在此期间，她努力研究线虫中程序性细胞死亡的分子机制。袁钧瑛发现了线虫细胞的死亡基因，这是在所有的生物中发现的第一个控制细胞死亡的基因。她鉴定出了线虫中程序性细胞死亡的驱动因子。

1989年，袁钧瑛从哈佛大学博士毕业后，正巧麻省总医院要建一个心脏研究中心。他们听说袁钧瑛有志于人的细胞凋亡机理的研究，于是聘请她成立一个实验室。3年后，袁钧瑛领导的实验室就发表了两篇重要的研究论文，其中一篇是《线虫的细胞死亡同源基因在调控哺乳动物细胞凋亡中的作用》。这一研究成果也引起了诺贝尔奖基金委员会的关注。当时，年仅35岁的她应邀去诺

贝尔奖基金委员会的论坛作学术报告。她的这一阶段的独立工作为哺乳动物细胞凋亡的分子机制的解析提供了第一个见解,这为她的博士生导师罗伯特·霍维茨获得 2002 年诺贝尔化学奖做出了重要贡献。1996 年,袁钧瑛将实验室搬到哈佛医学院朗伍德校园的细胞生物学系,在那里她继续进行细胞死亡的研究。她的工作进一步探究了程序性细胞死亡,并揭示了参与凋亡调控和后果的主要蛋白质。她发现了通过介导细胞凋亡中的线粒体损伤来切割 BID 的半胱天冬酶-8 和半胱天冬酶-11 在调节炎症中的作用。2000 年她升为哈佛大学医学院的终身教授。仅仅 8 年,袁钧瑛就从一名助理教授升为终身教职的正教授,并且成了哈佛医学院第一位亚裔的女性正教授。

2005 年,袁钧瑛的研究组发现了一种非凋亡形式的程序性坏死细胞死亡,他们称其为"坏死性凋亡"。她的研究组首先进行化学筛选,鉴定出一种能够抑制 DR 驱动的细胞死亡的小分子,给予程序性坏死特异性抑制剂,并证明了在缺血性神经元损伤中坏死性凋亡的作用,从而记录了该抑制剂在中风治疗中发挥的潜在作用。然后,她的研究组鉴定 RIPK1 为其靶标,从而证明了这种抑制剂是坏死性凋亡的关键参与者。她持续鉴定负责坏死性凋亡调控信号网络的物质,并继续探索坏死性凋亡的机理和探索其作为干预治疗靶标的潜力。2019 年,RIPK1 的小分子抑制剂已通过 I 期人类临床试验,可用于治疗各种炎性和神经退行性疾病,包括肌萎缩性侧索硬化症、阿尔茨海默病、类风湿性关节炎、牛皮癣和克罗恩病。

2003 年,袁钧瑛与上海有机所合作组建创新团队开展化学生物学研究。2012 年,她以"顶尖千人计划"身份,在上海牵头成立中科院生物与化学交叉研究中心并担任中心主任。

作为细胞凋亡研究领域杰出的开拓者,以及世界上首个细胞凋亡基因的发现者,袁钧瑛的科研之路,体现了她勇于钻研、开拓创新的精神。当代医学生,正需要这种坚持不懈、勤奋进取的科学精神。

参考文献:

班立勤.与科学家对话:访哈佛大学医学院袁钧瑛教授[J].科学中国人,2001(4):35-38.

(姚燕华,基础医学院,生物化学与分子细胞生物学系,副研究员)

酶学先行者邹承鲁

思政映射点：爱国情怀，开拓创新
学科：医学生物化学
相关知识点：酶的结构与功能，呼吸链酶系
素材简介：本素材介绍了邹承鲁在酶学方面的开创性成就，体现了其爱国情怀、开拓创新的精神；旨在培养学生的爱国情怀、开拓创新的精神。

　　邹承鲁，1945 年毕业于西南联合大学；1947 年赴英，在剑桥大学留学，师从著名生物化学家凯林教授，从事呼吸链酶系研究。他在国际上最早尝试用蛋白水解酶部分水解的方法研究蛋白质结构与功能的关系，发现了细胞色素 c 与线粒体结合前后性质不同，并证明细胞色素 b 与琥珀酸脱氢酶不是同一物质。他的论文在英国《自然》杂志发表，并在发表半个世纪后仍不断被人引用。1951 年，邹承鲁在获剑桥大学生物化学博士学位后，立即回国。此时的中国，刚刚历经战乱、百废待兴，既缺资金又缺设备，开展国际交流极为困难。此时的他，正值人生创造力最旺盛的黄金年龄，已开始在国际生化界崭露头角，却义无反顾地回到自己的祖国，来到中国科学院上海生理生化研究所工作。

　　20 世纪 50 年代初，邹承鲁与王应睐等合作纯化了琥珀酸脱氢酶，并发现了辅基腺嘌呤二核苷酸与蛋白部分通过共价键的结合，这是以往从未发现过的。他们对呼吸链和其他酶系所做的系列工作奠定了中国酶学和呼吸链研究的基础。1958 年，邹承鲁参与发起人工合成胰岛素，并负责胰岛素 A、B 链的拆合，确定了胰岛素全合成路线，为胰岛素人工合成做出了重大贡献。由于酶的结构与功能关系一直是他最感兴趣的问题之一，解决胰岛素合成的难关后，他又回到了酶的研究。20 世纪 60 年代，邹承鲁确立了蛋白质必需基团的化学修饰和活性丧失的定量关系公式，确定了必需基团数的作图方法。但其成果于 1962 年发表在《中国科学》后，并未得到国际上的重视，直到 20 世纪 70 年代后才逐渐引起国际医学界关注，后被收入教科书和专著，分别被称为"邹氏公式""邹氏作图法"，现已成为国际上通过研究侧链基团化学修饰和酶活性丧失定量关系来确定必需基团数的主要方法。

　　20 世纪 60 年代的酶学教科书中，通常只有涉及酶的可逆抑制动力学的理论和计算，忽视不可逆抑制的理论和计算。1965 年，邹承鲁最早提出了酶的可

逆与不可逆抑制之间存在共性,可用统一的动力学理论来处理。他系统地研究了各种不同类型的可逆与不可逆抑制,提出了确定两种抑制中各种动力学常数的新方法,开创了酶催化动力学一个新的理论分支,并解决了传统方法不能解决的问题。有关综述应邀发表在国际酶学领域权威性的丛刊《酶学研究进展》(*Advances in Enzymology*)。1970 年,邹承鲁调北京生物物理研究所工作。当时实验条件有限,他就选择研究一种只用滤纸和漏斗就可提纯和结晶的酶——兔肌甘油醛-3-磷酸脱氢酶,发现该酶在活性部位形成荧光衍生物。相关论文于1979 年在英国的《自然》杂志发表。这是"文化大革命"后,中国科学家在《自然》发表的第一篇论文。这项研究成果获得了中国科学院科技进步奖一等奖。

多年来大量关于蛋白质变性的研究常限于蛋白质分子的构象变化,很少把它与活性变化联系起来,其部分原因是缺少计算各种动力学常数的方法。20世纪 80 年代开始,邹承鲁和他的学生们用自己创立的不可逆抑制动力学理论,研究了各种不同类型的酶在变性过程中构象和活力变化的关系,得到活性丧失先于构象变化的结果,提出了酶活性部位柔性的假说。十余年间实验数据的积累充分支持邹承鲁提出的酶活性部位柔性的观点,世界各国十几所实验室随后开展的研究也进一步支持了酶活性部位柔性学说。邹承鲁把蛋白质变性研究从单纯的结构研究推向与功能密切结合的新水平,是酶作用机制研究的重大进展。相关研究的成果发表在美国《科学》杂志上,并获得 1999 年国家自然科学奖二等奖。

邹承鲁先生总结自己一生做学问所遵循的基本原则是:努力追求科学真理,避免追求新闻价值,跟踪最新发展前沿,不断提高水平,勤奋工作,永不自满。他一生遵循了这个基本原则,从 1951 年回国直至病重去世,数十年如一日,从未离开过科研第一线。邹承鲁的爱国情怀和开拓创新的精神,值得所有医学生学习。

参考文献:

[1] 邹承鲁.科学研究五十年的点滴体会[J].生理科学进展,2001,32(3):269 - 283.

[2] 邹宗平.我的父亲邹承鲁[J].化学通报,1990,53(5):56 - 63.

(杨榕,基础医学院,生物化学与分子细胞生物学系,讲师)

免　疫　学

上海市免疫学研究所创始人余㵑和余㵑论坛

思政映射点：爱国情怀，科学精神，前沿引领，开拓创新，沟通协作，勤奋进取
学科：免疫学
相关知识点：免疫学绪论，抗体，疫苗等
素材简介：本素材介绍了余㵑作为一名微生物学家和免疫学家，在用疫苗、抗体对感染性疾病进行治疗方面做出的突出贡献，旨在培养学生爱国情怀，树立开拓创新的科学精神。

余㵑是上海市免疫学研究所第一任所长，以他名字命名的"余㵑论坛"，每届邀请一位在免疫学界享有国际声誉的顶级专家担任报告嘉宾，为广大师生提供近距离"聆听大师智慧、领略科学魅力"的机会。旨在引导学生关注前沿知识，勤奋进取，强化科学精神和沟通协作能力等。

余㵑(1903—1988)，浙江绍兴人。1923 年毕业于我国最早的医学院校——北京医学专门学校，1927 年赴美国哈佛大学医学院深造，获得博士学位和美国卫生学会金质奖章，成为我国第一位细菌学博士。

1929 年，余㵑回国任国立北京大学医学院细菌学教授，1933 年他编著出版了我国最早的病原微生物学专著《病原学》。1933—1934 年，余㵑任上海雷士德医学研究院主任，开始研究霍乱弧菌，后转入对伤寒免疫的探讨。1935 年，他采用含有"O""Vi"抗体的抗伤寒马血清治疗伤寒病取得较好效果，成为国内抗伤寒血清首创者，也是世界上研制抗伤寒血清 Vi 的先驱者之一。1941 年，他在上海开设医学化验所，兼任同德医学院教授。1952 年任上海第二医学院微生物学教研室主任、教授，1955 年兼任基础医学部主任。20 世纪五六十年代，在他的主持下，我国成功研制出麻疹疫苗，填补了国内这一领域的空白，在控制麻疹流行上起到显著作用。1958 年，他参加抢救大面积烧伤工人邱财康，为控制绿脓杆菌感染，反复实验制成特异噬菌体，在治疗创面感染上获得显著效果。1956 年，他出版了《细菌学》一书。1979 年任上海市免疫学研究所第一任所长，被世界卫生组织任命为免疫遗传合作中心主任。余㵑在疫苗、抗体对于感染性疾病治疗方面做出了突出的贡献。

在余㵑诞辰 114 周年之际，为纪念和缅怀这位我国免疫学与微生物学的先驱和奠基人，在上海交通大学医学院的大力支持下，经余㵑亲属同意，由上海市

免疫学研究所隆重推出"余㵉论坛"。论坛面向医学院、免疫所及周边高校、科研院所广大师生,每届邀请一位在免疫学界享有国际声誉的顶级专家担任报告嘉宾,为广大师生提供近距离"聆听大师智慧、领略科学魅力",与免疫大师分享科学进展的宝贵机会。

2017 年 3 月 9 日,第一届余㵉论坛举办,主讲嘉宾是 2011 年诺贝尔生理学或医学奖得主、法国天然免疫领域著名科学家朱尔斯·霍夫曼教授。他是免疫学和癌症治疗领域的杰出先驱,主要从事昆虫固有免疫的遗传和分子机理研究,其在该领域的大量研究发现为有机生命体——从原核生物到人类建立抵抗外界传染源的防御机制提供了新观点。中国科学院院士、时任上海交通大学医学院院长陈国强亲切会见了霍夫曼。余㵉次子余正先生与上海市免疫学研究所苏冰所长一同为霍夫曼教授颁发余㵉论坛荣誉证书及纪念铜章。来自上海交通大学医学院、上海市免疫学研究所及周边高校、科研院所逾 300 名师生参会。

2018 年 11 月 26 日,第二届余㵉论坛特邀中国工程院院士、复旦大学上海医学院教授闻玉梅担任主讲嘉宾,以"我的乙肝情结"为题为在场师生带来了一场精彩生动的主题讲座。闻玉梅基于乙肝致病机理,研究干预乙肝的免疫策略;由她研发的乙肝治疗性疫苗取得从基础到临床的系统性成果,被国内外认为是研制治疗性疫苗的开拓者之一。

2019 年 11 月 11 日,上海市免疫学研究所 40 周年免疫学科战略发展研讨会暨第三届余㵉论坛在上海交通大学医学院懿德楼二楼报告厅隆重举行。论坛主讲嘉宾为中国科学技术大学生命科学学院田志刚院士,他的主要研究方向包括 NK 细胞生物学、NK 细胞新亚群发现、肝脏 NK 细胞和以 NK 细胞为基础的新型生物治疗技术及产品研制。

第三届余㵉论坛

　　为吸引海内外优秀青年学者和顶尖大学优秀毕业生加入上海市免疫学研究所,鼓励他们潜心科学研究,专注科研创新,上海市免疫学研究所推出"余㵑学者""余㵑青年学者""余㵑博士后"及"余㵑研究生"系列奖学金。通过举办余㵑论坛,进一步传承和弘扬老一辈科学家开拓创新、求真务实、献身科学的精神,为推动上海乃至全国免疫学研究的发展贡献力量。

　　余㵑作为一名微生物学家和免疫学家,作为上海市免疫学研究所第一任所长,他的爱国情怀和开拓创新的科学精神值得医学生学习;以他名字命名的"余㵑论坛",为医学生们提供了一个关注前沿知识、强化科学精神和沟通协作的平台。

参考文献:

[1] 余㵑.细菌学[M].北京:人民卫生出版社,1956.

[2] YU H. A study on the dissociation of the Diphtheria Bacillus[J].Journal of Bacteriology,1930,20(2):107 - 120.

[3] HOFFMAN J A. The immune response of Drosop[J].Nature,2003,426 (6962):33 - 38.

（陈广洁,基础医学院,免疫学与微生物学系,教授）

MHC 分子的发现之路

思政映射点：勤奋进取，开拓创新，科学精神
学科：免疫学
相关知识点：免疫识别分子
素材简介：本素材介绍了乔治・斯内尔，让・多塞，巴鲁赫・贝纳塞拉夫三位科学家发现和研究 MHC 分子及其特性的过程，体现了科学家们勤于思考，不惧失败，勇于探索的精神。旨在培养学生面对未知问题积极思考，不畏难不放弃的科学态度和发现问题、分析问题、解决问题的能力。

我们生活在一个和平的年代，大规模的战争离我们似乎很遥远。但是，当战争发生，造成大量伤员的时候，器官移植是一种很容易被想到的治疗手段。第一次世界大战和第二次世界大战期间，医务工作者们已经开始采用移植作为治疗手段。但是他们发现，皮肤等的移植相对比较容易成功，而器官的移植往往以失败告终。不同的个体之间会发生移植排斥，这是为什么呢？

乔治・斯内尔，一名研究小鼠基因的美国遗传学家发现了其中的一部分原因。他于 1926 年毕业于达特茅斯学院，1930 年获得哈佛大学博士学位，1935 年开始进入研究所工作直到退休。他所在的研究所是一个专门研究转基因小鼠的机构。也就是在那里，斯内尔找到了他的研究方向：运用小鼠模型，寻找移植排斥发生的原因。通过开展实验，他发现抗原 II（H-2）阳性小鼠的皮肤只在阳性小鼠内生长，而在阴性小鼠体内则被排斥，他由此发现 H2 抗原与移植排斥相关。随后，他又将两种近交系小鼠（MHC 基因型为 a/a 和 b/b）交配，并用下一代小鼠做实验。通过一系列实验，斯内尔证明 MHC 基因是发生移植排斥反应的关键因素，从而第一次明确了移植排斥反应的关键基因。

受到斯内尔工作的启发，巴黎大学血液免疫实验室的法国科学家让・多塞发现，人的血清中有一种人类白细胞抗原（HLA），它是 MHC 抗原的一种，相当于斯内尔发现的鼠中的 H-2 抗原。让・多塞在第二次世界大战的时候参过军，战后，他在巴黎大学完成了中断的学业。随后，他前往美国的哈佛大学继续深造，并最终返回法国的巴黎大学建立了自己的实验室。他从 1950 年开始研究为什么被输血后人体内的白细胞会减少。通过实验，他发现人的血清中有一种人类白细胞抗原（HLA），HLA 定位于单个染色体上（后来发现是 6 号染色体）。

巴鲁赫·贝纳塞拉夫，另一名美籍科学家，发现了免疫应答基因（immune response，Ir），并发现免疫应答基因与 MHC 基因紧密连锁，不同个体之间的免疫应答差异具有遗传性。贝纳塞拉夫出生于法国，幼年体弱多病，患有慢性支气管炎和哮喘，严重影响了他的健康和学业，他也因此对医学产生了极大兴趣。贝纳塞拉夫曾经在费城艺术博物馆进行过纺织工程专业的学习，但是他对这个专业并不感兴趣，他的最大志愿是做一名医生。1942 年，他毕业于美国的哥伦比亚大学，获得理学学位。但由于他的犹太人背景，他在进一步申请医学学位时遭到 25 所医学院的拒绝，包括哈佛和耶鲁等名校的医学院。最后在一名朋友的帮助下，他在弗吉尼亚医学院入学，并于 1946 年获得学位。随后，他进入纽约皇后总医院担任实习医生，并在美国军队服役 2 年。1956 年，他在退役后为了跟从自己的兴趣在哥伦比亚大学卡巴特实验室担任一名无偿的研究助手，接受正规的免疫学培训。尽管此时他已经近 30 岁，但他仍不懈努力，为自己今后的研究奠定了扎实基础。父亲的生病使得他中断在哥伦比亚大学的研究，返回巴黎照料父亲。在兴趣的继续驱使下，他在巴黎布鲁赛医院的免疫学实验室找到了一份工作，但是外籍人士在法国找到一份永久性职业是很困难的。于是，1956 年他又返回美国，并在纽约大学获得一份病理学助理教授的职位，开始了他职业生涯的黄金阶段。他最著名的实验就是用交联有多聚-L-赖氨酸的半抗原随机免疫豚鼠制备抗体，结果显示，大约 40% 的豚鼠并未出现免疫应答，即未产生相应的抗体。通过进一步研究，他发现这与豚鼠特定的遗传差异相关。这种免疫应答差异具有遗传性。他进一步发现了这类决定这一现象的基因，并把它们命名为免疫应答基因。

这三名科学家的发现，为器官移植技术的开展和成熟提供了理论基础，帮助我们更深入地了解了人类的免疫系统，因此三人共同获得了 1980 年的诺贝尔生理学或医学奖。如同所有诺贝尔奖获得者一样，他们的发现经过了长时间的尝试、思考和实验，他们的人生之路也经过了各种的波折和磨难。但在他们的研究道路上，他们一直孜孜不倦地追求着自己感兴趣的问题的答案，并最终取得了突破性的发现。

不忘初心，方得始终！在科学的道路上，有追求有努力就会有发现有收获！广大医学生要学习科学家勤于思考、不惧失败、勇于探索的精神，在面对未知问题时，要有不畏难不放弃的科学态度和勇于发现问题、分析问题、解决问题的能力。

参考文献：

［1］ GERMAIN R，BURAKOFF S J. A remembrance of Baruj Benacerraf
（AAI‘57），1920—2011［EB/OL］.［2020‑05‑20］. http：//www.aai.org/
News_Board/2011/Benacerraf/AAI_Remembrance.htm.
［2］ PINCOCK S. Baruj Benacerraf（1920—2011）［J］. The Lancet，2011，378
（9796）：1066.

（袁圆阳，基础医学院，免疫学与微生物学系，助理研究员）

免疫学与健康中国

思政映射点：爱国情怀，科学精神，开拓创新，勤奋进取

学科：免疫学

相关知识点：健康中国

素材简介：本文是课程的"绪论"，内容涉及较广，希望通过整体介绍课程中涉及的相关知识点，使学生系统而全面地掌握现代医学免疫学基础理论知识，同时培养学生相关的基本素养，注重免疫学在临床疾病的预防、诊断和治疗中的理论应用，为学生学习该课程打下扎实的基础。通过介绍中外免疫学家的贡献，培养学生的科学精神和爱国情怀；通过介绍我国疾病防控情况，让学生了解国情及国家在卫生健康领域所作的努力及取得的成果；通过进行健康中国教育，让学生了解健康中国战略，鼓励医学生掌握科学知识，为全民健康服务；通过指出免疫学尚未解决的问题，激发学生锐意进取、勇于创新的精神。

随着现代科学理论和技术的飞速发展，人们对于免疫系统的基本功能有了清楚的认识，包括三方面：免疫防御、免疫监视和免疫自稳。免疫学家和医务工作者从这三个方面入手，利用免疫学的知识防病治病，取得了巨大成就。

中华人民共和国成立七十多年来，中国居民健康指标持续改善，人均预期寿命从新中国成立初期的 35 岁提高到了 2018 年的 77 岁（见图 1）。与此同时，中国医学科学院北京协和医学院公共卫生学院院长刘远立指出，如果仅仅将健康的追求等同于医疗治病，不加强预防，就难以应对严峻的健康国情。因此，实

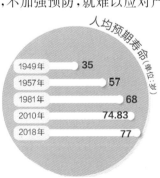

图 1　中国人均预期寿命

（数据来源：国家统计局）

现"健康中国"战略目标,需要转变重"医"轻"防"的思路。事实上,免疫学的发展极大地促进了人类对疾病特别是各种烈性传染病的预防。

免疫防御即机体抗感染免疫,可以简单地理解为预防传染病的发生和流行。免疫系统是机体抗感染的主力军,基于免疫防御原理制备的各种病原体疫苗大力推广以后,人类的传染病发病率急剧下降,天花等曾经在人类历史上肆虐的烈性传染病甚至在地球上被完全消灭。我国各种烈性传染病的发病数也显著减少(见表1)。在我国最典型的例子之一即乙肝疫苗接种后乙肝发病率明显下降。我国一直有乙肝大国之称。我国有1亿左右的人群为乙肝病毒携带者,占总人口数的8%~10%。但自2002年1月1日我国将乙型肝炎疫苗纳入计划免疫、2005年6月1日新生儿乙肝疫苗完全免费后,乙肝病毒(HBV)感染的年发病率稳步下降。儿童病毒性肝炎发病率更是从1982年的8%~15%降低至2015年的1%以下(见图2)。

表1　2019年8月全国部分法定传染病报告发病、死亡统计

病名	发病数	死亡数
鼠疫	0	0
霍乱	12	0
脊髓灰质炎	0	0
人感染高致病性禽流感	0	0
麻疹	320	0
白喉	0	0
新生儿破伤风	5	0

(数据来源:国家疾病预防控制局)

人类利用免疫防御原理在传染病的防控中取得了辉煌成就,也帮助我们践行"健康中国"和构建人类命运共同体理念。在2020年同新冠肺炎疫情的殊死较量中,中华民族和中国人民以敢于斗争、敢于胜利的大无畏气概,用3个月左右的时间取得了抗击疫情的阶段性胜利。但不幸的是,新冠肺炎疫情在全世界范围大暴发,迫切需要研制新冠疫苗。中国同世界各国携手合作、共克时艰,为全球抗疫贡献了智慧和力量。我国在第一时间发布新冠病毒基因序列等信息,为疫苗的研发奠定了基础。同时以陈薇院士为代表的中国科学家积极开展新冠疫苗的研发,并取得积极进展,这对中国乃至世界都是重大的好消息。习近平在第73届世界卫生大会视频会议开幕式上庄重承诺"中国新冠疫苗研发完

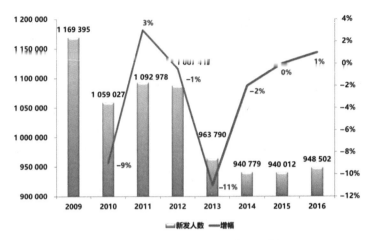

图 2　2009—2016 年乙肝新发患者数和增幅

（数据来源：2010—2017 年《中国卫生统计年鉴》）

成并投入使用后，将成为全球公共产品"。彰显了习近平提出的人类命运共同体理念，将为各国人民生命安全和身体健康做出重要贡献。大道之行，天下为公！

免疫监视即免疫系统能够监控机体细胞突变，预防肿瘤发生。

2018 年诺贝尔生理学或医学奖颁给了美国科学家詹姆斯·艾利森和日本科学家本庶佑，以表彰他们在"发现负性免疫调节治疗癌症的疗法"中所做出的贡献，他们因在肿瘤的免疫治疗方面的突出成就荣膺此殊荣。

日本科学家本庶佑之所以能够获得诺贝尔生理学或医学奖，就是因为他首先鉴定抗程序性死亡蛋白 1 与肿瘤免疫相关。PD-1 与其配体 PD-L1 的结合会抑制 T 淋巴细胞的杀伤功能，对人体免疫应答起到负调节作用。PD-1 的抑制剂（如 PD-1 抗体）可以恢复机体免疫细胞对肿瘤细胞的杀伤作用，从而达到治疗肿瘤的效果。而第一个将 PD-1 抗体用于肿瘤治疗的则是华人免疫学家陈列平。虽然他未能同时获得诺贝尔奖，但是他的贡献还是得到了世界的公认。2014 年，第一支 PD-1 抑制剂在美国上市，主要用于恶性黑色素瘤的治疗。美国前总统卡特的恶性黑色素瘤发现时已是晚期，而且已经发生了脑转移，应用 PD-1 抑制剂治疗半年后，脑部转移的癌细胞消失殆尽。2018 年 6 月，中国食品药品监督管理总局正式批准 PD-1 抗体药物上市，其适应证是"系统治疗的非小细胞肺癌"，这意味着我国的肿瘤治疗真正进入了"免疫"时代。除了上述免疫检查点抑制剂治疗方法之外，多种其他的免疫治疗方法包括 CAR-T 等在肿瘤的免疫治疗方面也取得了很好的效果。同时某些由病毒感染而诱发的肿瘤如肝癌、宫颈癌等也因为接种相应的乙肝疫苗和 HPV 疫苗，使得肿瘤的发病率明显下降。可以说，人类利用免疫系统的免疫监视功能来进行肿瘤的预防和治疗也正走在大步前进的道路上。

免疫自稳指免疫系统通过识别自我，区分"异己"或"有害"成分，自我调节维持自身稳定。这是机体不发生自身免疫病的重要保证。

尽管免疫系统是自然界赋予我们的一个奇迹，它能保护我们的身体免受外来抗原的攻击，但是某些情况下它也会攻击自己本来保护的东西，这时候就产生了自身免疫病。虽然现在自身免疫病的致病因素尚不完全清楚，但所有自身免疫病的共同特点是免疫系统发生了偏差，偏差的结果是免疫系统开始错误地攻击自身的细胞。目前自身免疫病的发病率呈逐年上升的趋势，且无很好治疗手段，但有理由相信，将来通过很好地调控免疫系统的自身稳定功能，定能有效治疗这类疾病，造福人类。期待同学们当中能出现最早开启自身免疫病免疫之匙的那个人。

党的十九大报告提出"实施健康中国战略"，这是以习近平同志为核心的党中央从长远发展和时代前沿出发，坚持和发展新时代中国特色社会主义而实施的一项重要战略安排，将为把我国建成富强民主文明和谐美丽的社会主义现代化强国打下坚实健康根基。

党的十九大报告指出："人民健康是民族昌盛和国家富强的重要标志。"这体现了我们党对人民健康重要价值和作用的认识达到了新高度。实施健康中国战略，增进人民健康福祉，事关人的全面发展、社会全面进步，事关"两个一百年"奋斗目标的实现，必须从国家层面统筹谋划推进。这是新时代经济社会协调发展的必然要求，是实现人民对美好生活新期盼的重要支撑，是维护国家安全与社会稳定的必备条件，也是医疗卫生事业改革发展的内在要求。

建设健康中国是习近平新时代中国特色社会主义思想的重要组成部分。我们必须全面、系统、准确地把握健康中国战略的核心要义和基本思路，统筹解决好人民群众最关心最直接最现实的健康问题。做到坚持以人民为中心，把人民健康放在优先发展的战略位置；贯彻新发展理念，坚持新时代卫生与健康工作方针；完善国民健康政策，全方位、全周期维护人民健康；促进社会公平正义，坚持基本医疗卫生事业的公益性。

党的十九大报告对"实施健康中国战略"作出全面部署。我们要全面贯彻党的十九大精神，以习近平新时代中国特色社会主义思想为指导，按照习近平同志在全国卫生与健康大会上的重要讲话要求，采取针对性更强、覆盖面更大、作用更直接、效果更明显的举措,确保健康中国战略落到实处。深化医药卫生体制改革,全面建立中国特色基本医疗卫生制度;全面建立分级诊疗制度;健全现代医院管理制度、全民医疗保障制度、药品供应保障制度;建立健全综合监管制度;以强基层为重点,促进医疗卫生工作重心下移、资源下沉;坚持预防为主,全面提升公共卫生服务水平;坚持中西医并重,传承发展中医药事业;发展健康产业,满足人民群众多样化健康需求;完善人口政策,促进人口均衡发展与家庭和谐幸福。

平衡的免疫系统是健康的关键,免疫系统过强或是过弱都不好,过于精细或特别大意地照护身体,都是人体免疫力的"敌人"。人体的免疫系统时时刻刻都在通过与外界抗原的接触,执行着固有免疫和适应性免疫的功能。可以说,从理论的角度讲,自然界存在的大部分物质都能调节人体免疫系统的功能,比如花粉可以引起哮喘等。所以,在讨论免疫调节的时候,应该注意选择和谐、合理的手段及方法,对我们的免疫系统进行细心地调节与呵护。

作为医学生或医学研究人员,在对免疫系统进行学习和研究的过程中,要用知识和实际行动为健康中国贡献力量,为人类健康谋幸福。

参考文献:

习近平:决胜全面建成小康社会　夺取新时代中国特色社会主义伟大胜利——在中国共产党第十九次全国代表大会上的报告[EB/OL].(2017 - 10 - 27)[2021 - 05 - 20].http://www.gov.cn/zhuanti/19thcpc/baogao.htm.

(钮晓音,基础医学院,免疫学与微生物学系,免疫学课程组,副教授;
张勇,基础医学院,免疫学与微生物学系,免疫学课程组,讲师)

抗击非典、新冠肺炎与细胞因子风暴

思政映射点：爱岗敬业，专业扎实，沟通协作，无私奉献

学科：免疫学

相关知识点：细胞因子风暴

素材简介：非典型肺炎和新型冠状病毒肺炎，都是一种冠状病毒引起的呼吸道传染病，传染性极强、病情进展快速。当疫情发生时，许许多多"白衣战士"舍小家为大家，战斗在一线，英勇奋战，是最美的"逆行者"。本部分内容旨在勉励学生形成爱岗敬业、无私奉献精神。患者免疫系统的过度反应产生的细胞因子风暴，会使轻症变为重症和危重症。有效地消除细胞因子风暴，如炎症细胞因子单抗的使用，可提高新冠肺炎重症和危重症患者的治愈率。本部分内容旨在引导学生扎实专业，提高沟通协作能力等。

2002 年 12 月 22 日，一名危重患者从河源转入广州医学院第一附属医院。这位患者症状十分奇怪：持续高烧、干咳，阴影占据整个肺部，使用任何医治肺炎的抗生素均无效。两天后，河源传来消息，救治过该患者的当地一家医院 8 名医务人员感染发病，症状与患者相同。中国工程院院士钟南山震惊了，广东医疗界震惊了。"怪病"最后被称作"非典型肺炎"（简称"非典"），一种比普通的肺炎可怕百倍的传染病，它的病死率高达 3% 以上，以发热、干咳、胸闷为主要症状，严重者出现快速进展的呼吸系统衰竭，是一种新的呼吸道传染病，传染性极强。2003 年 4 月到 5 月初，全国的"非典"病例持续攀升，北京市每天上百例的新增数字更是让人触目惊心。以往每个"黄金周"总是人满为患的城市，第一次遭遇了别样的冷清。截至 5 月 28 日 10 时，全国临床诊断病例 5 325 例，其中 966 人为医务人员，占感染总数的 18%。正是我们的医务工作者不怕牺牲，坚持在医疗的一线，才让我们取得了这场抗战的胜利。

2020 年底，突如其来的新型冠状病毒肺炎疫情袭来。疫情发生后，全国广大医务人员夜以继日、连续奋战，驰援武汉。84 岁的钟南山和 73 岁的李兰娟再度披上战袍。自大年夜接到驰援武汉的命令起，上海交通大学医学院先后派出 8 批共 569 名医务人员驰援武汉，派出 182 名医务人员援助上海市公共卫生临床中心。上海交通大学医学院病理学系的蔡军和赵雷驻扎在火神山医院，是新冠肺炎"病因诊断小分队"的成员，他们的到来开启了新冠肺炎病理的大门。

图1 一线医务人员

SARS和COVID-19都是冠状病毒,主要通过近距离飞沫传播、接触患者的分泌物及密切接触传播,在当时都是一种新出现的病毒,人群不具有免疫力,普遍易感。发病概率的大小取决于接触病毒或暴露的机会多少。高危人群包括接触患者的医护人员、患者的家属和到过疫区的人。

图2 赵雷老师介绍抗击新冠事迹

越来越多的证据表明,SARS和COVID-19的患者都可能患有细胞因子风暴综合征。适量水平的细胞因子可参与炎症反应抵抗病原体的入侵。但如果体内细胞因子过度产生则会形成细胞因子风暴。当免疫系统因感染、药物、自身免疫疾病等因素过度激活时,免疫细胞就会应激过度,产生过多的细胞因子从而让炎症加剧。大量分泌的促炎因子会导致正反馈循环突破某个阈值而放大,最终形成细胞因子风暴。这是一种严重的全身性炎症反应,表现为多种细胞因子,如 TNF-α、IL-1、IL-6 等,在短期大量分泌,可造成多种组织和器官的严重损伤,使机体发生多器官功能衰竭甚至死亡。以新冠肺炎为例,有专家认为部分重症和死亡患者出现中性粒细胞持续增多可能就是由于病毒诱导的细胞因子风暴引起的。因此从某种程度来说,细胞因子风暴对人体的伤害甚至超过病毒本身对人体的伤害。中国科学院周琪院士表示细胞因子风暴是新冠肺炎患者轻症向重症和危重症转换的一个重要节点,同时也是重症和危重症死亡的一个原因。

　　中国工程院院士李兰娟指出,对于新冠肺炎重型和危重型倾向的患者,重点监测以下指标:外周血炎症因子,如 IL-6 等急剧升高;C 反应蛋白进行性上升;外周血淋巴细胞进行性下降;乳酸进行性升高;肺部病变在短期内迅速进展。上述指标发生变化时,往往就表示有重症化的倾向。已经发表的临床研究显示,新冠肺炎患者一般在感染后 9 天会出现急性呼吸窘迫综合征,其发病原因正是细胞因子风暴。因此,要对患者采取严密有效的措施,即要注意细胞因子风暴到来的早期的表现。更多的研究表明,IL-6 是触发这场风暴的关键因子之一。针对 IL-6 通路,国内多家研究团队均发现人 IL-6 受体单克隆抗体——托珠单抗可用于阻断 IL-6 与其受体的结合,从而阻断新冠肺炎的细胞因子风暴,阻止疾病向重型或危重型转化。在第七版新冠病毒诊疗方案中已正式增加"托珠单抗"免疫疗法。疫情防控是一场艰苦的战斗,是一场生与死的博弈与较量。明知疫情凶猛,明知存在生命危险,医务工作者们还是义无反顾地选择了逆行,选择了这场"不计报酬、不计生死"的勇敢战斗。

参考文献:

[1] CHEN N S, ZHOU M, DONG X, et al. Epidemiological and clinical characteristics of 99 cases of 2019 novel coronavirus pneumonia in Wuhan, China: a descriptive study[J]. The Lancet, 2020, 395(10223): 507-513.

[2] MEHTA P, MCAULEY D F, BROWN M, et al. COVID-19: Consider cytokine storm syndromes and immunosuppression[J]. The Lancet, 2020,395(10229), 1033-1034.

[3] GUO X J, THOMAS P G. New fronts emerge in the influenza cytokine

storm[J]. Seminars in Immunopathology，2017,39(5):541 - 550.

[4] 国家卫生健康委员会,国家中医药管理局.新型冠状病毒肺炎诊疗方案(试行第七版)[S].2020 - 03 - 03.

（陈广洁,基础医学院,免疫学与微生物学系,教授）

在 Th 细胞亚群领域取得成就的董晨

思政映射点：爱国情怀，科学精神，开拓创新，勤奋进取

学科：免疫学

相关知识点：Th 细胞亚群

素材简介：本素材主要介绍在 Th 细胞亚群领域研究上取得突出成绩的华人学者董晨。旨在引导学生培养科学精神和创新性思维，学习董晨的爱国主义情怀；也通过这些年我国国力不断增强，可以为海归人士提供良好的工作条件这一现实，使同学们增强民族自豪感和投身中华民族伟大复兴的使命感。

T 细胞亚群的研究对于了解免疫应答及其调节，对于临床疾病的发病机制研究和治疗干预，都有重要意义。从最初发现 T 细胞可以分为 CD4＋T 和 CD8＋T 细胞二大亚群，到进一步发现 CD4＋T 细胞还可以分为不同的亚群，尤其是 Th 细胞包含的各种亚群，对于免疫应答的介导和调节，起到了关键性的作用，故而对于阐明很多免疫相关疾病的机制和探索新的治疗手段，都有重大的意义。因此，Th 细胞新亚群的发现和研究，一直是免疫学和相关临床研究的重中之重。Th17 和 Tfh 亚群是近年来新发现的两个重要的 T 细胞亚群，分别在固有免疫、炎症和 B 细胞免疫的调节中发挥重要作用。今天我们介绍一位免疫学家董晨，他在这两种细胞亚群的发现过程中，都做出了重要的贡献。

图 1   在 Th 细胞亚群领域取得成就的董晨教授

2005 年,董晨的实验室与另外两个实验室几乎同时发现了一种新的 T 细胞亚群 Th17。这是一类分泌白细胞介素 17(IL-17)的 T 细胞,与炎症损伤和自身免疫疾病的发生密切相关。这一发现促进了制药公司关于 IL-17 拮抗抗体的开发。2015 年,首个 IL-17 抗体 Cosentyx 获批上市。目前,这类抗体已被批准用于治疗银屑病、关节炎和强直性脊柱炎。董晨不仅是 Th17 细胞分化、调节和功能研究领域的奠基者和研究权威之一,在 Tfh 和 Tfr 细胞的发现和研究中,也同样做出了开创性贡献。他对于科学新领域的探索精神、敏锐的科学思想和开拓创新能力是青年学子学习的榜样。

更可贵的是,董晨虽然已经是美国得克萨斯大学癌症中心免疫学系终身讲席教授、炎症与肿瘤中心主任,但他毅然于 2013 年回到国内,在几乎没有任何同类研究基础的清华大学开拓免疫学研究,创立了清华大学免疫学研究所,并通过数年的努力把这个学科做到了在全球具有一定的影响力。迄今为止,董晨在《自然》《科学》等杂志上共发表了 200 多篇论文,总被引用次数达 2 万多次,2014—2017 年连续四年被汤森路透评选为“高被引科学家”。

在谈及为什么下定决心回国时,他说:“免疫学与人类健康和疾病治疗密切相关。我们国家在这一领域的发展相对滞后。我希望,通过组建一个强大的免疫学研究团队,能够使我们在基础研究方面有所进步和突破,最终推动新药的研发,造福社会。”董晨的拳拳爱国情怀令人动容。在钦佩科学家爱国的同时,我们也感叹于我们祖国改革开放的巨大成就,国力的日益强大,可以为孜孜不倦于科学探索的研究者提供良好的研究条件,并吸引越来越多的海外学子归国效力。相信经过大家的不懈努力,中华民族必将实现伟大复兴,屹立于世界民族之林。

参考文献:

[1] 专访清华大学董晨教授:坚守免疫学 27 年,我依然热情澎湃[EB/OL].(2017 - 08 - 07)[2021 - 05 - 10] http://m. biodiscover. com/news/research/725039.html.

[2] 陈广洁.机体防御与免疫[M].北京:人民卫生出版社,2017:80 - 95.

(蒋黎华,基础医学院,免疫学与微生物学系,副教授)

调节性 T 细胞的发现与研究进展

思政映射点：前沿引领，开拓创新

学科：免疫学

相关知识点：调节性 T 细胞与疾病

素材简介：本素材介绍了科学家坂口志文和亚历山大·鲁登斯基在调节性 T 细胞研究领域的开创性工作以及杰弗里·布鲁斯通在调节性 T 细胞表面标志研究中的杰出贡献，并阐述调节性 T 细胞新亚群的发现过程。该素材体现了科学家对未知领域的探究精神，旨在培养医学生对科学的兴趣和创新精神。

　　免疫调节是一个精细、复杂的过程，包括正向调节和负向调节两个方面。任何一个环节的失误，可引起全身或局部免疫应答的异常，出现自身免疫病、过敏、持续感染和肿瘤等疾病。免疫调节分为三个层次，即分子水平的调节、细胞水平的调节和系统层面的调节。根据免疫调节机制可以开展免疫干预，以达到疾病防治的目的。

　　调节性 T 细胞是机体控制自身免疫和过度炎症反应的重要细胞。在肠炎、类风湿关节炎、多发性硬化症、系统性红斑狼疮等疾病中，患者调节性 T 细胞的抑制功能低下。1995 年，日本科学家坂口志文教授首次报道 CD4＋CD25＋T 细胞具有免疫调节功能，认为调节性 T 细胞的表面标志是 CD25 分子。但随后研究发现，CD25 分子也是细胞活化的标志。因此，科学家们一直在寻找调节性 T 细胞的特征性分子。2003 年，美国科学家亚历山大·鲁登斯基教授首次发现 FoxP3 是调节性 T 细胞发育分化的关键性转录因子，可以作为调节性 T 细胞的特异性标志。2006 年，美国科学家杰弗里·布鲁斯通教授首次发现 CD127 可以作为人 Treg 细胞的生物标志物。CD127 的发现为 Treg 细胞的功能研究提供了极大的便利。随着研究不断深入，科学家发现调节性 T 细胞具有不稳定性和可塑性，会转变为其他不同功能的细胞。2016 年，坂口教授报道调节性 T 细胞可以分为 3 个亚群：FoxP3loCD45RA＋Treg 细胞、FoxP3hiCD45RA-Treg 细胞、FoxP3loCD45RA-Treg 细胞。其中 FoxP3hiCD45RA-Treg 细胞为效应 Treg 细胞，具有免疫抑制功能，而 FoxP3loCD45RA-Treg 细胞不但没有抑制活性，而且会分泌促炎因子。目前科学家们聚焦在调节性 T 细胞在自身免疫病、感染、癌症等条件下调控 T 细胞稳态中的作用，并探索利用调节性 T 细胞治疗疾病的潜力。

坂口志文和亚历山大·鲁登斯基发现了调节性 T 细胞及其转录因子 FoxP3 的本质与功能,并创了调节性 T 细胞的研究领域;杰弗里·布鲁斯通发现了 Treg 细胞表面新标志,为深入研究调节性 T 细胞功能做出巨大贡献。他们对未知领域的不懈探索让调节性 T 细胞得以发现,相关研究不断发展,他们开拓创新的精神值得我们学习。在这个研究领域还需要更多科学家努力探索,早日把调节性 T 细胞用于临床治疗,造福人类。

参考文献:

[1] SAKAGUCHI S, SAKAGUCHI N, ASANO M, et al. Immunologic self-tolerance maintained by activated T cells expressing IL-2 receptor alpha-chains（CD25）: breakdown of a single mechanism of self-tolerance causes various autoimmune diseases[J].Journal of Immunology, 1995, 155(3):1151-1164.

[2] FONTENOT J D, GAVIN M A, RUDENSKY A Y. FoxP3 programs the development and function of CD4＋CD25＋ regulatory T cells[J]. Nature Immunology, 2003, 4(4):330-336.

[3] LIU W, PUTNAM A L, XU-YU Z, et al. CD127 expression inversely correlates with FoxP3 and suppressive function of human CD4＋T reg cells[J]. Journal of Experimental Medicine, 2006, 203(7):1701-1711.

（聂红,基础医学院,免疫学与微生物学系,研究员）

移植免疫学的开创者:彼得·梅达沃

思政映射点:科学精神,开拓创新,勤奋进取
学科:免疫学
相关知识点:移植免疫的开创
素材简介:本素材介绍了移植免疫学的开创者彼得·梅达沃用实验证实器官移植免疫排斥的事迹,他的发现为彻底解决移植排斥奠定了基础。彼得·梅达沃是 1960 年诺贝尔生理学或医学奖获得者。他善于思考,作风严谨,勇于实践,同时爱好广泛,是 20 世纪最伟大的生物医学科学家之一。

    1960 年,英国医学家彼得·梅达沃和澳大利亚病毒学家、免疫学家麦克法兰·伯内特分享了诺贝尔生理学或医学奖。梅达沃通过试验,证明了伯内特的克隆选择学说的正确性,两人因发现了获得性免疫耐受理论,共同获得 1960 年诺贝尔生理学或医学奖。梅达沃揭示了器官移植排斥的免疫学性质,开创了临床器官移植的新领域;他发现的获得性免疫耐受现象为用诱导移植耐受的方法最终彻底解决移植排斥奠定了基础。此外,他在音乐、歌剧,以及哲学方面的修养,使他的影响远远超出了生物医学的范畴。他撰写的《对年轻科学家的忠告》一书影响了 20 世纪后期成长起来的整整一代年轻科学家。梅达沃作风严谨,他的博士论文,虽然已通过了学位评审小组的考核,但他本人最终认为这些研究"从各方面看都是空洞无物的",从而决定放弃博士学位的申请。这样,终其一生他都没有获得过正式的博士学位。但此后,他因在移植免疫学方面的一系列开创性贡献,获得了许多世界一流大学的荣誉博士学位。

    1947 年梅达沃受聘于伯明翰大学,担任动物学系教授。1948 年在瑞典斯德哥尔摩召开的国际遗传学大会上,梅达沃结识了爱丁堡农业研究委员会的唐纳德博士。唐纳德研究环境因素(如饲养条件等)能在多大程度上影响牛的后天特性。因为同卵孪生子的遗传背景是完全相同的,是研究非遗传因素影响生物性状的最理想对象,但要获得同卵孪生子就首先需要在双胞胎小牛中去除异卵孪生子(因为异卵孪生子之间的遗传背景是不同的)。唐纳德请教梅达沃,能否提供一个能精确鉴定同卵孪生牛和异卵孪生牛的方法。梅达沃根据遗传背景不同的个体之间皮肤移植必然会被排斥的经验,认为只要将孪生小牛相互进行皮肤移植,就可以很容易解决这个问题:如果孪生牛之间皮肤移植不排斥,则

为同卵孪生,反之则为异卵孪生。几个月后,他受唐纳德的邀请,与他的研究生毕林汉一起开车去了唐纳德在伯明翰郊外的牧场。他们按设计对一对对双胞胎小牛进行了相互皮肤移植。实际结果完全出乎他们的预料:所有的双胞胎小牛之间相互进行的皮肤移植都没有受排斥。有些明显是异卵孪生的小牛,相互进行的皮肤移植也都生长良好,没有任何排斥的迹象。多次重复的实验都得到了相同的结果。免疫系统对"非己"异体成分产生免疫排斥,这一直是免疫学最基本的概念,现在这些遗传背景明显不同的异卵孪生小牛之间的异体皮肤移植却没有发生排斥,而产生了免疫耐受,这是什么原因呢? 通过查阅文献梅达沃发现,类似的现象已经被报道过了。

1945 年,威斯康星大学的遗传学家欧文曾报告,异卵孪生的小牛血液中都有两种红细胞,即自己的一套和来自孪生兄弟姐妹的另一套。异卵孪生的小牛之间出现红细胞嵌合表明,这些孪生的小牛对同胞的另一头小牛的红细胞产生了免疫耐受。欧文的发现立即引起了澳大利亚免疫学家麦克法兰·伯内特的重视。由于伯内特知道,双胞胎牛在胚胎时期大多会发生胚胎血管融合而发生血流交换。1949 年伯内特提出了一个假说,认为胚胎期免疫系统正在学习识别"自己"成分,因此在此时遇到的任何抗原,都会被认为是自身成分而产生免疫耐受。梅达沃认为,异卵孪生小牛之间相互皮肤移植不发生排斥,可以用伯内特的理论来解释。为了证实这个假说,他们设计了一个实验:在灰色的雌性CBA 株小鼠怀孕期间,将白色的 A 株小鼠的脾细胞注入孕鼠的子宫内。结果发现,经过这样处理的 CBA 小鼠分娩出的小鼠(灰色)长大以后,可以接受 A 株小鼠(白色)的皮肤而不被排斥。这样,他们就用人工诱导胚胎期免疫耐受的实验,证明了伯内特关于胚胎期动物的免疫系统接受抗原刺激产生免疫耐受的假说。他们将之称为获得性免疫耐受。获得性免疫耐受现象的发现,是免疫学理论上的重大突破,同时也有重要的实践意义。梅达沃说:"从进化上看,异体移植排斥反应现象,在硬骨鱼时代已经出现了,至今已有上亿年的历史。因此人们有许多理由相信,异体间的器官移植这个障碍是不可克服的……而我们的实验结果彻底地改变了人们的这个观念。免疫耐受发现的真正意义在于,它表明将组织(器官)从一个个体移植到另一个个体的难题是可以解决的。"

获得性免疫耐受现象发现的重要意义立即被科学界所认同,1960 年 10 月瑞典诺贝尔奖委员会宣布梅达沃和伯内特因"发现获得性免疫耐受"而获得当年的诺贝尔生理学或医学奖。在授奖大会上,伯内特在"免疫的自我识别"的演讲词中,以一种略带夸张的口气说:"当梅达沃和他的同事们用实验的方法证明免疫耐受可以用人工的方法获得时,现代免疫学就开始了。"以梅达沃为代表的这一批生物医学科学家,积极进取,努力开拓,为解决移植排斥问题奠定了坚实的基础。

参考文献:

谢蜀生.移植免疫学的开创者、哲人科学家:彼得·梅达沃[J].医学与哲学(A),2013(1):90-93.

(钮晓音,基础医学院,免疫学与微生物学系,副教授)

肿瘤免疫专家陈列平

思政映射点：开拓创新，前沿引领，科学精神
学科：免疫学
相关知识点：肿瘤免疫疗法
素材简介：本素材介绍了陈列平为肿瘤免疫治疗做出巨大贡献的过程，体现了科学家锲而不舍的探索精神。旨在培养学生严谨的科学态度和发现问题、分析问题、解决问题的能力。

"谈起肿瘤免疫治疗，一个绕不开的人就是陈列平教授。"北京生命科学研究所所长、美国科学院院士王晓东表示。因为在肿瘤免疫学领域的革命性发现，华人科学家、耶鲁大学医学院免疫学教授陈列平获 2017 年沃伦·阿尔伯特奖。他是继遗传学家简悦威、药学家屠呦呦之后第三位获得该奖的华人科学家。该奖项的获得者中已有多人获得诺贝尔奖。

陈列平，1960 年 4 月出生于福建省福州市，福建医科大学教授，中科院客座研究员，"海外百人计划"获得者。他先后在中国福建医科大学、北京协和医学院，美国德雷塞尔大学求学。2010 年加入耶鲁大学之前，他曾在华盛顿大学、百时美施贵宝公司、梅奥诊所、约翰霍普金斯大学从事科研工作。

肿瘤免疫疗法主要利用人体自身的免疫系统或通过调节人体免疫系统来杀伤肿瘤而起到治疗效果。该想法已经有至少百年的历史，但是由于免疫系统中有检查点抑制分子，而肿瘤细胞正是利用免疫系统的这一机制，导致肿瘤免疫失效的。

直到一群锲而不舍的科学家相继发现免疫抑制分子，使得肿瘤免疫治疗迎来了曙光。1992 年，陈列平就提出肿瘤微环境中存在"免疫逃逸关键分子"的假设。1999—2002 年间，他发现在肿瘤细胞表面存在一种结构类似于免疫球蛋白的分子 B7-H1（即之后的 PD-L1），并且肿瘤表面有大量表达可看出该分子可抑制淋巴细胞对肿瘤的杀伤。之后，他利用抗体封闭 PD-1/PD-L1 以增强免疫反应，并在动物实验中成功治疗肿瘤。2006 年，他发起并协助组织了全球首个用 PD-1 和 PD-L1 抗体治疗癌症的一期临床试验，并证明 PD-1 抗体对恶性黑色素瘤、肾细胞癌和肺癌是有效的。2014 年，制药公司百时美施贵宝和默克的两款 PD-1 抗体药物相继获批上市，标志着癌症治疗已进入免疫治疗时代。PD-

1/PD-L1 的相关药物近年来更是成为最热门的抗癌药,在多种实体瘤中显示出疗效,目前已被美国食品药品监督管理局(FDA)批准用于黑色素瘤、肾癌、肺癌、头颈癌、膀胱癌、结直肠癌、霍奇金淋巴瘤和梅克尔细胞癌的治疗。

陈列平是首位揭示 PD-L1/PD-1 通路在肿瘤微环境免疫逃逸中作用的科学家,还首创了以抗体阻断 PD-1/PD-L1 通路治疗癌症的方法,在肿瘤免疫疗法的基础研究和医学转化上发挥了巨大作用。至今,陈列平已发表 300 多篇论文,论文总引用超过 3 万次,其中单篇文章的被引频次最高达 3 705 次。由于其在肿瘤免疫学领域的标杆性工作,在获得沃伦·阿尔伯特奖之前,陈列平已摘得多项大奖:2014 年,获得肿瘤免疫学界顶级大奖威廉·科利奖;2015 年,获得美国华裔血液及肿瘤专家学会终身成就奖;2016 年,获得美国免疫学会史坦曼奖;2017 年,获得中国生物物理学会贝时璋奖。这些贡献的源动力正是陈列平对科学问题锲而不舍的探索精神。

对于肿瘤免疫疗法的未来,陈列平表示:"肿瘤免疫治疗的未来远不只是从根本上替代化疗和放疗,很有可能还会替代一大部分手术,用来治疗早期的癌症患者。这将成为该领域未来的发展方向。"

参考文献:

[1] DONG H,ZHU G,TAMADA K,et al.B7-H1,a third member of the B7 family,co-stimulates T-cell proliferation and interleukin-10 secretion [J]. Nature Medicine,1999,5(12):1365 - 1369.

[2] CHEN L. Co-inhibitory molecules of the B7-CD28 family in the control of T-cell immunity[J]. Nature Immunology,2004,4(5):336 - 347.

[3] ZOU W,CHEN L. Inhibitory B7-family molecules in the tumour microenvironment[J]. Nature Reviews Immunology,2008, 8(6): 467 - 477.

(沈蕾,基础医学院,免疫学与微生物学系,教授)

乙肝治疗性疫苗的开拓者：闻玉梅

思政映射点：专业扎实，开拓创新
学科：免疫学
相关知识点：疫苗
素材简介：本素材主要介绍闻玉梅在乙肝治疗性疫苗研究领域的长期探索，体现了科学家爱岗敬业和开拓创新精神，旨在培养医学生为攻克医学难题而努力奋斗的精神。

1965 年，巴鲁克·布隆伯格在一名澳大利亚原住民的血液中发现了抗原性物质 Aa，即乙肝病毒表面抗原（HbsAg），使乙肝疫苗的研制成为可能，他因此与盖达塞克共享了 1976 年诺贝尔生理学或医学奖。从 20 世纪 70 年代末期开始，莫里斯·希勒曼一直在研制乙肝疫苗，但由于疫苗是用人的血液来制备的，安全性一直受到怀疑。直到 1981 年，乙肝疫苗才获得美国 FDA 的上市批准。随着分子生物学技术的发展，科学家分离出了表达乙肝病毒抗原的基因，并将其转移到酵母菌中，利用酵母菌合成乙肝病毒抗原，这一技术使得疫苗大规模生产成为可能，并具有安全、高效等特点。1986 年，转基因酵母乙肝疫苗获得 FDA 的上市批准。1994 年，我国引进乙肝疫苗生产技术。1997 年，利用酵母菌的基因工程乙肝疫苗被正式批准生产。随后我国开始大规模免费接种和补种乙肝疫苗，并取得了巨大成功。1987 年，中国 5 岁以下儿童的乙肝病毒感染率为 10.1%，而到 2006 年，乙肝病毒感染率已控制在 1% 以下。2014 年血清流行病学调查显示，我国 1—4 岁的儿童乙肝病毒表面抗原流行率是 0.32%。我国儿童乙肝病毒感染率的下降得益于乙肝疫苗的免费接种。

乙肝疫苗可以从源头上阻止慢性乙型肝炎发展为肝癌，但对于已经患乙型肝炎的患者而言，仍没有可以治愈的药物。我国科学家闻玉梅主要从事乙肝病毒分子生物学、免疫学及微生物基因组结构与功能的研究，她发现用乙肝表面抗原-抗体复合物可打破动物对乙肝病毒免疫耐受性，据此研制了可用于慢性乙肝患者的治疗性乙肝疫苗（乙克），已获准进入临床研究。1987 年，闻玉梅首先提出"消除对乙肝病毒抗原免疫耐受性"治疗新观点，据此建立了模拟人幼龄乙肝免疫耐受性的动物模型，设计了 5 种消除免疫耐受性的治疗性疫苗，并在动物模型中研究疗效，发现抗原-抗体复合性疫苗疗效显著。闻玉梅在乙肝研究领域辛勤耕耘 30 年,致力于从乙肝的致病机理研究干预乙肝的治疗策略,研发的乙肝治疗性疫苗取得了从基础到临床的一系列研究成果,被国内外公认是研制治疗性疫苗的开拓者之一,为数以亿计的慢性肝炎和乙肝病毒携带者带来了希望。

闻玉梅曾获国家自然科学奖、国家科技进步奖、何梁何利科技进步奖、全国首届"新世纪巾帼发明家"、抗击非典全国优秀共产党员、上海市教书育人楷模、上海市教育功臣等荣誉;被授予亚太病毒学会突出贡献奖、国际疫苗学会高级会员,德国杜伊斯堡-埃森大学名誉博士;2018 年被中国免疫学会授予终身成就奖。2020 年 2 月 7 日,在闻玉梅的指导下,上海市疾病预防控制中心和复旦大学上海医学院基础医学院新型冠状病毒攻关团队密切合作,成功分离并鉴定出新型冠状病毒(2019-nCoV)毒株,为新型冠状病毒疫苗、抗病毒药物的研制和致病机理研究等提供了重要的毒种资源,也为开展药物筛选及抗体中和试验提供了研究基础,大大加速了抗新冠病毒的科研进展。

参考文献:

中国工程院院士馆.闻玉梅[EB/OL].[2021 - 10 - 10].https://ysg.ckcest.cn/html/details/2096/index.html.

(聂红,基础医学院,免疫学与微生物学系,研究员)

超敏反应的发端

思政映射点：科学精神，前沿引领，开拓创新，勤奋进取

学科：免疫学

相关知识点：超敏反应

素材简介：本素材主要介绍了在超敏反应早期研究中做出突出贡献的科学家的事迹，体现了仔细观察、认真思考、不迷信权威等精神在科学发现中的重要性。该素材旨在使学生熟悉免疫学的发展史，激发学习兴趣，培养对科学严肃认真的态度和不畏权威、敢于独立思考、勇往直前的科学发现精神。

早在 18 世纪后期，爱德华·詹纳就在接种天花疫苗的过程中发现在某些接种部位会出现红疹和风团等"类过敏现象"。后来，德国科学家罗伯特·科赫也观察到感染结核的动物在接种结核菌素时会出现局部"过度的反应"。1893 年，德国科学家贝林在用白喉毒素对豚鼠进行免疫实验时也观察到了"反应增强"的现象，并创造"超敏反应"一词来描述此现象。他认为这种现象是毒素在机体的累积效应，这也是当时学界的普遍观点。

图 1　保罗·波尔捷　　　　图 2　查尔斯·里歇

　　这些早期报道并没有引起其他科学家的关注,直到法国科学家保罗·波尔捷(见图1)和查尔斯·里歇(见图2)揭开了这一秘密。有一次,波尔捷和里歇受摩纳哥阿尔伯特王子的邀请搭乘他的游艇远航地中海和非洲沿海一带,在航行途中阿尔伯特王子建议波尔捷和里歇对海洋生物毒素进行研究,巧合的是里歇原就对水母的毒性效应很感兴趣。于是两位科学家当即就利用游艇上的简易实验室就僧帽水母毒素对豚鼠的反应进行了相关研究。结果发现,采用对豚鼠无明显毒性效应的毒素剂量进行第一次注射,几周后再注射同等剂量的毒素,豚鼠会在数分钟内发生强烈的反应并休克,哪怕第二次注射毒素的剂量远远小于第一次毒素的剂量也是如此。回到巴黎后两人采用海葵毒素对狗进行处理,发现了和豚鼠类似的现象,他们称这种反应为过敏反应并推断是机体的免疫应答导致的,是一种普遍的病理现象。当时的研究人员认为免疫反应可以杀灭外来微生物,对机体是具有保护作用的,这种有害的"过敏反应"和当时的认识大相径庭。1902年,他们在巴黎召开的国际生物学大会上报道了他们的研究结果,引起了与会学者的激烈争论,激发了科学家们对超敏反应机制的深入探讨,使超敏反应的研究迈进了一个新时代。在这个过程中,多数派——"反方"的一派为了"驳斥"波尔捷和里歇的理论,竞相开展了对超敏反应的研究,但其结果反而证明了两人观点的正确性。其中,里歇因为在探索超敏反应过程中的重要贡献,获得了1913年的诺贝尔生理学或医学奖。超敏反应的发端小故事告诉我们,在科学研究的道路上,要不畏权威,敢于独立思考。

参考文献:

[1] COHEN S G,ZELAYA-QUESADA M. Portier,Richet,and the discovery of anaphylaxis: a centennial [J]. Journal of Allergy and Clinical Immunology,2002,110(2):331-336.

[2] TAN S Y,YAMANUHA J. Charles Robert Richet(1850—1935): discoverer of anaphylaxis[J]. Singapore Medical Journal,2010,51(3):184-185.

[3] RING J,GROSBER M,BROCKOW K.et al. Anaphylaxis[J].Chemical Immunology and Allergy,2014,100:54-61.

(许从峰,基础医学院,免疫学与微生物学系,研究员)

免疫负性调节治疗肿瘤

思政映射点：前沿引领，科学精神，开拓创新，勤奋进取
学科：免疫学
相关知识点：免疫负性调节治疗肿瘤
素材简介：本素材介绍了2018年诺贝尔生理学或医学奖得主詹姆斯·艾利森和本庶佑及其科学发现对于研发肿瘤治疗方法的贡献。旨在培养学生在科学研究的道路上敢于挑战权威，并能在质疑中坚持探索的宝贵科研素养和科研精神。

2018年，詹姆斯·艾利森和本庶佑两位科学家因发现负性免疫调节治疗癌症的方法获得诺贝尔生理学或医学奖。

詹姆斯·艾利森是美国著名免疫学家，美国得克萨斯大学 M.D.安德森癌症中心免疫学研究平台负责人、免疫学教授。艾利森被认为是分离出 T 细胞抗原（T-cell antigen）复合物蛋白的第一人。他同时发现，如果可以暂时抑制 T 细胞表面表达的 CTLA-4 这一免疫系统"分子刹车"的活性，就能提高免疫系统对肿瘤细胞的攻击性，从而缩小肿瘤的体积。他对 T 细胞发育和激活，以及免疫系统"刹车"的卓越研究，为癌症治疗开创了全新的免疫治疗思路——释放免疫系统自身的能力来攻击肿瘤。

艾利森最初提出这些新概念时，曾面对不少质疑，制药企业对此也不感兴趣。但艾利森凭借执着的精神，积极展开临床试验。事实证明，新疗法在黑色素瘤晚期患者中取得了良好治疗效果，这是首个可以有效延长黑色素瘤患者生存期的疗法。艾利森用科研成果为全世界癌症患者带来了希望，在他的积极推动下，癌症免疫疗法真正获得各方关注和支持，相关研究项目不断涌现。他记得在临床试验中曾遇到一位患者，她当时唯一的愿望就是看到儿子们高中毕业。接受治疗后，这位母亲最终如愿以偿。艾利森在获得诺奖后的一份声明中说："能见到病患接受免疫检查点阻断治疗后取得成效，对我来说是一种伟大而动情的荣耀，这是基础科学强大力量的鲜活例证，激励着我们继续去探究并深入了解事物的运作原理。"

本庶佑，日本免疫学家，美国科学院外籍院士，日本学士院会员，现任京都大学高等研究院特别教授。本庶佑建立了免疫球蛋白类型转换的基本概念框架，提出了一个解释抗体基因在模式转换中变化的模型。1992年，本庶佑首先

鉴定出 PD-1 为活化 T 淋巴细胞上的诱导型基因,这一发现为 PD-1 阻断建立癌症免疫治疗原理做出了重大贡献,在 2013 年被《科学》杂志评为年度十大科学突破之首。

　　本庶佑曾师从京都大学医学部的早石修教授。早石修给了本庶佑三条重要的指导意见:第一,不要盲目相信论文;第二,如果不能做出国际水准的研究,那样的研究就毫无意义;第三,真正的独创性,追求的不是第一,而是唯一。他在获得诺奖后接受记者采访时说:"不要相信教科书上写的东西。在《自然》《科学》杂志上发表的论文,过十年二十年再回过头来看,有九成都是不正确的。"这充分体现了他独立思考、敢于质疑常识、只认真理不认权威的自信、勇气和科学精神。但在另一方面,本庶佑又谦虚地称自己是个平凡的人,在多次演讲中将自己取得的成就归因于幸运。在他身上,自信和谦卑共存。

　　自从研究显示 CTLA-4 和 PD-1 抑制剂的治疗效果以来,临床研究取得了巨大进展。这种常被称作"免疫检查点疗法"的治疗方法已经使一些特定癌症晚期患者的治疗结果发生了根本性的改变。和其他癌症疗法类似,这种疗法也存在一定副作用,有时会很严重,甚至危及患者生命。这些副作用是由过度活跃的免疫反应引发自体免疫反应导致的,但一般都可以得到控制。有大量相关研究试图弄清该疗法的作用机制,以进一步改进它,减少其副作用。

　　在两种治疗策略中,针对 PD-1 的检查点疗法被证明疗效更好,且在肺癌、肾癌、霍奇金淋巴瘤和黑色素瘤等癌症的治疗中取得了积极成果。最新临床研究显示,若能将针对 CTLA-4 和 PD-1 的两种疗法结合,疗效还会进一步加强。这点已在黑色素瘤患者身上有所体现。因此,受到艾利森和本庶佑的研究启发,科学家尝试将不同松开免疫系统"刹车片"的方法相结合,希望能更高效地铲除癌细胞。目前已有多项针对大多数癌症的检查点疗法正在开展临床试验,还有新的检查点蛋白质正在作为目标接受测试。

参考文献:

[1] 张家伟,付一鸣.让"绝症"不绝望的人:记诺贝尔生理学或医学奖得主詹姆斯・艾利森[EB/OL].(2018 - 10 - 02)[2020 - 10 - 15].http://www.xinhuanet.com/world/2018-10-02/c_1123515175.htm.

[2] 定一,耿爽.本庶佑:不迷信教科书的少年天才[EB/OL].(2019 - 06 - 11)[2020 - 07 - 15].http://www.zhishifenzi.com/depth/character/6194.html.

(张慧慧,基础医学院,免疫学与微生物学系,副研究员)

器官移植的先驱:约瑟夫·默里和爱德华·托马斯

思政映射点:科学精神,探索精神,前沿引领,勤奋进取
学科:免疫学
相关知识点:移植免疫
素材简介:本素材介绍了1990年诺贝尔生理学或医学奖获得者约瑟夫·默里和爱德华·托马斯在器官和细胞移植治疗人类疾病方面的研究发现和贡献,体现了科学家们的科学探索精神。通过本素材的学习使学生具备严谨的科学态度,发现问题、分析问题、解决问题的能力和不畏艰难、不怕失败、勇于探索的品质。

移植是应用异体或自体正常细胞、组织、器官置换病变或功能缺损的细胞、组织、器官,以维持和重建机体生理功能的方法。器官移植在今天已成为许多疾病治疗的重要方式并得到广泛应用,而对于移植排斥反应的防治是决定器官移植术成败的关键,如供受者的免疫学选择、免疫抑制剂的应用、诱导受者移植免疫耐受以及移植后的免疫监测等。

1990年,诺贝尔生理学或医学奖授予了约瑟夫·默里和爱德华·托马斯,以表彰他们在器官和细胞移植治疗人类疾病方面的研究发现。1955年,约瑟夫·默里通过放射治疗和免疫抑制剂避免了排斥反应,成功地在同卵双胞胎之间进行了肾移植,这为其他器官移植铺平了道路。另一位获奖者爱德华·托马斯于1956年成功开展了第一例人体同卵双生儿间的骨髓移植,之后这一方法的广泛应用挽救了大量白血病患者的生命。他们获奖时均已年过古稀。

约瑟夫·默里出生在知识分子家庭,自小受到了良好教育,中学毕业后,默里进入哈佛医学院深造,为其研究组织和器官移植打下了坚实的基础。默里最初的尝试均以失败告终,1954年底,一对年仅23岁的同卵双胞胎弟弟理查德被诊断出患有慢性弥漫性肾小球肾炎,哥哥罗纳德提出是否可捐献自己的肾脏给弟弟来挽救他的生命,默里接受了。当默里正准备实施手术时,部分医生和公众以伦理学问题强烈地反对器官移植。而默里的努力和坚持最终使州最高法院签署了特别法令,批准该手术程序的实施。经过5个半小时后,手术取得成功。术后,罗纳德健康地活到了79岁,而理查德术后更是整整存活了8年之久,其间他还结婚生子,最后死于心血管疾病,临终时那只移植上去的肾仍在正

常工作。其后,默里又成功地进行了多台肾移植手术。这些成功病例清晰地表明器官移植可以挽救患者生命,也为医学开辟了一条新的道路。默里因在该领域的先驱性贡献被誉为"器官移植之父"。

白血病是一种常见的血液系统肿瘤,是骨髓产生过量白细胞所致,因无法根治而凶险万分。白血病的骨髓治疗在当时是一种万不得已才进行尝试的风险极高的治疗方法,而接受移植的患者在治疗过程中可能出现严重的并发症,成功率极低。当时的许多医生都认为骨髓移植风险太大,不具有实际操作性。而毕业于哈佛医学院的托马斯虽然也经历了无数次失败,但他顶住种种非议,坚持进行深入研究,终于在 1956 年完成了第一例人体骨髓移植实验,从此给白血病患者带来了希望。1969 年,托马斯的研究团队进行了首例成功的人体配型骨髓移植治疗,一位白血病患者接受了来自亲属的配型成功的骨髓移植。8 年后,他们又实施了首例非亲属间匹配骨髓移植治疗。如今,骨髓移植已成为一种被普遍接受的治疗白血病及其他恶性血液肿瘤的方法了。

(席晔斌,基础医学院,免疫学与微生物学系,实验师)

病原生物学

春满人间

思政映射点：爱国情怀，科学精神，开拓创新，勤奋进取

学科：病原生物学

相关知识点：铜绿假单胞菌耐药性，耐药铜绿假单胞菌的抗生素替代治疗策略

素材简介：本素材介绍了瑞金医院专家救治小组抢救严重烧伤钢铁工人邱财康的故事，重点介绍余㵑教授创新性地用噬菌体治疗邱财康铜绿假单胞菌感染的事迹。此素材体现了医学院医护人员挑战医学极限的精神，借此引导学生熟悉学校的辉煌历史以及我国微生学家和医生在世界医学中做出的贡献，培养学生爱校荣校的精神。同时理解耐药菌治疗中新疗法体现出的创新性和严谨性。

1958年5月26日深夜，一辆救护车驶进了广慈医院（今瑞金医院），送来的是全身被钢水烫伤的邱财康（见图1）。在当时，这样严重的烫伤已是回天无力了，但医院、邱财康、家属，却都没打算放弃。

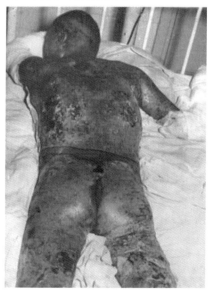

图1　邱财康被钢水烧伤

上海第二医学院和广慈医院迅速组织抢救小组,全力以赴地抢救这位工人的生命,希望创造属于中国的奇迹。严重烧伤后的患者要经历三个生死关:休克关、感染关、植皮关。在医护人员创新地提出增加补液尤其是血浆的方法帮助邱财康渡过了休克关之后,另一个挑战紧随而来,邱财康出现了右腿绿脓杆菌感染并引起败血症。医院请来医学院微生物教研主任、细菌学专家余㵑教授会诊。

图2　专家会诊

余㵑,1923年毕业于北京医学专门学校,1927年赴美国哈佛大学医学院深造并成为我国第一位细菌学博士。1952年任上海第二医学院微生物学教研室主任,1955年兼任基础医学部主任。1979年任上海市免疫学研究所所长。

余㵑教授大胆提出用噬菌体杀死绿脓杆菌,但当时谁也没有在临床上做过类似的尝试。余㵑教授动员学生去医院和郊区的污水沟采样,制成噬菌体液。在噬菌体的作用下,成功治疗了烧伤患者邱财康的绿脓杆菌感染。

最后,邱财康历经3个月的移植补皮,在医患共同努力下,几乎没有生还可能的他,竟神奇地痊愈了。

图 3　余㵑教授的铜像　　　　　　图 4　康复的邱财康

　　这段救治故事，至今看来，依然让人惊心动魄、肃然起敬。这是世界烧伤医学史上的一个奇迹，也是中国医学史上的重要成就。在 100 多个日夜里，医护人员并肩作战，最终成功挽回了患者的生命。

参考文献：

［1］ PIRES D P，MELO L，VILAS BOAS，D. Phage therapy as an alternative or complementary strategy to prevent and control biofilm-related infections［J］.Current Opinion Microbiology，2017，28(39)：48－56.

［2］ CISEK A A，DABROWSKA I，GREGORCZYK K P. Phage therapy in bacterial infections treatment：one hundred years after the discovery of bacteriophages［J］.Current Microbiology，2017 ，74(2)：277－283.

（刘畅，基础医学院，免疫学与微生物学系，副教授）

"光明的使者"汤飞凡

思政映射点：爱国情怀，科学精神，开拓创新，无私奉献
学科：病原生物学
相关知识点：沙眼衣原体的培养及致病性
素材简介：本素材介绍了我国医学微生物学家汤飞凡发现并培养出沙眼病原体的过程，体现了科学家爱岗敬业的精神。旨在培养学生探索科学的钻研精神、严谨求实的科学态度和善于创造的科学思维。

　　沙眼是由沙眼衣原体引起的一种慢性传染性角膜结膜炎，患者常常会出现异物感、流泪、畏光等不适现象，病情严重时可致盲。我国医学微生物学家汤飞凡，首先发现了引起沙眼的病原体，他也是世界上发现重要病原体的第一个中国人。

　　沙眼病原问题，从 19 世纪末以来，就有"细菌病原说"和"病毒病原说"两种观点。汤飞凡根据自己对沙眼的研究，断定沙眼病原不是一般的细菌。20 世纪 30 年代，他通过一系列的科学实验，和自体眼睛感染的观察，推翻了日本学者野口英世提出的"细菌病原说"。1954 年，汤飞凡开始了分离培养沙眼病原体的研究工作。他和张晓楼等合作，采集了 200 余例典型沙眼病例样品，对部分样品中找到的沙眼包涵体进行研究，发现了沙眼包涵体的四种形态以及它们的形成和演变过程。在之后进行的一系列动物实验屡屡失败后，他并没有灰心，而是意识到一定要走自己的路，不能再重复别人的病毒分离方法。1955 年，他和助手一起，经过几百次试验，最后采用鸡胚卵黄囊接种和链霉素抑菌方法分离出世界上第一株沙眼"病毒"——TE8，T 代表沙眼，E 代表鸡卵，8 是第 8 次分离实验。后继实验证明了 TE8 能在鸡胚中继续传代，用它感染猴子能造成典型的沙眼并能再次分离出来。

　　为了进一步确定所分离的病毒就是沙眼衣原体，汤飞凡又让助手将所分离出的"病毒"滴入自己的一只眼睛，造成了典型的沙眼，冒着失明的危险，在随后的 40 天，他坚持不做治疗，观察了典型沙眼的病理过程，再把病毒从自己的眼里分离出来，从而无可置疑地证明了这株"病毒"对人类的致病性。沙眼"病毒"的分离成功引起了世界科学家的注意。英国著名病毒学家科里尔在伦敦雷氏德研究院肯定了他的发现，将其命名为"汤氏病毒"。这一成果结束了持续半个

多世纪的沙眼病原的争论,使微生物分类学中增加了一个介于细菌和病毒之间的"衣原体"。沙眼病原体被命名为"沙眼衣原体"。汤飞凡被称为"衣原体之父"。在发现并培养出沙眼病原体的过程中,汤飞凡所展现出的爱岗敬业、严谨求实、努力钻研、无私奉献的精神值得我们每一个人学习。

　　1981 年 5 月,在巴黎召开的第二十五届国际沙眼防治组织大会上,汤飞凡获防治沙眼金质奖章。1982 年 11 月,国家追授汤飞凡科学发明二等奖。为纪念他的卓越贡献,邮电部于 1992 年 11 月 22 日发行了汤飞凡纪念邮票。

参考文献:

[1] TANG F F，HUANG Y T，CHANG H L，et al. Isolation of trachoma virus in chick embryo［J］. Journal of Hygiene，Epidemiology，Microbiology，and Immunology(Prague)，1957,1(2):109 - 120.

[2] TANG F F，CHANG H L，HUANG Y T，et al. Studies on the etiology of trachoma with special reference to isolation of the virus in chick embryo[J]. Chinese Medical Journal，1957，75(6):429 - 447.

(陶晶,基础医学院,免疫学与微生物学系,副教授)

"糖丸爷爷"顾方舟

思政映射点:爱国情怀,科学精神,开拓创新,无私奉献

学科:病原生物学

相关知识点:小儿麻痹症防治

素材简介:本素材介绍了顾方舟研发糖丸疫苗,为我国防治小儿麻痹症做出巨大贡献的过程,体现了科学家爱岗敬业的精神。旨在培养学生为医学、国家、人民无私奉献的品质,严谨的科学态度和发现问题、分析问题、解决问题的能力。

1955 年,江苏南通全市 1 680 人突然瘫痪,大多为儿童,466 人死亡。随后,青岛、上海、济宁等多地暴发疫情,引起社会恐慌。在危急时刻,顾方舟临危受命,开始了对该疾病的研究工作。1957 年,顾方舟调查了国内几个地区患者的粪便标本,从北京、上海、天津、青岛等 12 地患者的粪便中分离出脊髓灰质炎病毒并成功定型,1958 年与团队发表了《上海市脊髓灰白质炎病毒的分离与定型》。

这项研究,是我国首次用猴肾组织培养技术分离出病毒(见图 1),并用病原学和血清学的方法证明了 I 型为主的脊髓灰质炎流行。脊髓灰质炎是由脊髓灰质炎病毒引起的一种急性传染病,多见于儿童,俗称小儿麻痹症。90%以上脊髓灰质炎病毒感染者表现为隐性感染,有少部分感染者可发生弛缓性肢体麻痹,可造成永久瘫痪,严重的患者甚至会失去生命。

图 1　脊髓灰质炎病毒

当时,少数国家研制出了脊髓灰质炎灭活疫苗和减毒活疫苗。两种疫苗相比,灭活疫苗安全,但低效且价格昂贵;减毒活疫苗虽然便宜高效但安全性存在

疑问。顾方舟判断,根据我国国情,走减毒活疫苗路线是现实可行的。为了进行自主疫苗研制,顾方舟带领团队在昆明建立医学生物学研究所。他带人挖洞、建房,一个挽救百万人生命健康的疫苗头验室从一个山洞起家。

当成功研制出脊髓灰质炎液体活疫苗后,顾方舟制订了两步临床验证计划:动物实验和临床实验。在通过动物实验后,脊髓灰质炎液体活疫苗进入了临床试验阶段。冒着瘫痪的危险,顾方舟喝下了一小瓶疫苗溶液,实验室的其他人也跟着加入试验。一周后,没有出现任何异常。为了证明这种疫苗对小孩也安全,顾方舟毅然拿自己刚满月的儿子做试验,在顾方舟的感召下,同事们也纷纷给自己的孩子服用了疫苗。这是科学史上值得记载的壮举,也是中华人民共和国成立后的辉煌史诗中浓墨重彩的一笔。顾方舟回忆此事时曾表示:"我们干这行的,自己生产的东西自己不相信,那人家怎么能相信?"最终,他们成为中国第一批试用脊髓灰质炎疫苗的人群。

三期临床实验的成功,表明顾方舟研究的疫苗可以投入生产、临床应用了。随着疫苗生产成功,投放疫苗的城市,流行高峰纷纷削减。面对着日益好转的疫情,顾方舟没有大意,怎样才能制造出方便运输、又让小孩爱吃的疫苗呢? 经过一年多的研究测试,顾方舟等人终于成功研制出了糖丸疫苗,并通过了科学的检验(见图2)。随着糖丸疫苗的推广,中国千百万儿童免于致残。

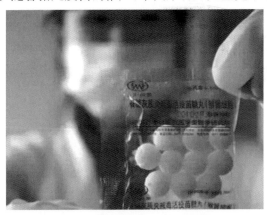

图 2　脊髓灰质炎减毒活疫苗糖丸

在 1994 年 9 月湖北襄阳发生最后一例患者后,没有再发现中国本土野毒株引起的脊髓灰质炎病例。2000 年,顾方舟作为代表,在"中国消灭脊髓灰质炎证实报告签字仪式"上签下了自己的名字。随后,世界卫生组织宣布中国为无脊灰状态。在《一生一事:顾方舟口述史》中,顾方舟说,他这一生,只做了一件事——消灭我国脊髓灰质炎。

　　一生专注一事，以严谨求实、无私奉献的精神为医学、为人民、为国家解决一个现实的问题，"糖丸爷爷"顾方舟的一生值得我们钦佩和学习。"他引领我国脊灰病毒学、免疫学研究及减毒活疫苗的研发，为脊灰疫苗的研发生产、国家政策的制定、社会资源的调度、计划免疫的具体实施等各个环节作出了不可磨灭的贡献。"中国医学科学院、北京协和医学院校长王辰院士如是评价顾方舟。2019 年 9 月 17 日，习近平签署主席令，授予顾方舟"人民科学家"国家荣誉称号。

参考文献：

[1] 顾方舟,肖继何,朱德钟,等.上海市脊髓灰白质炎病毒的分离与定型[J].中华寄生虫病传染病杂志,1958,1(4):228-231.

[2] 顾方舟口述,范瑞婷整理.一生一事:顾方舟口述史[M].北京:商务印书馆,2018.

（陶晶,基础医学院,免疫学与微生物学系,副教授）

庙地破屋鼠为伴,呕心沥血驱瘟神

思政映射点:爱岗敬业,无私奉献,科学精神
学科:病原生物学
相关知识点:血吸虫病防治
素材简介:本素材主要介绍了我国著名的寄生虫病专家陈心陶二十多年如一日,深入血吸虫病防治第一线,舍小家,顾大家,不惜牺牲个人健康,探索血吸虫病防治的有效方法的故事,旨在培养医学生学习老一代医学家勤奋敬业、无私奉献、不计个人得失、胸怀人民的崇高精神。

20 世纪 60 年代,在北京参加三届人大一次会议的会场上,周恩来总理远远叫住一位儒雅的学者。这位学者憨厚地说:"总理,没想到几年不见,您还能认出我来。"总理紧紧握着他的手,爽朗笑道:"中国有几个寄生虫学家啊?"这位受到如此礼遇和赞誉的学者是谁? 他就是陈心陶先生。

陈心陶(1904—1977),福建古田人。1925 年毕业于福建协和大学生物系,1931 年获得美国哈佛大学比较病理学博士学位。回国后任教岭南大学(后改名为中山医学院,现为中山医科大学),担任医学院寄生虫学科主任、教授。

1950 年开始,他接受了调查与防治广东"大肚病"(血吸虫病)的任务,深入三水重点疫区,提出了结合我国农村的实际,兴修水利、围垦开荒,从根本上改变钉螺孳生环境,从而控制流行和消灭血吸虫病的对策。广东省由于采用了上述综合治理的措施,成为我国第一批消灭血吸虫病并能巩固下来的省份。毛泽东主席曾三次接见他,亲切地称赞他为人民作出了巨大贡献。1956 年 1 月 19 日,在中南海怀仁堂,招待最高国务会议代表的宴会正在举行。第一席,坐在毛泽东身边的中年学者便是陈心陶,他与主席谈论着血吸虫病防治的进展。

也许,这是段正在被淡忘的历史。但当年中国若没有他,不知要平添多少饱受血吸虫危害的"无人村"。正是这位学者,挽袖赤足,日间深入毒河,夜间以鼠为伴,力破"大肚病"之谜。让我们拉近历史的镜头,回溯那段不应被忘却的历史。

中华人民共和国成立后不久,日本血吸虫疾病肆虐长江以南 12 个省市,逾 1 000 万人染"大肚病",身体极为虚弱。"爹死无人抬,儿死无人埋,狐兔满村走,遍地长篙菜"是当时疫区的真实写照。时任中山医学院寄生虫学教研室主

任的陈心陶临危受命,去解开"大肚病"之谜。此后,研究寄生虫学也成了他毕生的坚持。女儿陈静芝回忆,父亲常深入疫区,每次回家匆匆忙忙,他总是嘱咐母亲准备好两个行李袋,装着被铺蚊帐、换洗衣服和洗漱用具,"一旦接到通知,拿起袋子就能出发"。每次从疫区回家,陈心陶的腿都肿得非常厉害。小儿子陈思轩描述:"妈妈用大拇指按下去,凹印总是久久起不来。"

在疫区三水、四会交界的"六泊草塘",陈心陶白天划小艇深入沼泽中的"毒河"寻病因,夜晚在遍布老鼠的破屋中席地而眠,终于在漫水河岸芦苇下寻得血吸虫的中间宿主钉螺,打碎钉螺后果然查出血吸虫尾蚴,又在患者粪便中找到血吸虫卵——"大肚病"谜团得解。陈心陶等进行了普查,结果让人惊心:全省11个疫区,有螺面积将近20万亩,患者6万余,疫区感染率达31.1%,波及人口566.9万,200多个村庄甚至因血吸虫病成了"千村薜荔人遗矢,万户萧疏鬼唱歌"的"无人村"。

经现场调查,陈心陶认为消灭血吸虫病的关键在于消灭中间宿主钉螺。当时,不少人坚持采用国外惯例,以药物灭螺为主,采用农药喷洒灭螺。但陈心陶认为这种方法耗资大,污染严重。他用了三年时间做钉螺生态学基础研究,终于开创出"水、垦、种、灭、治、管"六字方针。据陈心陶首批研究生之一李桂云回忆,陈心陶用这种方法,在水网地区结合农田基本建设,改造钉螺孳生环境;在丘陵地区则兴修水利,填旧沟埋螺,开新沟灌溉,用草烧螺,用水淹螺,成为广东消灭血吸虫的科学"利器"。陈心陶的"灭螺点子",直到今天仍有极大参考意义。

在陈心陶书桌的玻璃板下,有一张被压了20年的血吸虫疫区拼接照,这张珍贵的照片是改造前三水、四会交界的"六泊草塘"的黑白拼接照,"这是爸爸用他从美国带回来的旧相机拍的,他把这张照片压在书桌玻璃板下20年"。陈心陶一生与虫斗,工作一干就是一辈子。每回都是匆匆归家又匆匆离去,由于经常深入疫区灭虫,他自己也因感染血吸虫病而切除了脾脏。妻子惦念他,却等回一个被血吸虫病夺去健康的丈夫;儿女守望他,却发现父亲归来时脸庞已尽刻沧桑。在血吸虫病的防治上,陈心陶功不可没。"送瘟神,思故人",1990年底,三水人民为纪念陈心陶,在重点疫区的旧址(即今天的南山镇九龙山)建造了"陈心陶纪念碑",纪念他勤奋敬业、无私奉献、不计个人得失、胸怀人民的崇高精神,以及对血吸虫病防治做出的不可磨灭的贡献。

参考文献:

[1] 汪伟,杨坤.开展精准防控,推动我国消除血吸虫病进程[J].中国热带医学,

2020(7):595 - 598.

[2] 徐俊,李智利,卢冉.新中国成立初期党领导人民抗击血吸虫病的举措及经验启示[J].思想政治课研究,2020(3):65 - 69+53.

(吴琛耘,基础医学院,免疫学与微生物学系,讲师)

英才济苍生：宫颈癌疫苗发明者周健

思想映射点：爱岗敬业，专业扎实，开拓创新，勤奋进取

学科：病原生物学

相关知识点：宫颈癌防治

素材简介：本素材介绍了周健研发宫颈癌疫苗、为防治宫颈癌做出巨大贡献的过程，体现了科学家坚持不懈、积极探索的精神。旨在培养学生严谨的科学态度，不畏艰难、不断开拓创新的科学精神。

1980 年，德国科学家哈拉尔德·楚尔·豪森证实，宫颈癌是由人乳头状瘤病毒（HPV）感染所致。2008 年，豪森因此发现获诺贝尔生理学或医学奖。但是，知道了病因，去寻找解决办法，仍然是一个艰辛的历程。针对病毒感染，应用疫苗来进行防控是最行之有效的方法。而直到 2006 年，人类历史上第一个 HPV 疫苗才真正问世，主要针对 6 型、11 型、16 型和 18 型人乳头状瘤病毒。而由于 HPV 和宫颈癌之间的关系，这一疫苗实际上又是一种癌症疫苗——宫颈癌疫苗。专家指出，新疫苗的使用有可能在一代人中根除宫颈癌。而在宫颈癌疫苗问世的背后，却有着一位中国人的汗水，他就是温州医科大学知名校友、已故免疫学家周健。今天，让我们一起来了解宫颈癌疫苗背后的故事。

99.8% 的宫颈癌是因感染高危型别的 HPV 而发生的，但今天的宫颈癌疫苗却不是用真正的病毒生产的，而是用 1991 年澳大利亚伊恩·弗雷泽博士和中国周健博士合作发明的病毒样颗粒生产的。这种颗粒不含病毒感染成分却能保持其抗原性，刺激身体产生免疫反应，是人类医学史上的一项突破。然而，周健却未能亲眼看到这项研究成果造福人类。1999 年，他在回国访问时突发疾病去世，年仅 42 岁。

生于杭州的周健 1982 年于温州医学院临床医学专业本科毕业后，对 HPV 的分子生物学研究产生了兴趣，并在 1984 年在浙江医科大学攻读硕士学位期间，开始了有关 HPV 的研究，通过将 HPV 表面蛋白克隆到一个作为模板的病毒样颗粒上，为 HPV 疫苗的发明铺平了道路，随后他在河南、北京、英国剑桥等地继续求学，成为该领域的专家，毕生致力于 HPV 的研究。1990 年，在澳大利亚昆士兰大学免疫与癌症研究中心主任伊恩·弗雷泽的力邀下，周健和夫人孙小依前往昆士兰，研究人工合成 HPV 疫苗。1991 年，周健和弗雷泽利用重组

DNA 技术人工合成了 HPV 的病毒样颗粒,并比美国早一年申请了此项专利。

1999 年 3 月,当其研究成果 Gardasil(佳达修)疫苗全面开始临床试验时,未等到 HPV 疫苗投放市场,42 岁的周健因积劳成疾不幸突发肝病猝然离世。周健的妻子孙小依博士曾担任他的助手,她对那些岁月历历在目:"周健和伊恩整天都待在实验室里,通常只是为了回家洗个澡,换身衣服,抓紧时间睡上几个小时才离开。那些日子我们还很年轻,一心一意执着地想找到答案。"

2005 年,美国默沙东公司基于他们的研究成果,研发出"佳达修",并在次年获批上市。2008 年 5 月,人民卫生出版社出版周健纪念文集《英才济苍生——宫颈癌疫苗发明者周健博士》,时任澳大利亚总理为该书作序,写道:

"周健是一位无私奉献、才华出众的科学家。他和 2006 年度荣获澳大利亚杰出人物称号的伊恩·弗雷泽教授一起,发明了世界上第一支预防宫颈癌的疫苗。感谢周健博士的研究成果,使全世界千百万妇女包括 200 万以上的澳大利亚妇女得以受益。因为她们接种了疫苗以预防宫颈癌——全世界妇女第二种最常见的癌症。"

由欧洲专利局主办的 2015 年欧洲发明奖投票于 4 月 21 日—6 月 4 日在欧洲专利局官方网站进行。投票结果显示,在全部 4.7 万张网上投票中,超过 32% 的投票者将选票投给了周健和弗雷泽发明的全球首个宫颈癌疫苗"佳达修",成功开发全球第一种宫颈癌疫苗的已故中国癌症研究专家周健和澳大利亚免疫学家伊恩·弗雷泽因此荣获最受欢迎发明奖。2015 年 6 月 11 日,欧洲发明奖颁奖仪式在巴黎举行,周健博士的遗孀孙小依与弗雷泽一同出席了颁奖仪式。

参考文献:

[1] ZHOU J A,MCINDOE A,DAVIES H,et al.The induction of cytotoxic T-lymphocyte precursor cells by recombinant vaccinia virus expressing human papillomavirus type 16 L1[J]. Virology,1991,181(1):203 - 210.

[2] ZHOU J,SUN X Y,STENZEL D J,et al. Expression of vaccinia recombinant HPV 16 L1 and L2 ORF proteins in epithelial cells is sufficient for assembly of HPV virion-like particles[J]. Virology,1991,185(1):251 - 257.

(刘畅,基础医学院,免疫学与微生物学系,副教授;

陶晶,基础医学院,免疫学与微生物学系,副教授)

埋藏在肠胃中的诺贝尔奖

思政映射点：爱岗敬业，科学精神，开拓创新，无私奉献
学科：病原生物学
相关知识点：幽门螺杆菌的致病性
素材简介：本素材介绍幽门螺杆菌的发现故事。旨在引导学生理解幽门螺杆菌发现过程中的偶然性和必然性，培养学生批判性的科学思维，同时促使他们学习幽门螺杆菌发现过程中的科学奉献精神。

1979年，澳大利亚一位病理科医生罗宾·沃伦偶然发现，一例取自慢性胃炎患者的胃内活检标本用银染法染色后，出现了一些被染成黑色的点和线，并且这些点和线越集中的区域，标本的炎症程度越高。他当时怀疑这些黑色的点和线可能是细菌存在并致病的证明，于是亲手拍下了一张照片（见图1）。他将这张照片拿给他的同事们看，然而，他的同事都非常不以为然，因为在当时的主流医学观点当中，在胃内这样一个严苛的酸性环境中，是不可能有细菌定植并引起疾病的。

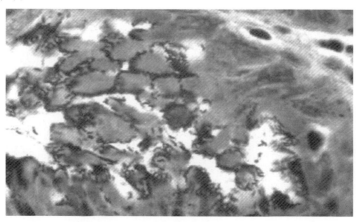

图1　沃伦拍摄的第一张幽门螺杆菌的照片（1979年6月20日）

沃伦没有放弃，而是努力寻找到另一位消化科医生巴利·马歇尔，两人对100例慢性胃炎及胃溃疡患者进行了检测，发现在绝大多数病例的活检标本中，通过银染色都可看到类似的现象。然而，根据病原鉴定的"黄金法则"——科赫

法则,看到细菌只是发现新病原的第一步。接下来,两人试图从胃活检标本中分离培养出这种细菌。在经过近两年尝试了各种培养方法都失败后,他们终于在1982年复活节的假期后,在实验室的平板上看到了菌落的产生(见图2)。

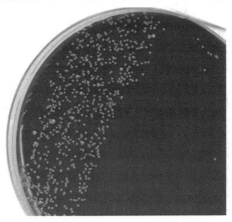

图2　幽门螺杆菌在平板上的生长状态

(图片来源:microbiology notes)

　　根据科赫法则,还需要再次感染敏感动物观察是否能引起类似病症。在当时的条件下,寻找敏感动物非常困难,巴利·马歇尔毅然喝下了细菌的培养液,并因此罹患胃炎。接下来他从自己的胃黏膜活检标本中再次分离出这种细菌,至此完成了对经典科赫法则的完美诠释。

　　1984年,两人将他们的成果发表在《柳叶刀》上,在医学界尤其是消化学界引起轰动,该发现揭示了许多慢性消化性疾病的病因。2005年,两人分享了当年度的诺贝尔生理学或医学奖。该菌后被命名为幽门螺杆菌。

图3　马歇尔和沃伦发表在《柳叶刀》上的文章，两人获得2005年诺贝尔生理学或医学奖

图4　马歇尔来上海交通大学医学院访问（2006年）

参考文献：

［1］RUNGE T M. Epidemiology of Barrett's esophagus and esophageal adenocarcinoma［J］. Gastroenterology Clinics of North America，2015，44（2）：203-231.

［2］YAP T W. Helicobacter pylori eradication causes perturbation of the

human gut microbiome in young adults [J]. Plos One，2016，11
(3)：e0151893.

[3] BLASER M J. Hypothesis：the changing relationships of Helicobacter
pylori and humans：implications for health and disease[J]. Journal of
Infectious Diseases，1999，179(6)：1523 − 1530.

（刘畅，基础医学院，免疫学与微生物学系，副教授）

流芳布天涯

思政映射点：国际思维，专业扎实，开拓创新，无私奉献

学科：病原生物学

相关知识点：埃博拉病毒的流行性

素材简介：本素材介绍了中国援非医疗队协助非洲人民抗击埃博拉病毒疫情的感人故事，引导学生理解人类和传染病之间的斗争推进了人类文明的前进，让学生学习中国援非医疗队的感人事迹，理解医学救助和爱心无国界，中国作为国际大国的担当精神，从中培养爱国情怀。

2014年，埃博拉病毒疫情突然在西非暴发。这是一种人类束手无策的病毒，感染性强，死亡率极高。几内亚、利比里亚、塞拉利昂等三个国家成为重灾区。而且疫情在不断蔓延，威胁着周边国家的安全。在疫情最早出现的几内亚，第一例埃博拉患者就是由中国医生曹广亲自接诊的。曹广曾徒手翻开患者的眼皮检查瞳孔，他也成为距离埃博拉最近的中国人。这名患者在入院后第二天死亡。随后20天，医院接诊了12名感染者，有9名几内亚医护人员被感染，6名死亡。

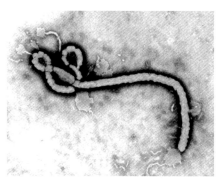

图1　埃博拉病毒的电镜照片

2014年8月8日，世界卫生组织发布声明，宣布西非埃博拉病毒疫情为国际关注的突发公共卫生事件，建议疫情发生国宣布国家进入紧急状态，严格落实防控措施。有些援非国家开始撤走本国医生，召回驻疫区外交官。

在声明发布的第二天，中国政府决定派出3支专家组分赴西非三国，对当

地防控埃博拉病毒疫情进行技术援助。中国在非洲支持并参与疫情防控工作的医务人员累计近600名,向13个非洲国家提供了4轮价值约7.5亿元的紧急援助。在最危难的时刻,中国医生和非洲人民站在一起,患难与共,风雨同舟。这是中非友谊的真情体现,也是中国用心构建人类命运共同体的实证。在埃博拉病毒疫情中,世界看到了中国医生的无私奉献,也看到了中国作为负责任大国的担当。

参考文献:

[1] 刘也良.援非医疗队:流芳布天涯[J].中国卫生,2015(12):38 - 39.

[2] BUSTA E R,MANCHER M,CUFF P A,et al. Integrating clinical research into epidemic response:the ebola experience[M]. National Academies Press,2017.

[3] SPIEGEL P B,The humanitarian system is not just broke,but broken:recommendations for future humanitarian action[J]. The Lancet,2017 (17):31278.

[4] TSENG C P,CHAN Y J. Overview of Ebola virus disease in 2014[J]. Journal of Chinese Medical Association,2015,78(1):51 - 55.

(刘畅,基础医学院,免疫学与微生物学系,副教授)

别了,丝虫病

思政映射点:无私奉献,科学精神,沟通能力

学科:病原生物学

相关知识点:淋巴丝虫病防治

素材简介:本素材主要介绍了中国在政府的高度重视下,开展具有中国特色的丝虫病防治工作,最终成为世界上首个宣布消除丝虫病的国家的历史故事。对这段历史的回顾,旨在激发学生强烈的民族自豪感,培养医学生高尚的医德,为医学事业无私奉献的精神和职业自豪感、使命感。

我国曾是丝虫病"重灾区",是世界上受丝虫病危害最严重的国家之一。1949 年前,该病流行范围包括山东、河南、湖北、安徽等 16 个省份,受威胁人口达 3.4 亿,丝虫病患者有 3 000 多万人,其中慢性丝虫病患者约 540 万人。丝虫病的流行不仅给人民的健康带来严重危害,也成为因病致贫的重要原因。中华人民共和国成立初期,山东丝虫病患者人数达 500 万,是全国丝虫病流行最严重的地区之一。"邹、滕、峄县,粗腿大蛋""沂河两岸,十人九疝""四人围桌桌,狗都钻不过",这些民谣真实地反映了丝虫病肆虐的情景。

1956 年,毛泽东主席召集最高国务会议,将防治丝虫病等纳入全国农业发展纲要。

据山东省寄生虫病防治所丝虫病老专家郑衍瑛回忆,在 20 世纪 50 年代,山东蚊虫大量孳生。科研人员为了锁定传播丝虫病的"元凶",深入农村的各个角落,捕捉蚊子。从住房到猪圈、从水井到砖窑,哪里蚊子多,就往哪里蹲。他们使用一种简易的吸蚊器,用嘴把蚊子吸到一个玻璃管里,再送到实验室解剖,看看是否感染微丝蚴(见图 1)。终于,他们从几十种蚊子里筛选出了淡色库蚊,确定为山东丝虫病的传播媒介。

1962 年,我国著名寄生虫学家、中国医学科学院寄生虫病研究所原所长兼丝虫病研究室主任冯兰洲提出:丝虫病与其他昆虫传染病有很大不同,丝虫的感染性幼虫进入人体内只能发育,不能繁殖;微丝蚴在蚊体内也只是发育而不能繁殖,这是其致命的弱点。而抗丝虫病药物乙胺嗪(又名海群生)具有吸收快、排泄快、毒性低等特点,对微丝蚴和成虫都有很好的杀灭作用。如果人群普遍服药,就可消灭传染源,使人和蚊虫受感染的机会大大减少。因此,中国丝虫

图1　20世纪70年代,山东丝虫病防治人员在水井边捕捉蚊子

病防治应该把控制传染源放在首位,这一策略为我国消除丝虫病指明了方向。

丝虫病防治有两大难点:一是查血难,二是吃药难。丝虫是个"夜游神",微丝蚴昼伏夜出,采血检查必须在深夜进行。而作为传染源的微丝蚴血症者,大多无明显临床表现,很多人不愿意吃药,而这些人恰恰是防治的重点对象。耳垂血究竟应该采几滴?这个看似简单的问题,其实大有学问。采少了,看不见微丝蚴;采多了,老百姓不干。为此,我国专家经过长期研究认为,最佳采血量为6大滴,约120微升,涂制两张厚血片。这样不仅微丝蚴检出率高,而且群众易于接受。专家们还想出一个好办法:把显微镜搬到村里。当村民看到血片上活蹦乱跳的微丝蚴时,既新奇,又震惊,纷纷主动要求采血。

20世纪60年代,山东省开始探索全民服药防治丝虫病,这是降低人群微丝蚴感染率的重要措施。由于服药后,常会引起发热、淋巴系统炎症等治疗反应,群众拒服、漏服现象比较普遍。为此,防治人员经常手提暖壶,走家串户,"送药到手,看服到口,咽下才走"。为了加快防治步伐,1972年,山东省率先尝试使用乙胺嗪(海群生)掺拌食盐防治丝虫病,每人每天平均服用40～50毫克乙胺嗪,食用4～6个月,可使微丝蚴感染率大幅降低。经过在2 300多万人中的推广应用,取得了突破性的防治效果。老百姓在吃饭的同时吃药,简便易行,而药物反应轻微或无,从而节省了大量的人力、物力和财力。这一创举在全国迅速推广,极大地加速了我国消除丝虫病的进程。

1983年,山东省在全国率先实现了基本消除丝虫病的目标。艰苦年代,我国医学工作者始终为人民健康着想,通过锲而不舍的探索、积极主动的沟通协调,为消除丝虫病做出了卓越贡献。

2006年,中国向第四届全球消除淋巴丝虫病联盟大会递交了《中国消除淋巴丝虫病国家报告》,这是自1997年第50届世界卫生大会通过《消除作为一个公共卫生问题的淋巴丝虫病》决议以来,世界卫生组织接受的第一个宣布实现消除丝虫病的国家报告,全球为之鼓舞。2007年5月9日,世界卫生组织审核认可:中国成为全球第一个宣布消除丝虫病的国家。中国丝虫病防治经验得到了世界卫生组织的认可和推广。理论与实践结合,科研为防治服务,解决丝虫病防治中的关键性技术问题,是我国医学工作者创造的重要经验。

参考资料：

[1] 孙德建.我国消除淋巴丝虫病的历史见证[J].中国寄生虫学与寄生虫病杂志,2019(4):383－387＋394.

[2] 孙德建.我国消除淋巴丝虫病的全球意义[J].中国寄生虫学与寄生虫病杂志,2005(S1):329－331.

[3] 本书编委会.中国丝虫病防治[M].北京:人民卫生出版社,1997.

（吴琛耘,基础医学院,免疫学与微生物学系,讲师）

打一场防治"虫癌"攻坚战

思政映射点：爱岗敬业，无私奉献，科学精神

学科：病原生物学

相关知识点：棘球蚴病防治

素材简介：本素材主要介绍了 2015 年 11 月以来，在党和政府的高度重视下，棘球蚴病流行区甘孜州群策群力，打响一场攻克"虫癌"的攻坚战，取得阶段性胜利的事迹。旨在让学生感受党和国家时刻把人民利益放在第一位，为民所想，为民所急，感受医务工作者牢记自身使命，心系患者，不畏艰难，送医下乡，深入流行区，实地治病救人的高尚情怀。培养学生的高度责任感和使命感，培养他们时刻准备着为祖国医学事业奉献的精神。

　　棘球蚴病，俗称包虫病，是一种慢性寄生虫病，因其感染率高、致残率和致死率高而被称为"虫癌"。这种寄生虫病的潜伏期很长，一旦发现往往处于中晚期。人体几乎所有部位都可能成为棘球蚴的温床，其中尤以肝为多。受累器官病变呈蜂窝式改变，有时感染 5～15 年后才出现症状。其学名为棘球蚴病，是一种人畜共患的寄生虫病。在我国多发于内蒙古、四川、西藏、甘肃、青海、宁夏、新疆等地西部牧区和半农半牧地区。"曾经有一位来自青海的患者，是年仅十几岁的小姑娘，她的父母和五个兄弟姐妹都死于包虫病。"清华长庚医院执行院长董家鸿告诉记者。作为著名肝胆外科专家，董家鸿多年来致力于肝包虫病的临床治疗，治疗的病例绝大部分来自青海、新疆、西藏、甘肃甘南、四川甘孜和阿坝等疫区。

　　近年来，从中央到地方都高度重视包虫病防治工作，但包虫病防治仍面临诸多困难。这一方面是因为包虫病本身的特点，另一方面则是因为包虫病高发区往往处于高山牧区，经济落后，基础设施建设薄弱，当地民众受传统生产生活习惯和宗教思想观念的影响，对个人卫生不够重视，防疫观念淡薄。石渠县，地处四川、云南、西藏、青海四省六地交界处的甘孜藏族自治州，是长期受到包虫病严重困扰的地区。那里地域广，农牧民居住分散，增加了卫生宣传教育和筛查工作的难度。当地农牧民在 5 月到 7 月外出采集虫草，7 月到 9 月采集松茸，也导致这一期间的包虫病筛查工作进展缓慢。

　　在阻断传染源的环节上，包虫病防治的关键就是防控犬类动物。在甘孜，

受宗教观念的影响,群众忌讳杀生,预防工作中的犬只管理和疫犬捕灭工作有不少阻力。董家鸿和他的手术团队将体外肝切除手术应用于中末期包虫病的治疗。董家鸿说:"越早发现越早治疗,效果越好。发现的越晚,手术风险越大。"由于甘孜州大部分县级医院不具备复杂外科手术条件,这也成为制约包虫病就地治疗的瓶颈。患者通常需要到甘孜州人民医院或者成都等地接受手术治疗。

2015年10月,接到中央领导的批示后,四川省特别是甘孜州的干部群众吹响了防治包虫病的攻坚号角,取得了阶段性成果。石渠县健康教育和卫生宣传覆盖率达到95%,并且已完成两轮集中筛查,人群筛查率达62.8%。石渠县逐步探索建立了家犬挂牌管理制度,加强了对犬只的规范管理,提出"养犬必须办证登记、养犬必须驱虫"。采取芯片加户口化管理模式。甘孜全州实施了筛查治疗、健康教育、犬只管理、畜间防控和草原灭鼠、安全饮用水项目以及其他综合防治项目等六项包虫病综合防治举措。

由于当地环境恶劣,条件艰苦,群众饮水安全同样是难题。为防止群众因饮用牲畜污染的地表水而感染包虫病,石渠县加快推进包虫病区打井供水工程。2015年底,石渠县内184口安全饮水井全部投入使用,累计解决6.6万人饮水安全问题。四川省通过包虫病专项救治补助、新农合(医保)补偿、大病保险补偿、医疗救助等政策尽可能地减轻患者的经济压力。据介绍,包虫病患者治疗补助为每人2.5万元。对符合条件的贫困包虫病患者纳入精准扶贫、社会救助、城乡低保范畴,力求阻断因病致贫、因病返贫链。

传染源头管理得当,加之生活、医疗条件得到有效改善,当地群众逐渐远离包虫病的威胁。石渠县打响包虫病防治攻坚战以来,全面开展包虫病筛查治疗及扶贫救助、犬只规范管理工作、畜间传染控制及灭鼠草原建设、全民健康教育、饮水安全、寺庙僧尼包虫病综合防治在内的六大专项行动。当地官员土登说,包虫病综合防治工作将是当前及今后五年的重要任务。"石渠县包虫病综合防治是我县一项中心工作,也是一项政治任务,六个专项行动环环相扣、相辅相成,必须全力以赴,全面打赢包虫病综合防治攻坚战。"作为医学生,也是未来的医务工作者,我们要牢记自身使命,坚持把患者生命健康放在第一位,不畏艰难,时刻准备为祖国医学事业奉献自身的才华和精力。

参考资料:

吴向林,段红菊,齐蓉婷,等.2011—2018年宁夏回族自治区棘球蚴病综合防治效果[J].中国血吸虫病防治杂志,2020(6):598-604.

(吴琛耘,基础医学院,免疫学与微生物学系,讲师)

恰加斯的发现

思政映射点：开拓创新，科学精神

学科：病原生物学

相关知识点：锥虫病的病原体特征、致病原理及防治

素材简介：本素材主要介绍了巴西医学博士恰加斯医生发现恰加斯病的病原体克氏锥虫的故事，旨在培养医学生善于观察、善于发现、善于思考的科学素养，以及刻苦钻研、开拓创新的精神。

巴西医生卡洛斯·恰加斯（1879—1934），对人类美洲锥虫病病例的临床特征、病原体、带菌者研究有了突破性发现，因此获得国际声誉。他发现被锥蝽叮咬的儿童会出现发热、贫血、明显水肿、脾肿大、淋巴结肿大甚至心脏问题，这种疾病后被称为"恰加斯病"。恰加斯创建了寄生虫学和流行病学的新范式，改善了公共卫生和疾病控制，被列入史上最有影响力的 50 名医生之一。

图 1　巴西医生卡洛斯·恰加斯

卡洛斯·恰加斯在伊图、圣保罗和圣约翰德尔雷中学毕业后，就读于欧罗普雷托矿业工程学院，但在 1897 年受其叔叔的影响，转入里约热内卢医学院。他于 1902 年毕业，次年拿到了医学博士学位，毕业于著名的内科医生、后来的朋友和同事奥斯瓦尔多·克鲁兹创建的新的医学研究所，主攻疟疾血液学。恰

加斯在短暂行医后,接受了圣保罗桑托斯港务局的职位,其任务是抗击疟疾。在那里,他使用杀虫剂除虫菊酯灭蚊,取得了惊人的成功。他出版的关于此方法的著作为全世界预防疟疾奠定了基础。

1906 年恰加斯回到里约热内卢,加入了奥斯瓦尔多·克鲁兹的研究所。1909 年,该研究所派他去圣弗朗西斯科河附近的小城市拉桑斯,与亚马孙贝伦市一条新铁路的工人中爆发的疟疾作斗争。他在那里待了两年,很快他观察到乡间房屋里有一种叫锥蝽的大型食血昆虫,这种昆虫在夜间会吸血,咬受害者的脸。他发现这些昆虫的肠道中含有鞭毛状原生动物,是锥虫属的一个新物种,并通过实验证明它可以传播给被感染虫咬伤的狨猴。查加斯将这种新的寄生虫命名为克鲁兹锥虫,以纪念奥斯瓦尔多·克鲁兹。

恰加斯怀疑这种寄生虫会引起人类疾病,这是由于昆虫媒介在人类家庭中的流行和它咬人的习惯,所以他采集了血液样本,并在 1909 年 4 月 23 日,在一名 3 岁女孩的血液中首次发现了同样的锥虫寄生虫。他还观察到了脑和心肌中的寄生虫包涵体,这些包涵体可以解释患者的一些临床表现。他还发现了该寄生虫的生活史过程,并提出犰狳可能是其天然宿主。为了完成新疾病的病理学工作,恰加斯描述了 27 例病例的急性期表现,并对 100 多例表现出慢性形式的病例进行了尸体解剖。恰加斯博士还说服阿根廷医生萨尔瓦多·马扎研究这种流行病。后者在 1927 年确认阿根廷存在克鲁兹锥虫,并最终说服政府采取了防治行动。

1912 年 6 月 22 日,卡洛斯·恰加斯被选入美国国家医学研究院,并因在原生动物学和热带医学方面的出色工作而获奖。

对于医学生来说,培养善于观察、善于发现、善于思考的科学素养十分重要。只有去不断发现问题、正视问题、解决问题,才能够做到真正意义上的创新。

参考文献:

HASSAN M D,CASTANHA R C G,WOLFRAM D. Scientometric analysis of global trypanosomiasis research:1988—2017[J].Journal of Infection and Public Health,2020,4(13):514-520.

(吴琛耘,基础医学院,免疫学与微生物学系,讲师)

向西方黑热病权威宣战

思政映射点：无私奉献，开拓创新，科学精神
学科：病原生物学
相关知识点：黑热病防治
素材简介：本素材主要介绍了我国热带医学奠基人钟慧澜在黑热病防治中，敢于对西方医学权威提出质疑，不断探索，首次发现黑热病传播环节中犬、人、白蛉三者之间的关系，从而推翻西方错误理论的故事。旨在培养医学生对科学的刻苦钻研精神，勇于开拓创新的精神，敢于质疑的科学求真精神和为医学事业献身的精神。

　　钟惠澜（1901—1987），我国热带医学的奠基人，中国科学院学部委员（院士），一位令人敬仰的医学专家。香港《明报》曾经将他称为我国医学界的"超级巨星"。他精通6国文字，能用8种外文阅读资料，曾发表过近400篇学术论文，有过近200项发现和发明。

　　在旧中国，华东、华北、西北等地的13个省份都存在黑热病蔓延流行现象，患者多为贫苦百姓。由于国民党政府对劳苦大众的疾苦漠不关心，致使染上黑热病的患者得不到诊疗，多在一两年内死亡。有些村庄的发病率高达2%，每年全国因黑热病而丧生的有五六十万人，情况非常严重、凄惨。当时农村疫区流传着这样的民谣："大肚子痞（黑热病）缠了身，阎王拴着脚后跟，快三月，慢三年，不快不慢活半年。"研究黑热病早期诊断和治疗方法以及传染流行的各个环节，是防治疾病的关键。毕业不久的钟惠澜首先选择了这个课题。

　　当时，西方学者认为，地中海地区有两种不同种别的黑热病病原体。一种存在于病犬体内，称为犬利什曼原虫，一种存在于病儿体内，称为婴儿利什曼原虫。此外他们还认为，印度患者和我国患者体内分离出的病原体属于同一种，称为朵氏利什曼原虫。三种利什曼原虫分属不同种别，印度黑热病和中国黑热病的蔓延流行与犬黑热病无关。同时，英国皇家医学会和美国罗氏基金会也先后派出了三个黑热病调查团，在我国进行了长期的调查，但并无结果。由于他们根本不研究犬作为储存宿主的问题，都无法解释黑热病的流行原因。

　　年轻的钟惠澜不轻信西方学者的论断，在华北城乡做了大量的调查研究，进行了一系列流行病学和临床学的观察。在深入发病率很高的京郊槐房村时，

他对患者进行了隔离治疗,但他发现患者全部治愈后没过多久,又会出现新的患者。于是,他决定扩大研究范围,对黑热病患者的环境进行仔细调查,结果发现凡有黑热病流行的地区,都有黑热病犬。经过深入观察,他发现一只黑热病犬一夜之间能吸引几百甚至上千只中华白蛉。而吮咬了病犬的白蛉便感染上利什曼原虫,感染率几乎高达 100%。他在槐房村考察了三年,终于有了新发现。

随后,他把来自病犬和患者的黑热病病原体在中华白蛉体中的变化发展过程进行了对比,发现它们的形态、感染实验动物所引起的组织病变情况、血清补体结合试验交叉反应的情况等都是一致的,从而得出结论:三种利什曼原虫(犬、婴儿、朵氏)实际为同一种病原体。要证明犬与人的黑热病病原体的一致性,必须进行人体试验。钟惠澜研究黑热病过程中,自己曾受过感染,体内已产生免疫力。因此,他的夫人李懿征医生自愿接受皮下及皮内注射犬黑热病病原体,让这一实验在自己身上进行。

李懿征是一个娴静、文弱的女性,作为一名医生,她最能理解丈夫为事业献身的苦心,也永远是钟惠澜事业和生活中的知音。注射五个月后,李懿征出现了黑热病的典型症状。胸骨穿刺检查,在骨髓内发现了黑热病病原体。用骨髓接种田鼠,后者也产生了典型黑热病病变和大量黑热病病原体。这完全证明了犬、人、白蛉三者之间黑热病传染环节的关系。这一研究成果,推翻了西方学者的错误论断,在世界上尚属首创,具有重大的理论和实践意义。

在黑热病的早期诊断方面,钟惠澜首先提出骨髓穿刺法,并创造发明了一种新的黑热病补体结合试验粉剂抗原。后者效价极高,可使患者得到早期诊断与治疗,免于死亡。在当时被称为"钟氏黑热病补体结合试验"(1949 年后称为"黑热病补体结合试验")。

在黑热病的治疗和预防方面,钟惠澜做出了卓越的贡献。

中华人民共和国成立后,钟慧澜把自己在黑热病方面的研究成果系统地整理成《中国黑热病研究工作概论》一文,文中总结了黑热病在流行病学、免疫学、病理学、血液学、临床学、诊断学、寄生虫学、传染机制、白蛉传染动物实验等多方面的研究成果,引起国外学者瞩目。为此,巴西政府于 1962 年通过我国卫生部和文化部(当时巴西尚未与我国正式建立外交关系)对他授予了特别奖状和奖章,以表彰他在黑热病科研方面的贡献。

在扎实观察研究的基础上,不断探索求真,敢于向权威提出质疑,从而推翻西方错误理论,同时又勇于为医学事业献身,钟慧澜及其夫人李懿征为医务工作者树立了优秀的榜样。

参考文献：

黄付敏,刘静.广惠人间救病患 力挽狂澜破疫症:追忆中国热带医学奠基人钟惠澜[J].中国卫生人才,2019(10):50－53.

（吴琛耘,基础医学院,免疫学与微生物学系,讲师）

病理学与病理生理学

清贫的牡丹

思政映射点：爱岗敬业，科学精神，开拓创新，勤奋进取

学科：病理学与病理生理学

相关知识点：白细胞——髓系及其相关疾病

素材简介：本素材介绍了王振义开创治疗急性早幼粒细胞白血病诱导分化治疗的先河，为我国治疗恶性白血病做出巨大贡献的事迹，体现了科学家挑战肿瘤治疗难题、敢于创新的开拓精神。该素材可用于帮助学生了解上海交通大学医学院血液学发展的辉煌历史以及我国血液科专家为世界医学做出的贡献，培养学生爱岗敬业、刻苦钻研的精神。

　　1985 年，在上海儿童医院的一间病房里，死神正对 5 岁的小女孩怡君虎视眈眈。怡君高烧不退，口鼻流血，内脏器官多处感染，医生已经束手无策，小女孩眼看撑不过几天了。她患的正是令人闻之色变的急性早幼粒细胞白血病（APL）。在那个年代，白血病是不治之症，治疗方法也仅有化疗、放疗或者骨髓移植，效果也不尽如人意。而 APL 由于发病急骤，病程短促，死亡快，是白血病中最为凶险的一种。传统方法治疗效果不好，以至于其一度成为致死率最高的一种白血病。从送进医院到死亡，往往不超过一个星期，甚至只有两三天。上文中化疗后的女孩出现了严重的并发症，性命危在旦夕。

　　谢竞雄医生是医治女孩所在上海儿童医院的儿科血液病科医学顾问。同时她也是时任上海第二医学院校长、瑞金医院血液科专家王振义的夫人。妻子从病房带回来的信息使王振义彻夜难眠，这是为什么呢？原来早在 1978 年，王振义在瑞金医院内科时，急性早幼粒细胞白血病已成为他的研究重点之一。20 世纪 20 年代，国际上首次提出可以将诱导肿瘤细胞分化作为以后肿瘤治疗的主要目标，这给当时潜心研究白血病治疗方法的王振义巨大的启发。1978 年，以色列专家在小白鼠身上试验成功，白血病细胞能在一定条件下发生逆转，变成正常细胞。这坚定了王振义开辟一条治疗白血病的新思路，即不用传统的化疗方法来杀死白血病细胞，而是用某种药物作为诱导分化剂，阻止白血病细胞到处疯长、蔓延。

　　随后，王振义在简陋的实验条件下和几名研究生开始了夜以继日的白血病细胞诱导分化研究。但是，要在这茫茫物质之海中找到有效的诱导剂，可谓大

海捞针。在艰苦条件下，他们尝试了无数种方法，测试了无数种药品，付出了巨大的心血，结果却不尽如人意。曙光悄然而至，1983年一项美国的研究指出，急性早幼粒细胞在"13顺维A酸"的诱导下会向正常细胞逆转。碍于种种原因，国内并不能合成这种物质，在国内能找到的唯一一种维A酸，是上海第六制药厂生产的"全反式维A酸"，这是一种通常用于治疗皮肤病的药。日复一日地调整实验方案，一次次的失败再继续，经历了半年的时间，王振义的团队终于看到"急性早幼粒细胞"在"全反式维A酸"的作用下，顺利分化成正常细胞。一年后，这种分化诱导效果被确认。

怡君的病情摆在眼前，王振义提出了自己的设想：既然已陷入束手无策的境地，为何不让她口服全反式维A酸？谢竞雄疑虑重重，毕竟王振义的实验是在体外做的，进入人体后究竟会怎样，谁也说不清。人命关天，这样巨大的风险，没人敢承担。王振义默然了。的确，他无法保证成功。类似的讨论也在王振义的课题组内进行着。每次讨论，都转了个圈又回到原点。直到有一天，谢竞雄告诉丈夫：小怡君已气若游丝，每一分钟都可能死亡。寂静中，王振义下定决心对妻子说："竞雄，你我都是医生，我们没有别的选择。救人是医生的天职，哪怕只有万分之一的希望！我想好了，不要管别人怎么说，要对得起自己的良心！"谢竞雄点点头，读懂了丈夫眼神里的决心。征得患者家属同意，小怡君接受了新的治疗。服药几天后，小怡君病情没有继续恶化；一个星期后，原本已烧得神志不清的她睁开了眼睛；一个月后，病情完全缓解……29年后的今天，小怡君依然健康地生活着！她成为世界上第一例口服全反式维A酸而成功治愈的急性早幼粒细胞白血病患者。当时，看到疗效后，王振义极为振奋。他安排学生骑着自行车到全市一家家医院去寻找急性早幼粒细胞白血病患者，一旦有病例，他就力主推进试用新疗法。就这样，一年时间里，王振义又陆续治疗了24例急性早幼粒细胞白血病患者，病情缓解率超过90%。

王振义

王振义的一位属下忆起当年，至今心有余悸："想想这24个人，虽说个个已被'宣判死刑',但其中只要有一个出了问题,试验就有可能被中断,前功尽弃。王老师那会儿已经是名医、教授、校长,弄不好名声也完了,前途也没了。多少人为他捏着一把汗!"王振义何尝不知其中风险?但他心里太明白了:从1个成功病例到24个成功病例,这意味着他们已在凶险莫测的白血病领域里,大海捞针般地找到了一把"钥匙",这把钥匙,正在神奇地打开一把人类医学史上从未开启过的"锁"——急性早幼粒细胞白血病。这意味着人类找到了急性早幼粒细胞白血病的有效治疗方法。

参考文献:
[1] 樊云芳,倪黎冬,王振义.教癌细胞"改邪归正"[N].光明日报,2011-01-15.
[2] 李舒亚,王振义.幸运的白血病杀手[N].人民画报,2013-05.

(徐含章,基础医学院,病理生理学系,助理研究员)

争分夺秒拯救一颗脆弱的心

思政映射点:爱岗敬业,专业扎实,无私奉献,人文关怀

学科:病理学与病理生理学

相关知识点:冠状动脉粥样硬化性心脏病

素材简介:本素材利用一系列真实病例,将冠心病的病理学理论知识与思政充分融合,让学生不仅有效掌握相关理论知识,还对生命有了更加深刻的认识,同时在拓展内容中也对心肺复苏术的简要操作有了了解。本素材旨在提升医学生对基础医学的学习兴趣,同时,增强其职业荣誉感和自豪感。

授课伊始,教师逐一展示各地医生在公共场所跪在患者身边,争分夺秒抢救患者的情景,对学生进行渐进启发式提问及解答。

教师:这是什么场所?

学生:公共场所。

教师:发生什么事情?

学生:救人。

教师:救人方式是什么?

学生:心肺复苏。

教师:患者可能是什么情况?

学生:心跳、呼吸停了。

教师:你们知道引起心搏骤停的最常见的原因是什么吗?

学生:……(一阵沉默)

教师:这就是我们今天授课的主要内容:冠状动脉粥样硬化性心脏病。

教师:你们知道,这些在现场救治的人,他们的职业是什么吗?

学生:医生。

教师:对,他们是我们学习的楷模,你们将来也要能站出来,给患者带来希望和健康。

在街头、在景区、在马拉松赛场跑道上、在机舱内……到处都有医生的身影,在关键时刻,他们及时出现了。因为他们知道时间宝贵,因为他们有这样的

能力挽救生命,这是医生的职责,也是对患者的关爱和对生命的敬畏。

　　心脏骤停,循环中断,全身的各器官、组织和细胞缺血、缺氧,其中中枢神经系统的脑组织对缺氧最敏感,只要氧供停止短短 4～6 分钟,就可以造成脑组织的不可逆转的损伤。所以 4～6 分钟内是抢救的黄金时间,而现场心肺复苏术(拓展内容)是最重要的手段之一。在该时间段内实施心肺复苏,如果心脏恢复跳动,将有效恢复脑的血流灌注和供氧,患者的成活概率就会大大提高。那么造成心源性猝死(心脏骤停)的最主要原因是什么呢? 是冠状动脉粥样硬化性心脏病。

　　冠状动脉粥样硬化是冠状动脉发生动脉粥样硬化病变而引起血管腔狭窄或阻塞。粥样硬化的斑块好发于左前降支上、中 1/3 和右冠状动脉中 1/3,其次为旋支。冠状动脉狭窄根据管腔面积的缩小程度分为 4 级。Ⅰ级病变:管腔面积缩小 1%～25%;Ⅱ级病变:管腔面积缩小 26%～50%;Ⅲ级病变:管腔面积缩小 51%～75%;Ⅳ级病变:管腔面积缩小 76%～100%。

　　冠状动脉粥样硬化导致心肌缺血、缺氧而引起的心脏病,就是冠状动脉粥样硬化性心脏病,简称冠心病。冠心病是中老年人的常见病,多发病,严重危及人的生命。多数人平时没有任何症状,工作、学习、生活均如常,但常有心肌缺血的征象,如感到心前不适,或乏力,虽症状很轻微,但若及时作心电图检查,会发现心肌缺血情况,可以尽早预防。有的患者症状比较明显,经常出现胸骨后或左心区疼痛,多呈一过性,持续时间较短,说明心脏已有供血不足的情况。如急性发作时则有心前区剧痛,脉微,大汗淋漓,口唇发绀等症状,说明有心肌梗死,应急救处理后再由医院抢救。

　　心肌梗死发生后,患处在 6 小时后坏死区呈苍白色,3 天后变软呈黄褐色,梗死灶周围见充血出血带,10 天后梗死灶凹陷,周围出现肉芽组织,并逐渐机化、纤维化,瘢痕形成。以上过程可以通过肉眼观察到:在显微镜下,6 小时内梗死区心肌呈波浪状,6 小时后凝固性坏死,24 小时后心肌细胞核消失、肌浆溶解、炎细胞浸润,3 天后肉芽组织增生机化、纤维化。

　　医生是与"死神"过招的职业,只有扎实有效地掌握相关理论知识和实操技能,才能挽救患者生命。这是医生的职责所在,也是荣誉所在。

参考文献:
陈杰,周桥.病理学[M].3 版.北京:人民卫生出版社,2015.

(蔡军,基础医学院,病理学系,副教授)

干细胞能治疗心梗吗？

思政映射点：医学伦理与法制，科学精神，前沿引领，勤奋进取

学科：病理学与病理生理学

相关知识点：心肌梗死，干细胞

素材简介：本素材通过真实的病理尸检案例引入急性心梗的病理变化，同时提出干细胞是否能治疗心梗的问题。通过将临床案例与理论教学相结合，提高医学生的学习兴趣，培养学生综合分析思考的能力，并鼓励学生树立正确的科研态度，以及不畏困难克服医学难题的信心。

心血管系统疾病引起的死亡人数一直居于疾病致死原因的首位，其中因为心肌梗死引起的心肌细胞坏死而导致的急性心力衰竭，是死亡率居高不下的一个重要原因。目前已有的治疗手段难以逆转心梗后的心衰进程，因此再生心肌细胞，成为很多科学家研究和努力的方向。那么干细胞到底能不能治疗心梗？

如果我们检索心肌干细胞的话，可以搜索到这一新闻报道。2018 年 10 月，美国著名生命科学网站爆出"心肌干细胞"研究领域权威，哈佛医学院再生医学研究中心前主任皮耶罗·艾佛萨的 31 篇论文被撤稿，理由是这些论文涉嫌伪造数据。早在 2001 年和 2003 年，皮耶罗·艾佛萨分别在《自然》和《细胞》两个世界级学术期刊上发表文章，指出存在一种心肌干细胞（被称为 c-kit$^+$ 细胞），能分化成心肌细胞，可用于心肌修复。但是，对于心肌干细胞是否存在，国内外的专家曾先后在心血管领域知名期刊《循环》上发表文章，指出所谓的 c-kit$^+$ 心肌干细胞根本不能转变为心肌组织，甚至心脏中很可能就没有干细胞。此次撤稿事件意味着学术界对于该事件达成了共识（见图 1）。

图 1　近年发表在知名期刊中对于干细胞研究的新思路

那么回到我们的问题,干细胞还能不能治疗心梗呢? 对于上述新闻中所报道的"c-kit⁺心肌干细胞"而言,这只是干细胞研究中的一小部分。目前针对干细胞治疗心脏病的研究,国际上流行两种观点,一种是"替代说",即心血管前体细胞分化为心肌细胞,补充原有因心梗丢失的细胞。另一种观点是"唤醒说",由心血管前体细胞分泌细胞因子营养物质,促进内源性的细胞增殖,进而减少因心梗而死亡的细胞。从发展的眼光看,干细胞研究具有理论上的可行性,但这仍然是一个长期的过程。

任何的科学研究都不是一帆风顺的,我们需要认清在科学研究工作中,确认方向→深入研究→质疑→否定→探索新方向→整装再出发,是所有研究都会出现的重复路径,科学总是在否定中不断前行。医学生要充分培养综合分析思考的能力,并树立正确的科研态度和不畏困难克服医学难题的信心。

参考文献:

[1] 步宏,李一雷.病理学[M].9 版.北京:人民卫生出版社,2018.

[2] 万学红,卢雪峰.诊断学[M].9 版.北京:人民卫生出版社,2018.

[3] 生物探索.心肌干细胞曝惊天丑闻,干细胞治疗心脏病还靠谱吗?(2018 - 10 - 24)[2020 - 11 - 20].https://www.sohu.com/a/270928054_152537.

(赵雷,基础医学院,病理学系,副教授)

抗击新冠肺炎疫情，病理在行动

思政映射点：爱岗敬业，爱国情怀，专业扎实，无私奉献

学科：病理学与病理生理学

相关知识点：病毒性肺炎，病理尸检

素材简介：本素材介绍了2020年抗击新冠肺炎疫情中，上海交通大学医学院受国家卫健委的委托，组建了病理尸检团队逆行武汉，在疫情的"风暴中心"——武汉金银潭医院和火神山医院开展新冠肺炎死者病理尸检的事迹。该团队的工作获得了大量宝贵的第一手材料，使研究人员对新冠肺炎有了更深入的了解。本素材旨在感召医学生树立不畏艰险、挺身而出的精神，同时涵养医学生大爱无疆、无私奉献的情怀，最终通过刻苦学习，实现自己立下的医学誓言。

　　2020年2月，武汉新冠肺炎疫情形势严峻，为了能够更深入地了解新冠肺炎，受国家卫健委的委托，上海交通大学医学院（简称上海交医）组建了新冠肺炎病因诊断研究队伍奔赴武汉前线（见图1）。这支"侦查小分队"由6位专家组成，包括附属瑞金医院病理科医师王朝夫、费晓春、张衡，超声科医师刘振华和医学院病理学系教师蔡军、赵雷。他们长期在病理学临床和研究一线工作，具有丰富的经验和专业技能。这支小分队的主要任务是进行新冠肺炎病例的病因分析、在武汉当地开展新冠肺炎死者的病理尸检工作，并深入研究新冠肺炎的病理变化和疾病发生发展的病理生理过程，为相关临床诊疗规范的确认提供病理学依据以及为后续研究提供科学支撑。

　　这支病理团队一夜成军，驰援武汉，在当地金银潭医院、火神山医院等三家医院开展工作。他们所做的，是对病亡新冠肺炎患者的遗体进行病理解剖，相比救治患者的一线医护人员，这支队伍的工作性质就是需要直面新冠病毒，他们的感染风险可能更大，因此火神山医院为保障病理尸检工作的安全开展，提供了负压尸检方舱和仅有的几件正压防护服。由于工作的特殊性，交医病理团队24小时待命、及时处理新冠死者遗体，并且经常穿上正压服就连续工作8小时以上，有时要从白天一直工作到凌晨。除了完成尸体解剖以外，团队还完成了大量的组织取材、制作病理切片以及病理读片、临床病理讨论等工作。

　　在援鄂的35天里，上海交医病理团队克服了各种困难，共完成21例新冠

图 1　新冠肺炎病因诊断小分队集结出发

肺炎病理尸检,获得了大量宝贵的第一手资料;通过尸检,明确了肺和免疫系统是新冠肺炎重要的靶器官,为临床治疗提供了病理依据,并且这些病理发现都写入了第七版新冠肺炎诊疗方案中。值得一提的是,习近平总书记视察武汉之后,在他主持召开的中央政治局常务委员会上,明确提出了加强病理学等基础学科的发展。

作为一种新发的强传染性疾病,目前医学对新冠肺炎的致病机理、发生发展仍有一些不清楚的地方,因此开展病理尸检工作是最直接地了解疾病的方式之一。但对于病理解剖团队来说,感染风险巨大、工作强度巨大,面对种种困难,整个团队都始终坚持工作在疫情的前线。领队王朝夫主任说:"我们 6 个人都是共产党员,平时派任务,大家都二话不说。共产党员就是要平时工作显得出,关键时刻挺得出,危难时候豁得出! 面对风险,更需要坚定的信仰。"

恩格斯说,没有解剖学,就没有医学。无论是医学的发展还是对疾病的深入了解都离不开尸体解剖。在 2003 年 SARS 肆虐的时候,病理前辈们就挺身而出,在极其艰苦的条件下完成了死者的病理尸检。由病理尸检所得来了解病因和病理变化,对于 SARS 的疫情防控作出了重大贡献。2020 年,面对突如其来的新冠肺炎疫情,在疫情前线奋战的上海交医病理尸检团队,和武汉当地的病理团队,还有来自全国的病理同道一起,接过前辈们的接力棒,为抗击新冠疫情而努力工作。因为每个病理人都相信:新冠肺炎虽然有它的独特性,但是通过病理研究,摸清它的病理变化、致病和演变机制,才能为临床诊治工作提供切实的依据,才能加深对同类病毒感染疾病的认识,才能进一步为后续的研究提供重要的科学支撑。

　　抗击新冠肺炎疫情,病理在行动! 而且始终都会在!

　　　　　　　　　　　　(赵雷,上海交通大学医学院,病理学系,副教授)

以毒攻毒，用溶瘤病毒和癌症作斗争

思政映射点：开拓创新，科学精神，前沿引领，知识宽广
学科：病理学与病理生理学
相关知识点：肿瘤新疗法
素材简介：本素材介绍了溶瘤病毒的发展历史。被贴上"反派"标签的病毒，通过基因工程手段被改造成可以治疗肿瘤的新药。中外科学家们在无数的失败中吸取教训，经过大胆假设，反复求证，"以毒攻毒"，使溶瘤病毒疗法成为未来最具有潜力和应用前景的恶性肿瘤治疗手段之一。

溶瘤病毒是一类具有复制能力的肿瘤杀伤型病毒，能选择性感染肿瘤细胞，在肿瘤细胞中复制继而裂解肿瘤细胞，并刺激机体产生特异性抗肿瘤免疫反应。溶瘤病毒的发现颇具传奇色彩。1904 年，一名 42 岁的白血病患者在一次感染流感病毒之后，发现体内的白细胞数量急剧减少，肿瘤忽然痊愈。1912 年，意大利的一位医生在给一个宫颈癌患者注射了狂犬疫苗之后，发现该患者的宫颈癌的生长有所抑制。以上两个离奇的事例，给科学家们带来了启发：有些病毒可以用于癌症的治疗，所谓"以毒攻毒"。于是有的医生直接往癌症患者体内打入活体病毒，但收效甚微，而且多数患者都被严重感染，甚至死亡。用病毒治疗癌症成了"毒上加毒"。

在无数的失败中，科学家们逐渐开始了解病毒治疗癌症的关键科学问题。比如对人健康无害的病毒，也可以有溶瘤的效果，于是学者们开始尝试各种对人体不致病的病毒，比如腺病毒，或者动物身上的病毒，如鸡病毒、鸟病毒、猪病毒、狗病毒等。另外，医学研究发现，很多病毒在体外杀癌细胞效果很好，但是一上临床就没效果。其中有一个重要原因是绝大多数病毒打到患者体内就被免疫系统识别清除掉了，能到达肿瘤部位的微乎其微。在后面的三四十年里，虽然大家一直在努力寻找更好的溶瘤病毒，但是受到科学和技术的限制，一直无法突破瓶颈。

直到 1990 年后，基因改造使得这种疗法出现转机。转基因溶瘤病毒相对自然界中的普通病毒，有很多的好处：①去掉病毒里的毒性基因，让它更安全；②给病毒的表面加上特殊蛋白，可以更准确地识别癌细胞；③给病毒转入刺激免疫细胞的基因。这样的病毒感染癌细胞后，不但能杀死癌细胞，而且能激活

免疫系统,形成更长期持久的治疗效果。溶瘤病毒主要分为两大类。第一类是未经改造后的病毒菌株,具有在癌细胞中复制的能力,但是肿瘤特异性比较低,主要包括自主性细小病毒、新城疫病毒等。第二类是基因改造后的病毒菌株,该类菌株的肿瘤特异性较高,主要包括痘苗病毒、牛痘病毒、腺病毒、麻疹病毒等。另外病毒也可以作为药物治疗载体,在最近研究火热的 CAR-T 和 TCR-T 等细胞免疫疗法中,科学家把病毒的毒性基因替换成定位肿瘤细胞的"GPS 系统",成功将外源"GPS 系统"整合到 T 细胞的基因组上,大大提高了 T 细胞的战斗力,使病毒的功能又得到了进一步的发挥。

　　从 1991 年第一个转基因溶瘤病毒被报道以后,有多种溶瘤病毒陆续进入临床实验。值得自豪的是,世界上第一款上市的溶瘤病毒是我们国家的 H101(安柯瑞),这种病毒主要用于以鼻咽癌为主的头颈部肿瘤治疗。H101 是一种腺病毒,也是感冒病毒的一种,是人类科学史上研究得最多、了解最为全面的病毒之一。这种病毒危害很小,对于它的研究已经有几十年,对它基因的了解也接近 15 年。但 H101 并不是天然腺病毒,而是经过基因工程改造的病毒。经过改造,H101 成为一种能在肿瘤细胞内快速生长,而在正常细胞内几乎不自我复制的病毒。将 H101 注射入肿瘤部位,很快,病毒就会成千上万地高速复制,最终撑破肿瘤细胞。而 H101 的发明人俞德超,是目前为止我国唯一一位发明三个国家 1 类生物新药的科学家。全球第二个溶瘤病毒药物 T-VEC,2015 年 10 月才被美国食品药品监督管理局(FDA)批准上市,比 H101 晚了 10 年,用于治疗病灶在皮肤和淋巴结、没能通过手术完全清除的黑色素瘤。该药物是经过基因改造的单纯疱疹病毒。目前已经进入临床试验的 DNA 病毒主要有:腺病毒科(腺病毒)、疱疹病毒科(单纯疱疹病毒)、痘病毒科(痘苗病毒)、微小病毒科(细小病毒)。RNA 病毒主要有:小 RNA 病毒科、副粘病毒科(麻疹病毒)、呼肠孤病毒科、逆转录病毒科、弹状病毒科。不断有新的新溶瘤病毒进入临床实验,其中大部分处于早期临床阶段。

　　到目前为止,溶瘤病毒疗法的发展已有一百多年,从直接使用野生病毒进行研究,到选择性地改造野生病毒的基因组,使之特异性地在肿瘤内复制;再到让溶瘤病毒携带各种外源性基因以增强其疗效,这类疗法取得了可观的进步。另外,免疫治疗是当今肿瘤治疗的热点,而溶瘤病毒可以"唤醒""冷肿瘤",让其"变热",也就是让肿瘤细胞表面有足够的抗原,如此有效激活免疫系统,使免疫相关治疗的应答率显著提高,所以溶瘤病毒在未来的联合用药治疗策略上又使人们产生了新的期待。

　　科学进步的脚步从来不是一帆风顺的,中外科学家们都是在无数的失败中吸取教训,大胆假设,反复求证,才最终获取了科学的真谛。作为科研人员也应具有这种觉悟和意识,不畏艰难,不怕失败,勇攀科学高峰。

参考文献:

[1] WHEELOCK E F, DINGLE J H. Observations on the repeated administration of viruses to a patient with acute leukemia[J]. The New England Journal of Medicine,1964, 271: 645－651.

[2] SINKOVICS J G, HORVATH J. Canvirus therapy of human cancer be improved by apoptosisinduction? [J].Hypotheses, 1995,44: 359－368.

[3] KELLY E, RUSSELL S J. History of oncolytic viruses: genesis to genetic engineering[J]. Molecular Therapy,2007.

[4] WEI M Q, MENGESHA A,GOOD D,et al. Bacterial targeted tumour therapy-dawn of a new era[J]. Cancer Letters,2008,259: 16－27.

[5] SINKOVICS J G, HORVATH J C.Natural and genetically engineered viral agents for oncolysis and gene therapy of human cancers[J]. Archivum Immunologiae et Therapiae Experimentalis, 2008,1: 3s－59s.

[6] MIEST T S, CATTANEO R. New viruses for cancer therapy: meeting clinical needs[J]. Nature Reviews Microbiology,2014,12:23－34.

[7] LIN Y. et al.Identification and characterization of alphavirus M1 as a selective oncolytic virus targeting ZAP-defective human cancers[J]. Proceedings of the National Academy of Sciences,2014.

[8] KAUFMAN H L, KOHLHAPP F J, ZLOZA A. Oncolytic viruses: a new class of immunotherapy drugs[J]. Nature Reviews Drug Discovery, 2015,14: 642－662.

[9] BOMMAREDDY P K, SHETTIGAR M, KAUFMAN H L. Integrating oncolytic viruses in combination cancer immunotherapy[J]. Nature Reviews Immunology, 2018,18:498－513.

(沈炜炜,基础医学院,病理学系,副教授)

狙击 EGFR 突变

思政映射点：国际思维，科学精神，开拓创新，勤奋进取

学科：病理学与病理生理学

相关知识点：肺癌，肿瘤靶向治疗

素材简介：本素材介绍了肺癌患者 EGFR（表皮生长因子受体）突变靶向治疗药物的研发过程，旨在教导学生在对待科学问题时应该具有探索精神，发现自己的观点与当前普遍认可理论相矛盾时要坚定信念，敢于质疑，勇敢探究。

  肺癌已经成为影响人类生存和健康的主要恶性肿瘤之一，其新发病例比例和致死比例均常年占据癌症第一位。肺癌的致死性主要缘于其会向全身不同器官的远端转移。全世界的科研人员和医务人员时刻都想着能够了解肺癌的发病机制以及增加其治疗手段，提高患者的预后。

  随着基因组测序技术的不断普及，人们对肺癌基因谱的了解不断深入。医学界发现，在肺癌中存在着一系列主要的基因突变，其中 EGFR 在全球肺腺癌中的突变比例在 15% 左右，而在中国的肺腺癌人群中，EGFR 突变的比例可高达 50% 左右。EGFR 是肺上皮细胞细胞膜上的一个受体，是 MAPK 通路的"开关"，控制着细胞生长、增殖和分化等重要的生物进程。而 EGFR 突变等于这个开关始终处于开启状态，下游通路持续激活，从而导致细胞的异常增殖，最终引发肿瘤。于是，科研人员设想：是否可以通过制订 EGFR 突变的靶向治疗方案来提高治疗水平呢？自 2000 年，EGFR TKI（ZD-1839）问世以后，全球主要国家都加入了对此类药物的研发。全球临床试验数据库查询结果显示，与 EGFR 相关的临床研究有 3 757 个（包含已暂停和完成的项目）。

  英国阿斯利康制药公司研发的 ZD1839（Iressa，易瑞沙）药物在前期临床实验的基础上，不管是中位无进展生存期还是客观缓解率、副作用方面都要比传统化疗好，因此 FDA 在 2003 年加速批准其作为三线治疗药物在美国上市。这本来应该是令 NSCLC（非小细胞肺癌）患者欢欣鼓舞的里程碑式的事件，但是后续的国际多中心临床试验显示，易瑞沙虽然可以提高客观缓解率，但是对于患者的总体生存期并没有延长，相比化疗不具有优势，这也直接导致 FDA 于 2005 年重新定义了易瑞沙的适用标准。

  2004 年，两大权威杂志《科学》和《新英格兰医学杂志》同时发表了一个发

现:EGFR 激酶区突变与 EGFR-TKI 疗效相关。吴一龙教授通过对 506 例肺癌患者的测序结果分析发现,EGFR 在中国人群中内突变率很高,而在西方人群中内突变比例很低,这就是易瑞沙在中西方人群中具有不同药效的原因。而托尼·蒙克则发现亚裔、女性、不吸烟患者具有 EGFR 的突变比例最高,最可能从 EGFR-TKI 中获益(见图 1)。2006 年,他们提出新的 EGFR-TKI 获益人群——用临床病理特征定义治疗人群,即必须是不吸烟的肺腺癌患者。国际肺癌研究协会主席谢菲尔德称赞吴一龙的研究是"肺癌研究史上堪称里程碑式的研究之一,建立了 EGFR 基因突变型肺癌的治疗标准"。

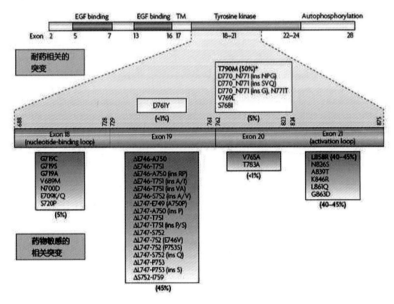

图 1　EGFR 的突变位点

　　第一代的 EGFR-TKI 的使用虽然给患者带来新的希望,但是不可避免的耐药问题也随之而来。相比于第一代抑制剂的非共价结合方式,第二代抑制剂的研发最初定义为抑制效果更为持久的共价结合药物,从而带来持续且广谱的抗癌效果。阿法替尼应运而生,虽然其在临床上显示出更强的抑制效果和疗效上显示更为持久,但是相对皮疹、腹泻等副作用也更大一些。吴一龙通过研究发现,阿法替尼对于 EGFR 的罕见突变(G719X、L861Q 和 S768I)疗效很好,对于其他突变的疗效还不如化疗获益大。由于使用第一代抑制剂后的患者 50% 都会产生 T790M 突变,而阿法替尼没有很好地解决由于产生 T790M 突变而发生的耐药问题。为了克服这个突变,研究者亟须设计开发新的药物。2015 年第三代抑制剂奥希替尼问世,其很好地解决了 T790M 突变的问题,还由于其可以替代一代抑制剂的角色而备受医务人员和患者的信赖。针对 EGFR 突变的第四代药物还在研发中。

　　EGFR 突变靶向治疗之路从起初充满困惑,埋头苦干到深刻认知,精准靶向的过程,充满了科研人员的喜与泪,见证了肺癌精准治疗的新时代,对我国重新站在世界卫生医药舞台发挥了重要的作用。我国研究者在奋斗的道路上,尽管会遭受指责、怀疑和排斥,但他们心中信念坚定,没有停下研究的脚步,继续在自己的道路上披荆斩棘,奋勇前进,最终研制出了各种抗癌药物,使肺腺癌患者不断从中受益。

　　肺癌患者 EGFR 突变靶向治疗药物的研发过程告诉我们,在对待科学问题时要具有探索精神和质疑精神,当发现自己的观点与当前普遍认可的理论相矛盾时,要在掌握大量科学数据的基础上,坚定信念,敢于挑战。

参考文献:

[1] DROSTEN M,BARBACID M.Targeting the MAPK Pathway in KRAS-Driven Tumors[J]. Cancer Cell,2020,37:543-550.

[2] MERIC J B,FAIVRE S,MONNERAT C,et al. Zd 1839 "Iressa"[J]. Bulletin Du Cancer,2000,87:873-876.

[3] 知乎. EGFR 最新研究进展及药物发展现状[EB/OL]. (2019-07-18) [2020-12-10]. https://zhuanlan.zhihu.com/p/74121347.

[4] MANEGOLD C. Gefitinib(Iressa,ZD 1839)for non-small cell lung cancer(NSCLC):recents results and further strategies[J]. Advances in Experimental Medicine and Biology,2003,532:247-252.

[5] TAMURA K,FUKUOKA M. Gefitinib in non-small cell lung cancer[J]. Expert Opinion on Pharmacotherapy,2005(6):985-993.

[6] PAEZ J G,JANNE P A,LEE J C,et al. EGFR mutations in lung cancer:correlation with clinical response to gefitinib therapy[J]. Science,2004,304:1497-1500.

[7] LYNCH T J,BELL D W,SORDELLA R,et al. Activating mutations in the epidermal growth factor receptor underlying responsiveness of non-small-cell lung cancer to gefitinib[J]. The New England Journal of Medicine,2004,350:2129-2139.

[8] MOK T,WU Y L,ZHANG L. A small step towards personalized

medicine for non-small cell lung cancer[J]. Discovery Medicine，2009 (8)：227－231.

[9] TU H Y，WU Y L. Afatinib for the first-line treatment of EGFR mutation-positive NSCLC in China：a review of clinical data[J]. Future Oncology，2020,16：2569－2586.

[10] MAITY S，PAI K S R，NAYAK Y. Advances in targeting EGFR allosteric site as anti-NSCLC therapy to overcome the drug resistance [J]. Pharmacological Reports：PR，2020,72：799－813.

（祖立冬,基础医学院,病理学系,助理研究员）

"53 袋血生死时速抢救羊水栓塞患者"病例
——弥散性血管内凝血教学思政

思政映射点：爱岗敬业，医学伦理与法制，专业扎实，沟通协作
学科：病理学与病理生理学
相关知识点：弥散性血管内凝血，羊水栓塞等
素材简介：本素材利用一例羊水栓塞引起的弥散性血管内凝血（disseminated intravascular coagulation，DIC）导致大出血的真实病例，从手术室抢救到病程回顾，将 DIC 理论知识与思政充分融合，使学生不但对 DIC 的理论知识，而且对人性、对生命都有了更加深刻的认识。这不仅提高了医学生对基础医学的学习兴趣，还提高了学生的职业荣誉感、自豪感以及对生命的敬畏感、责任感。

弥散性血管内凝血（DIC）是一种极其复杂的病理生理现象，其致死率和危重程度非常高。DIC 章节是医学生将来从事医疗工作非常重要的理论基础，因此一直是"病理生理学"课程中的重点和难点。但通过多年教学实践发现，医学生，特别是低年级的医学生对该章节有一定畏难情绪，我们通过具体病例融合思政，加强人文教育，从而提高学生的学习兴趣及重视程度。

在本章节开始，利用"产妇羊水栓塞并发 DIC"案例的照片进行渐进启发式提问。
教师：这是什么场景？
学生：手术室。
教师：这位护士的腋下是什么？ 她在做什么？
学生：好像是血袋。
教师：对，腋下是血袋，她在利用体温给血袋加温，这个患者总共用了 53 袋血！
教师：我们体内的血液有多少？
学生：4～5 升。
教师：也就是说等于将患者体内的血液更换了两次，这么危重，到底是什么疾病呢？

　　教师揭开谜底:"这是一名羊水栓塞导致 DIC 的患者,是上海市第一妇婴保健院的真实病例,经过 9 家医疗单位,40 名医护人员 24 小时不间断地抢救,用了 53 袋血液或成分输血,最后母子平安。"然后引出 DIC 的概念。

　　如果条件允许,可以对个别网友的质疑"那么多血那么多钱,如果抢救其他患者是否更好?"进行简单讨论,强调人类对于生命的感恩、敬畏和责任:"不到最后一刻,绝不放弃、绝不抛弃,这是对生命最高的敬畏,也是医生的责任。"同时指出,孕产妇死亡率、婴儿死亡率在我国大幅度降低是与我国的政治制度和经济发展,以及医疗政策的不断改进密不可分的。

　　概念讲解之后,在随后的 DIC 病因、机制及诱因等部分会多次提到病理产科、羊水栓塞、孕妇血液高凝状态等概念,因此,该案例可以贯穿整个章节,前后呼应。

　　由于羊水具有很强的促凝作用,可以激活 X 因子引起凝血系统激活(DIC 病因及发病机制),而且产妇的血液处于高凝状态(影响 DIC 发生发展的因素),所以一旦发生羊水栓塞,近 1/3 患者从发病到死亡仅仅只有 30 分钟。如此快速的死亡经过,使很多患者失去了抢救时机,也令家属无法理解。家属的态度及配合将很大程度影响到治疗的效果,所以"医患沟通"成为 DIC 抢救的关键因素。而本案例中,参与此次抢救的医生接受采访时,表示"最感谢的是家属的配合,为抢救争取了时间"。可以在讲解 DIC 相应的理论知识时,围绕以下两点开展"生育权"和"医患沟通"的思政融合。

　　(1) 对于子宫切除手术,医生在沟通时应充分考虑,一方面是手术的必要性,另一方面是孕母面临生育能力丧失(当时娩出的婴儿病情危急)的问题,因此及时告知家属手术的必要性和紧急性,争取得到最快速的配合极为重要。此处可以让学生换位思考或者场景模拟,达到感同身受的效果。

　　(2) 实施大量输血治疗的费用较昂贵,而且需要治疗多次,患者及其家属对其治疗的安全性和疗效性多持怀疑态度。在治疗前,可向患者及其家属解释输血的作用、效果和费用,解除疑虑,从而掌握最好的抢救时机。

　　虽然现在医患关系较紧张,但医患矛盾激化只是个别现象,绝大部分的患者及家属还是支持医生的工作的,本案例就是很好的例证。通过医德医风的提升构建和谐医患关系也是医学生今后的社会责任。

　　除了高尚的医德,本案例还充分体现了高超的医术和团结协作的精神,引用医学大家裘法祖先生的话"德不近佛者不可以为医,才不近仙者不可以为医",鼓励医学生掌握好基础医学知识,为今后的治病救人奠定坚实的基础。

(贺明,基础医学院,病理生理学系,教授)

胰岛素提取与合成中的科学精神

思政映射点：沟通协作，开拓创新，勤奋进取，无私奉献
学科：病理学与病理生理学
相关知识点：糖代谢紊乱，信号转导异常与疾病
素材简介：本素材介绍了胰岛素的提取与合成的历程及相关科学家的贡献，体现了科学家知难而上、不畏艰难、追求卓越、开拓创新的精神。旨在教育学生学习科学家们在物质基础及实验资源极其有限甚至匮乏的条件下，经过艰苦卓绝的努力，克服种种困难，完成胰岛素的提取与全人工合成的科学精神与奉献精神。

　　胰岛素由胰腺的胰岛 B 细胞分泌，是人体内唯一具有降低血糖功能的激素。胰岛素缺乏是 I 型糖尿病的发病原因。在 1889 年德国的明可夫斯基首次发现胰脏和糖尿病的关系后，就不断有人试图从胰脏中分离出这种"神秘的物质"以治疗因胰岛素缺乏而引发的糖尿病，但始终没有成功。1921 年，加拿大年轻的外科医生班廷通过阅读文献，怀揣着分离胰岛素的执着信念和永不言弃的科学精神，说服了多伦多大学的著名生理学家约翰·麦克劳德（见图 1 左）与当时还是实习生的查尔斯·贝斯特开始相关实验，最终在多方努力下，仅用一年的时间便成功提取了胰岛素。1923 年 1 月，参与最初实验的几位科学家共同申请了胰岛素提取方法的专利，并以象征性的 1 加元的价格转让给了多伦多大学管理委员会。他们申请专利不为名利，而是为了保证有合格资质的厂家都可以仿制与生产，以解决糖尿病患者的用药需求。1923 年 10 月，麦克劳德与班廷共同获得诺贝尔理学或医学奖，二人分别将自己的一半奖金分给了参与最初实验的贝斯特与科利普（见图 1 右），以感谢团队的主要成员对该研究的巨大贡献。

　　随着生物与医学的发展，1955 年，英国化学家弗雷德里克·桑格测定了牛胰岛素的一级结构，这是人类测定的第一个蛋白质的一级结构，桑格教授因此获得了 1958 年的诺贝尔化学奖。胰岛素氨基酸顺序的解开为人工合成提供了可能。但是胰岛素是分子量大且结构复杂的分子，其合成需要有机合成、化学与生物分析、生物活性鉴定等多方面的工作，工作量之大、难度之高前所未有。为了挑战这个世界级难题，从 1958 年开始，中国科学院上海生物化学研究所、

图 1　麦克劳德(左)与科利普(右)

中国科学院上海有机化学研究所和北京大学生物系三个单位联合,以钮经义为首,由龚岳亭、邹承鲁、杜雨苍、季爱雪、邢其毅、汪猷、徐杰诚等著名科学家共同组成一个协作团队,在前人对胰岛素结构和肽链合成方法研究的基础上,开始探索用化学方法合成胰岛素。经过艰苦卓绝的努力,在当时物质基础极其匮乏的条件下,克服种种困难,终于在 1965 年 9 月 17 日完成了结晶牛胰岛素的合成。经过严格鉴定,它的结构、生物活力、物理化学性质、结晶形状都和天然的牛胰岛素完全一样。

　　这是世界上第一个人工合成的蛋白质,也是我国科学家们做出的诺贝尔奖级别的科研成果。他们在这个举世瞩目的科研项目中所体现的知难而上、勇攀高峰的精神,顾全大局、团队协作的精神,艰苦奋斗、不计名利的精神和严格认真、严谨求实的精神值得我们发扬光大,代代相传。作为医学生,要认真学习老一辈科学家们在物质基础及实验资源极其有限甚至匮乏的条件下,所展现出的崇高科研精神。

参考文献:

[1] LOUIS ROSENFELD. Insulin:Discovery and controversy [J]. Clinical Chemistry,2002,48(12):2270 - 2288.

[2] 汤卡罗.人工合成胰岛素的精神代代相传:纪念我国人工合成结晶牛胰岛素 50 周年[J].大学化学,2015,30(2):1 - 5.

[3] 叶蕴华.我国成功合成结晶牛胰岛素的启示和收获[J].生命科学,2015,27

(6):648 - 655.

[4] 熊卫民,王克迪.合成一个蛋白质 [M].济南:山东教育出版社,2005.

(赵克温,基础医学院,病理生理学系,副研究员)

SARS 抢救中涌现的呼吸界英雄人物

思政映射点:爱岗敬业,专业扎实,开拓创新,无私奉献,淡泊名利

学科:病理学与病理生理学

相关知识点:呼吸衰竭,ARDS

素材简介:以 2003 年肆虐全球的 SARS 为例,结合 SARS 的病理改变引起呼衰的机制,加强学生对呼衰发生机制的理解。面对传染率和病死率极高,而病因尚不明确的情况,以钟南山为代表的呼吸科医生,始终坚持在抢救的第一线。本素材旨在引导医学生思考医生的使命与价值。

2002 年冬,钟南山所在的广州医学院第一附属医院,接收了一位来自广东河源的奇怪的肺炎患者:持续高热、干咳,呼吸困难,经 X 光透视呈现"白肺"现象,使用各种抗生素毫不见效。两天后,从河源传来消息:当地医院救治过该患者的 8 名医务人员均发病,症状与患者相同。钟南山非常震惊,多年的行医经验告诉他,这是一例非常值得关注的特殊传染病。他马上将情况报告给疾控部门,同时要求做好一定的防护隔离工作。很快,疾病呈现出蔓延之势,席卷全国大部分区域。一场没有硝烟的战争就此暴发。早期由于尚未明确病因,又因其症状与典型肺炎不同,因此当时归入非典型肺炎,简称"非典"。非典现被统一命名为严重急性呼吸综合征(SARS),已确定是由 SARS 冠状病毒引起的传染性肺炎。SARS 病毒侵入人体,可引起多器官发生病变,因其有明显的嗜肺性,肺部病理改变明显,并有高热、干咳等肺炎症状,导致重症者发生呼吸衰竭,危及生命(见图 1)。

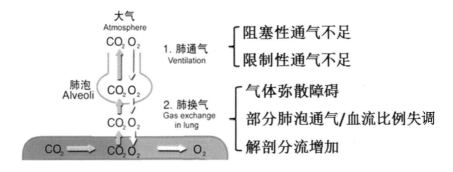

图 1　呼吸衰竭的机制

　　SARS病毒侵入人体主要是发生超敏反应,产生大量自身抗体,对自身机体进行攻击,可引起多器官发生病变。因其有明显的嗜肺性,肺部病理改变明显,大体可见全肺明显膨胀、肿大,质量增加,颜色呈暗红灰褐色。在急性期,病毒在呼吸道黏膜上皮内复制,造成呼吸膜气体弥散障碍。具体表现为肺泡上皮脱落,肺泡壁坏死,腔内有纤维素和少量单核细胞渗出,透明膜形成。气体弥散功能严重障碍,引起肺换气功能障碍,以氧气的弥散障碍为主,因此氧分压进行性降低,从而引起Ⅰ型呼衰;病毒还可导致肺泡壁毛细血管上皮细胞肿胀,小血管内纤维素微血栓形成,可见血管炎,病变部位血流不足。除了弥散障碍,还引起肺泡通气/血流比例增加,死腔样通气,加重肺换气功能障碍。在增生或纤维化期主要是由于透明膜的机化和肺泡间隔的纤维母细胞增生融合,最终肺泡闭塞和萎缩,肺部纤维化,甚至全肺实变,引起肺通气功能尤其是限制性通气功能不足,表现为Ⅱ型呼衰。在康复期患者中,部分患者胸闷,呼吸困难也是这一原因引起的。

图2　奋战在抗击非典第一线的上海医务人员

　　在SARS疫情期间,一位患者先后传染了其就医的3所医院中的130多名医护人员,21名亲属也因他染病。面对传染率和病死率极高的严峻状况,在SARS患者抢救过程中,全国上下各大医院呼吸科涌现出了一批勇敢果断,不顾个人安危,始终把患者生死放在第一位的医护人员,他们是医学生学习的榜样。SARS不仅传染性强,死亡率也非常高。世卫组织传染病学专家,无国界医生卡罗·乌尔巴尼为了防治SARS而染病,以身殉职。世界卫生组织的数据显示,2003年,"非典"仅在中国大陆就造成了5 327人感染、349人死亡,而其中战斗在一线的医护人员成为"非典"疫情的最大牺牲者,占死亡人数的1/3。他们真正践行了医生的职业精神。正如钟南山医生所说:"我们就是搞这个的,我们不干谁干？"

就是这样一群人，在国家与人民危难之时会毅然决然地冲上去，不顾自己的个人安危，积极投身于患者的救治中，甚至牺牲生命。

在抗击 SARS 的战斗中，当时 67 岁的钟南山以非凡的勇气站在战斗的第一线，他亲自检查，制订治疗方案，提议把各医院不幸感染倒下的医护人员和最危重的患者送到呼研所来。通过多个病例实践，他摸索出治疗和康复的办法，后来总结出了"三早三合理"的经验。这一经验后来成为全世界抗击"非典"的通用救治方案，钟南山成为"抗击非典的功臣"。

参考文献：

[1] 顾莹莹，刘芳，陈国勤，等.严重急性呼吸综合征临床病理研究[J].广东医学，2003,24(SARS 专期 I):21 - 23.

[2] 纪小龙，尹彤，申明识.从 SARS 患者肺部病变的病理特点探讨 SARS 的损伤机理[J].中华微生物学与免疫学杂志，2003,23(5):321 - 324.

（韩玉慧，基础医学院，病理生理学系，讲师）

中国骨髓移植奠基人：陆道培

思政映射点：爱国情怀，专业扎实，开拓创新，勤奋进取

学科：病理学与病理生理学

相关知识点：凝血与抗凝血平衡紊乱

素材简介：本素材通过介绍我国血液学家、中国工程院院士陆道培的成长经历，帮助学生加深理解教材中生理性凝血功能和凝血功能异常章节的知识，同时了解我国血液学的发展史，增加学生责任感和民族自豪感。

在中国血液学或"骨髓移植"的发展史上总会提到一个人——陆道培。造血干细胞移植是许多恶性血液系统疾病的根本治疗方法，在中国首开先河的便是陆道培，他被认为是我国造血干细胞移植的奠基人及其发展的主要推动者。年轻时的他立志："有生之年我一定要攻克血液病！"他的誓言伴随了中国现代医学领域半个多世纪的发展，他的奋斗经历成为每位医学生的学习方向。陆道培是浙江宁波人，祖上世代是医生，父亲是当地有名的中医，陆道培少时便立志继承父业，他的兄长在圣约翰大学学医，他就读于同济医学院。年轻时的他学习刻苦，掌握了英语和德语并能阅读原版医学书籍，加上出生于中医家庭，对祖国医学也很了解，使他在中医和西医上都有深刻的领悟，这有助于他在血液病尤其是白血病治疗方面取得成就，他最初研究的是中药对白血病的治疗作用。大学毕业后，陆道培到中央人民医院（现北京大学人民医院）工作。他不断学习新知识，并挤出时间向来医院交流的国外专家学习，提高业务水平，为后来的成就打下了扎实的基础。

20世纪50年代，我国的血液学发展并未和国外真正接轨，陆道培首次引入国外的凝血检查法并进行改进，于1963年提出了计算"凝血酶原活动度"的二次函数公式等，这些公式沿用至今。1964年，一名年轻的患者张秋兰因感冒口服药物后口鼻出血不止，经检查发现罹患再生障碍性贫血。该患者生命危在旦夕，幸运的是，她有一位孪生妹妹，正身怀六甲。陆道培在1964年1月成功完成了中国第一例同基因骨髓干细胞移植，成为"第一个吃螃蟹的人"。年仅33岁的陆道培在国际上的声名鹊起，这项成功让他受到了鼓舞，但他并没有满足于眼前的成功。中国当时正处于计划生育时代，同卵双生的情况更是少见。为了解决异基因造血干细胞移植的问题，他继续着前进的脚步。经过长期的研

究,1981 年他再一次做了回"第一个吃螃蟹的人",完成了中国第一例异基因造血干细胞移植;1991 年,他又进行了首例异基因骨髓移植治愈无丙种球蛋白血症。

为了掌握国际最先进的技术,陆道培先后赴英美学习,回国后在北京大学人民医院主持了多台重大骨髓移植手术。1996 年,他以国际上成立不久的纽约脐带血库为模板亲自组建了我国第一个脐血库。2000 年,他在北京大学人民医院为一位患有急性淋巴细胞白血病的患者完成了国内首个脐带血移植手术;他还首先在临床上应用细胞因子激活的杀伤性免疫细胞(CIK)治疗白血病……太多的"首次"奠定了陆道培在中国血液学研究中开拓者的地位。

血友病患者需要长期依赖血液制品凝血因子的输入,20 世纪 80 年代的西方,一种源于非洲绿猴体内的病毒在人类体内快速蔓延开来,这就是艾滋病病毒,西方国家无不为之心悸。艾滋病病毒的一个传播途径为血液传播。很快,国外医学界就发现,在临床上许多来自供者的血液制品未经病毒灭活便输入了受者体内,扩大了艾滋病的传播范围。我国当时主要通过进口凝血因子来治疗血友病,陆道培发现我国有一批准备进口的凝血因子Ⅷ未经灭活,如果其中含有艾滋病病毒,输注到我国患者的体内,后果不堪设想。他竭力呼吁退货,最终使中国将这一危险遏制在萌芽中。陆道培勇于向西方发达国家说"不"的精神,正体现了他对患者认真负责,对科学实事求是的态度。

许多人评价陆道培是一个顽强执着又喜欢挑战的人,而陆道培自己常引用一句话"路是人走出来的",正是他成长道路的印证。他在血液学领域的一系列创举在国内外受到了广泛认可。他的成果论著丰硕,其中《白血病治疗学》获国家医学图书二等奖,是白血病治疗学领域权威的工具书,血液科医生常备的专业书。近年来,随着我国造血干细胞移植的蓬勃开展,陆道培多次举办全国性培训班传授骨髓移植技术,向医学同道介绍世界先进的科学技术和经验,推动我国血液病治疗技术的发展。他还通过承担博士生和硕士生的培养工作、医院的指导工作、开设进修班等方式培养了一大批血液学领域的专家。

2020 年 9 月 25 日,陆道培院士获得中华医学会血液学分会成立 40 周年大会首次设立的终身成就奖,与王振义院士、阮长耿院士共享此殊荣。

参考文献:
[1] 汪铁铮,邵晓凤.薪火百年踏歌行[N].北医报,2019 - 11 - 07.
[2] 陆道培.白血病治疗学[M].北京:科学出版社,2012.
[3] 陈嘉庚科学奖基金会.医药科学奖[EB/OL]1997[2020 - 10 - 20].http://

www.tsaf.ac.cn/hjqg/hjqg_kxj/1997/200904/t20090402_4544171.html.

［4］百度文库.陆道培：中国骨髓移植第一人［EB/OL］.（2019 - 06 - 02）［2020 -
10 - 20］. https：//wenku. baidu. com/view/0c6c1afe910ef12d2af9e7ea.
html？ fr = search-1-wk_sea_es-income2&fixfr = ywXM％2F3pqAddHv
WkO1EPaAA％3D％3D.

［5］搜狐网.热烈祝贺陆道培院士荣获中华医学会血液学分会"终身成就专家"
［EB/OL］.（2020 - 09 - 28）［2020 - 10 - 20］. https：//m. sohu. com/a/
421337090_629109.

（姚纯旭,基础医学院,病理生理学系,实验师）

维生素 K 的发现者：亨利克·达姆和爱德华·多伊西

思政映射点：专业扎实，科学精神，开拓创新，勤奋进取
学科：病理学与病理生理学
相关知识点：凝血与抗凝血平衡紊乱
素材简介：病理生理学教材中的凝血功能障碍章节中提到人体内的多个凝血因子需依赖维生素 K 才能合成，本素材介绍的丹麦科学家亨利克·达姆和美国科学家爱德华·多伊西，达姆最早发现维生素 K 并为其命名，多伊西则成功提纯维生素 K_1 和维生素 K_2，并对它们进行了结构和理化性质的研究。两人共同获得了 1943 年的诺贝尔生理学或医学奖。

1895 年，亨利克·达姆出生于丹麦哥本哈根，父亲是一位药剂师，他从小耳濡目染，对生物化学抱有浓厚的兴趣。1920 年，亨利克·达姆在大学毕业后任教于哥本哈根工艺学院和哥本哈根大学。1928 年，他开始了"小鸡的胆固醇代谢"的研究工作。他起初认为小鸡无法合成胆固醇，只能从食物中获取。为了证明自己的想法，他开始给小鸡喂养缺乏胆固醇的饲料，这些饲料都是用脂溶剂去除胆固醇的，他发现的确小鸡会营养不良。随后，他又在饲料中添加含有维生素 A 和 D 的鱼肝油。这次，他发现小鸡体内虽然合成了胆固醇，但还是发育不良，并且还出现了广泛的皮下和肌肉出血。他对此相当疑惑，立即着手研

图 1　紫花苜蓿

究起来。他试过很多食物，都没有治好小鸡的出血症。经过坚持不懈的寻找，达姆终于发现在饲料中加入紫花苜蓿（见图 1）能治疗这种出血，这个发现使他认识到这可能是由于缺乏一种"尚未知的脂溶性维生素"，后来他把这种物质命名为维生素 K，取自 koagulation（丹麦语），含义是"凝血"。

就在达姆成功在紫花苜蓿中提取到维生素 K 之后不久，美国生物化学家多伊西从腐烂的鱼粉中也分离出了维生素 K，但是两者来源不同，结构也存在差异。根据发现时间的先后，达姆发现的维生素 K 被称为维生素 K_1，多伊西发现的维生素 K 被称为维生素 K_2。

多伊西是一位美国科学家。在学生时期，他一开始按照父亲的意愿在伊利

诺伊斯大学工程学专业学习,但他由于喜欢生物化学后转入应用科学院学习,并从此找到了自己的奋斗方向。他于 20 岁取得学士学位,22 岁获得哈佛大学硕士学位,26 岁获得博士学位。他优秀的硕士论文和博士论文获得了同行的关注。他是正式确定维生素 K 即甲萘醌结构的科学家,并因此和达姆共同获得了 1943 年的诺贝尔生理学或医学奖。除了研究维生素 K_1 和维生素 K_2,他还开展了抗生素、人体的缓冲系统、胰岛素的提纯和绒毛膜促性腺激素等的研究。

达姆和多伊西两位科学家被认为是科学名人堂中兴趣引导成才的典范。在当时美国经济危机的时代背景下,多伊西的父亲认为儿子最好能够当上一名工程师。虽然多伊西一开始选择学习工程学,但他成绩总在及格边缘,对生物化学的由衷喜爱终于驱使他转行,走上了成功的道路。科学家的执着精神也为人称道,例如达姆为了寻找当时"尚未知的脂溶性维生素",试过胆固醇、亚麻仁油、甘油三油酸酯或维生素 C,发现都无法预防出血的发生。后来他搜罗了能够想到的几乎所有食物,进行了数百次实验后才发现谷物、西红柿、甘蓝菜有预防和治疗出血的效果,最后终于找到了维生素 K 含量高的紫花苜蓿。

纵观维生素 K 的研究发现之路,两位科学家都遵循着细心、理性、迎难而上的原则,这正是我们在学习和研究中需要领悟并加以贯彻弘扬的科学精神。

参考文献:

[1] 豆麦麦.改变人类的诺贝尔科学奖[M].西安:陕西科学技术出版社,2017.

[2] 凝血之力:止血药维生素 K 的发现[EB/OL].(2020‑07‑16)[2020‑11‑03] https://zhuanlan.zhihu.com/p/160841509.

[3] 最不起眼的营养元素——维生素 K 的发现史[EB/OL].(2020‑05‑14)[2020‑11‑03] http://k.sina.com.cn/article_1831650534_6d2cc4e600100wxnb.html.

(姚纯旭,基础医学院,病理生理学系,实验师)

中国植物种子库建设者：钟扬

思政映射点：爱国情怀，爱岗敬业，淡泊名利，科学精神，文化传承
学科：病理学与病理生理学
相关知识点：高原缺氧症和呼吸衰竭的临床表现及发生基础
素材简介：本素材介绍了我国著名植物学家、复旦大学教授钟扬建设中国植物基因种子库和培养自然科学领域的优秀人才的事迹。为了获得青藏高原的宝贵植物基因，他数次攀登海拔 6 000 多米的高原，不顾高原反应对机体带来的损伤，带领学生收集了 4 000 多万颗种子，为我国建立植物基因库作出了巨大贡献。本素材旨在培养学生为祖国、为人民无私奉献的职业担当和爱国情怀，以及爱岗敬业、迎难而上的职业态度。

　　钟扬，我国著名植物学家，复旦大学研究生院院长，生命科学学院教授，中央组织部第六、七、八批援藏干部，教育部长江学者特聘教授，2017 年 9 月在赴内蒙古为城川民族地区干部讲课的途中遭遇车祸，不幸逝世。

　　作为中国植物学家，钟扬立誓，要为祖国建设植物基因库，为人类建一艘植物种子的"诺亚方舟"。这个想法，最终因复旦大学和西藏大学的结缘成为现实。自此，钟扬背起足有三四十斤重的双肩包，带着学生开启了 16 年为国家收集种子的征程。珠穆朗玛峰，海拔 6 000 多米，是一座植物资源丰富，但迄今尚未开发的海拔最高的宝地，也是中国植物学家采样的最高点。野外科考的艰苦超乎人们想象，除了自然条件恶劣外，对人体更具挑战的是严重的高原反应。"高原反应差不多有 17 种，在过去的十几年间，每次我都有那么一两种，头晕、恶心、无力、腹泻都是家常便饭。不能因为高原反应，我们就怕了，是吧？科学研究本身就是对人类的挑战。"钟扬如是说。

　　钟扬带领团队在青藏高原整整追踪植物 16 年，在海拔 4 150 米处发现了"植物界小白鼠"拟南芥的崭新生态型；他们采集的高原香柏种子里，已提取出抗癌成分，并通过了美国药学会认证；他们用三年时间，将全世界仅存的 3 万多棵国家一级保护植物——西藏巨柏逐一登记在册，建立起宝贵的数据库；他们揭示了红景天、独一味、藏波罗花、垫状点地梅、西藏沙棘、山岭麻黄、纳木错鱼腥藻等青藏高原特有植物对环境的分子适应机制；他们的"杂交旱稻"重大研究成果获国家科技进步二等奖；他还带领团队在上海成功引种红树林，创造了世

界引种最高纬度,为上海海岸生态保护打造了新的屏障。钟扬和学生们在青藏高原上艰苦跋涉 50 多万公里,收集了上千种植物的 4 000 多万颗种子,近西藏植物的 1/5。

除了为国家收集植物种子,钟扬还倾注了巨大心血培育最心爱的"种子"——学生。在任研究生院院长期间,他尽心竭力,推动交叉学科发展,创建了"问题驱动式"研究生教育质量监控和保障模式,推动研究生培养质量持续提升。同时,钟扬以巨大热情投入科普教育,参与了上海科技馆、自然博物馆建设,承担了自然博物馆 500 种中英文图文的编写工作,出版了 3 本科普著作和 6 本科普译著,为培育祖国未来的自然科学人才倾注了大量心血。

长期的高原生活、过高的工作强度、严重不足的睡眠,使钟扬出现心脏肥大、血管脆弱等种种症状。他每分钟心跳只有 40 多下,但依旧忘我工作,不顾疼痛地坚守在自己热爱的工作岗位上。使命感和责任心驱使他不断负重前行,完成常人难以想象的采集任务。他用短暂而壮丽的一生,谱写了这首传唱千古的生命之歌。雪山巍巍,江水泱泱。他已将生命融入祖国山河,随着骨灰撒入雅鲁藏布江,他将永远与青藏高原在一起,与他挚爱的一草一木在一起,与祖国和人民在一起,如同一片落叶回归大地母亲的怀抱,融入这片他爱得深沉的土地。2018 年,他被中央宣传部追授为"时代楷模""全国优秀共产党员",并入选"感动中国 2018 年度人物";2019 年,获得"最美奋斗者"荣誉称号。

参考文献:

[1] 澎湃新闻.中共上海市委追授钟扬同志"上海市优秀共产党员"称号[EB/OL].(2017 - 12 - 12)[2020 - 11 - 20].https://www.sohu.com/a/210057325_260616.

[2] 一粒种子的初心与梦想——追记优秀共产党员、复旦大学教授钟扬[EB/OL].(2018 - 03 - 26)[2020 - 11 - 20].https://www.chinanews.com/gn/2018/03 - 26/8475831.shtml.

[3] 善梦者才杰出 钟扬:追梦的脚步永不停歇[EB/OL].(2018 - 03 - 26)[2020 - 11 - 20].http://education.news.cn/2018 - 03/26/c_129837678_2.htm.

(黄莺,基础医学院,病理生理学系,教授)

库尔特·冯·尼尔加德的发现在临床治疗上的应用
——肺泡表面活性物质的发现

思政映射点：爱岗敬业，科学精神，开拓创新，勤奋进取
学科：病理学与病理生理学
相关知识点：小儿呼吸窘迫综合征的治疗依据
素材简介：本素材介绍了肺泡表面活性物质的发现过程，以及这项发现对临床上小儿呼吸窘迫综合征治疗的应用。旨在鼓励学生做好基础研究和临床治疗，培养严谨的科学态度和发现问题、分析问题、解决问题的能力。

在医学基础研究方面，很多人认为一个课题的开始就应当以临床治疗为目的，达到"治病"或可以转化为临床治疗的效果。但这种功利性的研究方法和心态是错误的。在基础研究当中，开始往往只是要搞清楚一个基因为什么会出错，这种错误会带来什么样的后果，最终可能碰巧与某类疾病相关，从而为临床治疗提供了基础。做基础研究，应该以纯粹的、对知识的探索为目的。世界上很多伟大的治疗方法及药物，并不是一开始就有目的地要创造它们。

作为一种减少肺泡表面张力的因子，肺泡表面活性物质的发现就是在基础研究的过程中发现的。正常人和哺乳动物的肺泡始终处于扩张状态，这种状况的维持主要是由胸内负压导致，而胸内负压的形成主要是由肺泡壁的弹性纤维支持。但实际上，肺泡的扩张不能完全用胸内负压来解释。早在1929年德国科学家库尔特·冯·尼尔加德通过实验对这点就有所阐述。他用全身麻醉的猫做实验发现：①注入一定量的生理盐水至肺，达到最大体积后，绘制的压力—容积曲线是一样的；②注入气体时，放气相对于充气来说，明显需要的压力要小很多。在实验条件下，猫肺的弹性纤维并没有改变，因而可以想象的是肺泡表面的张力不同导致。但是这一设想在当时还没有充分的实验依据，也没有引起其他科研工作者的兴趣。

直至25年后，有两组科研工作者才有了进一步的发现。一组科学家从正常人和死于呼吸窘迫综合征的新生儿肺组织中提取组织液，通过测定这组液体的表面张力发现，正常人肺组织的提取液表面张力仅为患病新生儿的十分之一。而另外一组科学家使用离体肺脏，发现肺泡提取出的泡沫能稳定地存在，并可抵抗一些消泡剂的作用。但是血浆在空气中振荡产生的泡沫则没有这种作

用。以上研究均发现肺泡的提取液表面张力小。经过进一步的生化分析证明,提取液中的有效活性物质为二棕榈酰卵磷脂(dipalmitoyl phosphatidylcholine,DPPC)。随后,人们发现这种活性物质主要是由肺泡Ⅱ型细胞合成和释放的,这种细胞内含有板层状的包涵体。肺泡表面活性物质被认为在细胞内合成后,转移并贮存在包涵体中,之后可以随着包涵体从细胞内排出到肺泡表面。在人胚胎的30周之前表面物质的分泌是不足的。肺泡表面活性物质除可以使肺泡稳定地保持在扩张状态外,还可防止肺毛细血管中的血浆向肺泡渗出,从而避免肺泡内积水。

很多未足月出生的新生儿,常出现进行性呼吸困难,甚至会因呼吸衰竭而死亡,发生新生儿呼吸窘迫综合征。病理研究发现其肺泡壁和细支气管附有一层嗜伊红的膜,也就是新生儿透明膜病,其发生的根本原因就是发育不成熟,肺表面活性物质分泌不足导致肺泡表面张力太大,最终导致肺不张。早产儿初次肺张开后,在随后呼气时又萎陷,新生儿通气不足,最终无法生存。研究发现,肺泡表面活性物质还可以倒流至上呼吸道而经口腔进入羊水。医生可以通过羊水检测来预测婴儿出生后是否会发生呼吸窘迫。早产儿肺透明膜的形成也是由于表面活性物质的缺乏,肺泡表面张力变大,并且血氧供应不足,肺毛细血管通透性增加,血浆中的液体和蛋白漏出,随呼吸运动而逐步被压至肺泡表面形成膜。此外,急性肺损伤/急性呼吸窘迫综合征、先天性肺泡蛋白沉积症、支气管肺发育不良、肺部感染等新生儿呼吸系统疾病也均由表面活性物质量或质的变化引起。遗传因素引起磷脂代谢和功能障碍导致的新生儿呼吸系统疾病越来越受到重视。

此外,肺泡表面活性物质在体内是不断更新的,如果成人的肺动脉压过低(血流阻塞、失血性休克等)可能导致肺泡表面活性物质的合成障碍,而导致呼吸窘迫综合征。另外,外科的开胸手术也应注意肺部血液和通气的通畅。肾上腺皮质激素可以促进活性物质的合成与分泌,而胰岛素却发挥着相反的作用。这些都对临床上呼吸窘迫综合征的治疗提供了有效的手段。目前对表面活性剂的直接使用已经有了临床指南,指南中明确指出哪种类型的患儿适用,并对其使用的时间及给药方式作出了明确的规定。这项起初由兴趣而发生的研究,最终对人类疾病的治疗起到了重要作用。

探索真理的过程是循序渐进的过程,想提升人类对各种疾病的治疗能力,必须重视基础研究工作,培养严谨细致的科学态度,保持对未知领域探索的初心,善于发现问题、分析问题和解决问题,在科学研究的道路上努力前行。

参考文献：

HALLIDAY H L. Surfactants：past，present and future［J］. Journal of Perinatology，2008，28：S47 – S556.

（周美伕，基础医学院，病理生理学系，副研究员）

医用化学

徐光宪：祖国的需要就是我的目标

思政映射点：爱国情怀，科学精神，无私奉献

学科：无机化学

相关知识点：多电子原子轨道能量近似顺序（徐光宪规则）

素材简介：本素材介绍了徐光宪于祖国需要时毅然回国，为了祖国的需要而多次改变研究方向，最终为我国在结构化学、稀土化学等研究上取得了举世瞩目的成就，并获得国家科技进步奖一等奖的事迹。体现了科学家爱国爱岗敬业的精神。旨在培养学生为医学、为国家、为人民无私奉献的品质，严谨的科学态度和发现问题、分析问题、解决问题的能力。

相信大家在学习原子结构的时候都曾遇到过一个难题，就是多电子原子轨道的能级顺序问题，由于屏蔽作用的存在，使得不同轨道的能级有交错的现象。轨道能级顺序较难记忆，而我国著名化学家徐光宪则提出了 $n+0.71$ 规则，使得轨道能级的高低可以进行定量的计算，也更便于记忆能级顺序。而徐光宪的贡献不仅限于这个能级顺序，他为了祖国的需要，一生共转换了 4 次研究方向，不仅编写了迄今为止国内最权威的《物质结构》教科书，该书 1988 年荣获全国高等学校优秀教材特等奖，是化学领域唯一获此殊荣的教材。他还被称为"稀土之父"，并因此获得了 2008 年国家科学技术进步奖一等奖。

徐光宪，1920 年生于浙江。1940 年 9 月考取了上海交通大学化学系，之后远赴美国哥伦比亚大学攻读博士学位。当时导师给他的论文题目是个"烫手的山芋"，之前的学生一直做不出来而退学。但徐光宪说"外国人做不出来的我们中国人不见得也做不出来"。在他攻读博士学位期间，听到了中华人民共和国成立的好消息，他和一同留学的妻子高小霞自行制作了五星红旗，搞了一个庆祝活动。1951 年 3 月，徐光宪最终凭借论文《旋光的量子化学理论》获得博士学位。在拿到博士学位之后，他迫切地想要回到祖国报效国家，当时虽然高小霞还没有取得博士学位，但她说"科学没有国界，但是科学家有祖国"。时值抗美援朝战争之际，美国对中国留学生回国进行了限制，但徐光宪毅然放弃在哥伦比亚大学任教的机会，克服了重重困难，与夫人高小霞回到祖国。回国后徐光宪一直在北京大学任教，继续在量子化学及物质结构方向上进行研究，他于 20 世纪 50 年代提出的核外电子排布经验规则（ $n+0.71$ ）至今仍然在大学无机化

学、结构化学中被应用,仅有少数例外。这时候北大要开"物质结构"的新课,当时该课程在国际上也是一门新课,不仅缺乏教材,也缺乏授课的教师。徐光宪毅然承担起这个任务,多年来编写该方面的书籍 7 本,同时也培养了众多优秀的人才。

1972 年,徐光宪接到任务,研究稀土的分离和提纯。在他接手任务之时,中国还只能生产稀土精矿等初级产品。中国已探明的稀土储量居世界之首,但高纯度稀土元素仍仍依赖进口。为了摆脱受制于人的尴尬状况,用自己的知识报效祖国,徐光宪说:"我们不跟外国人跑,我们自己走自己创新的路。"他说到做到,于 20 世纪 80 年代中期创立了串级萃取理论,并运用于实际生产。这一全新分离方法,使我国单一稀土产量猛增。一时间,国际单一稀土产品价格暴跌,国外稀土垄断公司不得不减产、停产甚至破产,一举确立了中国的世界稀土强国地位。

徐光宪的研究前后涉及量子化学、核燃料化学、配位化学和稀土萃取等科研领域。每次都要"另起炉灶""重新来过",他却无怨无悔,干一行、爱一行、专一行,在每个领域都干出了无愧于时代的业绩。因为他深知,祖国的需要是第一位的。从量子化学的教学与研究转到配位化学,已经是一个很大的跨越了,但是徐光宪并不这样认为。在他的心中,祖国需要高于一切,祖国需要就是最高任务。他为了解决国家能源问题又转到核燃料化学,最后转到稀土化学,这已是徐光宪第四次改变研究方向了。我们不仅要学习徐光宪爱岗敬业的精神,更要学习他一切为了祖国的高尚情操,做顶天立地的优秀人才。

参考文献:

徐光宪. 物质结构[M]. 北京:高等教育出版社,1959.

(孟凌华,基础医学院,药物化学与生物信息学中心,讲师)

克疫而行,熵减精神

思政映射点:爱国情怀,爱岗敬业,科学精神,无私奉献
学科:物理化学
相关知识点:自发过程的熵增加原理
素材简介:热力学第二定律告诉我们,隔离系统内自发过程总是朝着混乱度增大的方向发生,熵变 $\Delta S > 0$,即熵增加原理。换言之,熵减小就会变得相对更加有序,但是需要克服"自发"的惯性逆熵而行。本案例结合全球新冠肺炎疫情大暴发事件,介绍战疫英雄和全国人民在抗疫过程中克服自我混乱的自发趋势,服从指挥,全民参与抗疫统一战线,在有序的组织中取得抗疫的初步胜利的事迹。通过抗疫英雄们舍身忘我的感人事迹,向学生们传达爱国情怀和责任担当。

　　2019年12月新型冠状病毒肺炎(COVID-19)疫情暴发,从每天上千例确诊病例数到2020年2月底中国本土新增病例数逐步下降,及至个位数,在短短2个多月的时间里,全国人民在党和政府的领导和有序的抗疫组织下,取得了抗击疫情的初步成果。这离不开众多抗疫英雄的无私奉献,更离不开每一位公民克服困难,严以律己,服从指挥的家国情怀。为了全面阻断疫情传播,国家出台了多项政策,包括武汉封城、全民居家隔离、减少社交、保持社交距离、戴口罩、测量体温、申报健康码等,这其中每一项都需要全民配合,比如"戴口罩"这一经实践证明行之有效的阻断疫情的措施,大家在最初的时候都不太适应,会出现呼吸不畅、口气严重等需要克服的问题。对于戴眼镜的人,戴上口罩还会在镜片上造成哈气现象,影响视线。尽管有种种困难,全国人民还是服从指挥,齐心抗疫,这就是一种"逆熵"精神。如果大家都认为自己舒服最重要,不愿意忍受口罩带来的不适感,习惯性地摘掉口罩,不愿意克服"隔离"在家的无聊和束缚,那我们看到的就是疫情下病毒肆意传播的局面,也无法在短短两个多月的时间里遏制疫情的蔓延。

　　相信大家对抗疫英雄——武汉金银潭医院院长张定宇带着患有渐冻症的身体在医院忙碌的身影印象深刻。拖着跛脚,连续30多天奔走在抗疫第一线的张定宇说:"我们当医生的苦点没什么,看着患者遭受的痛苦,疫情还没有被攻克,根本顾不上身体上的疲惫。""生命留给我的时间不多了,我必须跑得更

快，才能跑赢病毒，把重要的事情做完。"疫情最严峻的时候张定宇每天只睡 4 个小时，他说："眼前正是最吃劲的时候，我不能倒下。"这一句句朴实无华的言语给了我们深深的感动和震撼，让人无比动容。2020 年 1 月 19 日，张定宇得知他的妻子也感染了新冠肺炎，但他当时非常忙，每天都有几十上百个重症、危重症患者需要治疗，所以并未立即前往，直到三天后，他才有时间去探望妻子。

钟南山在整个抗疫战斗中贡献巨大，他勇于敢于对焦虑的人民群众说真话，就像我们的定海神针。2003 年"非典"肆虐中国，当时医疗防护设备并不先进导致众多医护人员感染，钟南山毅然奔赴前线，主动要求将重症患者交给他。这次的新冠肺炎疫情暴发，钟南山再次挺身而出奔赴一线，84 岁的他没有遵从"自发"惯性选择远离危险的医疗一线，而是在第一时间选择奔赴最危险的疫情一线——武汉。

如果没有这些抗疫英雄们舍身忘我的奉献精神和爱国精神，如果没有全国人民克服困难，服从指挥的家国情怀，就不能井然有序地开展抗疫工作，也不会取得今天的抗疫成果。"熵减"精神在疫情下就是一种爱国精神的体现，也是对他人和对自己生命的敬畏。

（李春霞，基础医学院，药物化学与生物信息学中心，讲师）

人工合成尿素的第一人：维勒

思政映射点：勤奋进取，开拓创新，科学精神
学科：有机化学
相关知识点：有机化学发展史
素材简介：本素材介绍了维勒在研究无机物氰酸铵时，意外发现其受热分解可生成有机物尿素，打破了多年来占据有机化学领域的"生命力"学说的故事，体现了科学家开拓创新的精神。旨在培养学生辩证思维，敢于质疑权威，不墨守成规的科学精神。

　　1824年某一天，德国年轻的化学家维勒想要研究"氰酸铵"的同分异构体，他把氨与氰酸气体在容器中混合，加入水振动摇晃了一段时间之后，打算把溶液蒸发掉。随着温度的升高，液体不断被蒸干，出现了一种结晶体。他把这种晶体溶入水中，用来检测它的性质，但是出乎意料的情况发生了，这种物质并不是他所想要的"氰酸铵"，而是一种不知名的白色结晶物质，由于实验条件有限，他无法确定其成分。

　　不久，他来到柏林工业专科学校任教，利用学校的一流实验室，继续对白色结晶进行探究。维勒研究了氨和氰酸之间所有可能的生成物，在分析了大量的实验数据之后，他发现此结晶的性质与尿素相似。1828年，维勒终于证实了他于4年前发现的白色结晶正是尿素——哺乳动物体内蛋白质代谢的最终产物，一种有机物（见图1）。他又用氰酸银与氯化铵反应，用氰酸铅与氨反应以及用氰酸汞、氰酸和氨反应，结果都得到了尿素，与之前的结论相吻合。

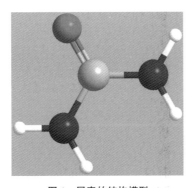

图1　尿素的结构模型

在 19 世纪初,人们普遍相信"生命力"学说,认为有机物是与生命现象密切相关的,是在生物体内一种特殊、神秘的"生命力"作用下产生的,所以只能从生物体内得到,不可能在实验室里由人工合成,支持这一学说的代表人物是瑞典著名化学家贝里采乌斯,他也是维勒的导师。贝里采乌斯在 1806 年首次创立有机化学,以区别于其他矿物质的化学——无机化学。有机化合物早期的定义也是"来自有生命机体的物质",简称有机物。

由于人们认识的局限性和对权威的迷信,"生命力"学说统治化学界达半个世纪之久,严重阻碍了有机化学的发展。按照当时流行的观点,尿素是来自有生命的机体的物质,在实验室里人工合成是完全不可能的。所以当维勒把这个重要的发现告诉他的导师时,并未得到认可,贝里采乌斯甚至写信给维勒,嘲讽他能不能在实验室里"制造出一个小孩来"。维勒并未气馁,他将这个发现写成论文《论尿素的人工合成》,发表在 1828 年的《物理学和化学年鉴》上,他的论文详尽记述了如何用氰酸与氨水或氯化铵与氰酸银来制备纯净的尿素。随着其他化学家对他实验的重现成功,人们终于认识到,有机物是可以在实验室由人工合成的(见图 2),从而宣告了多年来占据有机化学领域的"生命力"学说的破产。随后,乙酸、酒石酸等有机物相继在实验室内被合成出来,使得有机化合物进入了人工合成的新纪元,推动了有机化学的发展,维勒的这一贡献也被载入化学史册。

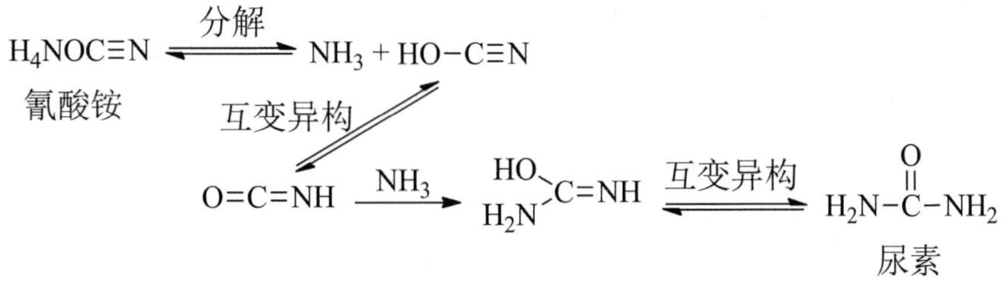

图 2　氰酸铵受热分解形成尿素的反应

维勒的发现第一次证明有机物是可以在实验室人工合成制得的,强烈冲击了形而上学的"生命力"学说,为辩证唯物主义自然观的诞生提供了科学依据,同时也为有机化合物的合成开创了一个新兴的研究领域。1854—1861 年,法国和俄国的科学家分别首次人工合成了在生命过程中有重要作用的油脂类和糖类化合物。到 19 世纪下半叶,化学家已经合成出了绝大多数的简单有机物,为人类在 20 世纪合成蛋白质、核酸等生物大分子奠定了坚实的基础。马克思曾经说过:"在科学上没有平坦的大道可走,只有在崎岖小路的攀登上不畏劳苦的人,才有希望到达光辉的顶点。"在科学研究和实践中,不仅要有毅力和善于坚持,更要有勤奋进取、开拓创新的毅力,要有敢于质疑权威的勇气和不故步自封的科学精神,这些都是成为优秀的医学人才必须具备的重要素养。

参考文献:

[1] 郭今心,朱荣秀,赵全芹,等.临床医学专业有机化学"课程思政"教学初探[J].大学化学,2019,34(1):51-52.

[2] 邢其毅,裴伟伟,徐瑞秋,等.基础有机化学(上册)[M].4版.北京:北京大学出版社,2016:1-2.

[3] 沈玉华,谢安建.百合千分胜造化——化学发现与创造思维[M].合肥:安徽大学出版社,2007.

(姚莉韵,基础医学院,药物化学与生物信息学中心,副教授)

父子说电子

思政映射点：勤奋进取，开拓创新，科学精神
学科：物理化学
相关知识点：电子的波粒二象性，原子结构
素材简介：父亲约瑟夫·汤姆逊发现电子，打破原子不可分割的物质观念，儿子乔治·汤姆逊通过电子衍射实验证明电子的波动性。科学家的研究故事告诉我们，人类对自然界的认识不仅需要不断的知识积累，更需要有独立思考、敢于探索、坚持不懈、严谨求实的科学精神和态度。

1858年德国物理学家J.普吕克尔在研究低压气体放电现象的过程中发现了阴极射线，1875年英国物理学家克鲁克斯在真空度更高的玻璃管中发现辉光放电现象。这种射线引起了科学界的争论，当时的科学家分成两派，一派以英国科学家威廉·克鲁克斯为代表，认为阴极射线是由带电粒子组成的；另一派以德国科学家赫兹为代表，认为阴极射线是一种电磁波。双方为证实自己的观点都作了大量的研究。赫兹在阴极射线经过的区域安装平行金属板，并在两板间施加电场，结果阴极射线并没有产生偏转，从而得出结论，阴极射线不带电，是一种电磁波。时任卡文迪许实验室主任的约瑟夫·汤姆逊是带电粒子说的支持者，他进行了同样的实验。在实验过程中，他细心地发现在施加电压的瞬间，阴极射线受到轻微的扰动，从而推断没有出现偏转的原因应是气体并没有抽到足够稀薄，而不是阴极射线不带电。于是他改进实验，提高气体放电管的真空度，重新实验观察到了阴极射线的偏转，从而向世人证实阴极射线是由带负电的粒子组成的这一事实。伟大的发现离不开细心的观察、缜密的思考和大胆的求证。

上述实验解决了阴极射线之谜，同时由粒子在磁场中的偏转规律可以得到比荷，汤姆逊用不同材质做阴极，测量获得的阴极射线的荷质比，发现所有射线具有相同比荷，均为 H^+ 比荷的近两千倍，电量与 H^+ 相同，从而认为该负电荷粒子应是构成各物质的共有成分，这种粒子在1891年被英国物理学家斯通尼命名为"电子"。汤姆逊在此后的研究中均有发现这种带电粒子，其质量只比最轻的 H 原子质量的两千分之一多一点，从而他得出结论：原子是可分的，此微粒是原子的组成部分。随后汤姆逊在其学生、同是诺贝尔奖获得者、英国物理学

家威尔逊发明的云室中观测到了电子的运动轨迹,从而证实了电子的存在。

约瑟夫·汤姆逊是一名理论与实验并重的科学家,注重自己设计、制作仪器,并进行理论分析,同时他也是成果斐然的人才培养者。在担任卡文迪许实验室主任期间,创建了完整的研究生培养制度和良好的学术气氛,除了他本人因"气体导电方面的理论和实验研究"获得 1906 年诺贝尔奖,他有七位学生以及他的儿子乔治·汤姆逊也是诺贝尔奖获得者。

乔治·汤姆逊 1892 年 5 月生于英国剑桥,在中学时就对制作船、大炮和潜艇的模型产生了浓厚的兴趣。1910 年进入三一学院学习数学、物理。在父亲的指导下,乔治·汤姆逊于 1911 年即开始了研究工作,他的第一个研究是关于分子的带电片段,除了父亲,还受到其他科学家包括布拉格和查尔斯·汤姆逊的指导。第一次世界大战开始,他应召加入皇家空军西萨里团服役,在英国范堡罗皇家飞机制造厂从事空气动力学研究。1916 年,由于在空气动力学方面的贡献被授予史密斯奖。1919 年乔治·汤姆逊退役,回到卡文迪许实验室,与父亲、阿斯顿一起参与到阳极射线的研究中,该研究为同位素的发现和质谱仪的诞生提供了有力的支持。

1922 年乔治·汤姆逊加入阿伯丁大学担任自然哲学教授并从事电子研究。1926 年春天,薛定谔基于德布罗意的观点,从量子的角度重新诠释了波动理论。同年夏天,波恩出席英国科学促进会在牛津举办的年会,并介绍了这些进展。参与会议的乔治·汤姆逊受到启发,开始电子的衍射实验。他改进了用于研究阳极射线的装置,用金属薄膜做透射实验,第一批薄膜是厚约 3×10^{-6} cm 的赛璐珞,很快就观察到了衍射环,根据这些衍射环的半径可算出电子波的波长,随后他又研究了电子通过金、铝和铂等金属箔片时产生的衍射,证实了电子的波动性,从而无可争议地验证了德布罗意的物质波理论,他也因此获得 1937 年的诺贝尔奖。

电子的波粒二象性,父亲说电子是粒子,儿子说电子是波。一段科学史上的佳话。

参考文献:

NAVARRO J. A History of the Electron:J. J. and G. P. Thomson[M]. Cambridge University Press,2012:150‑156.

(严忠红,基础医学院,药物化学与生物信息学中心,副教授)

做一个爱岗敬业、专业扎实、沟通能力高且无私奉献的"自由基反应参与者"

思政映射点：爱岗敬业，专业扎实，沟通能力，无私奉献
学科：有机化学
相关知识点：自由基/自由基反应
素材简介：本素材通过自由基及自由基反应，告诉学生们做人做事，要做到爱岗敬业，专业扎实，沟通能力高超，并且愿意无私奉献。

　　自由基是原子或化合物失去一个电子时的产物。自由基反应具有以下特点：①链反应（这点完全不同于其他类型的反应）；②一经引发就可以不再需要能量，自发进行反应；③单电子转移过程；④反应不受酸碱、极性溶剂、离子的影响。

　　首先，我们来仔细分析一下，自由基反应的第一个特点，它采取的是一种与其他反应不同的链反应机理。别的反应类型，无论是极性反应、协同反应，还是金属催化的反应都不会采取链反应的方式进行。这说明什么？说明这个反应有特色，有特点。正是因为这样的特色和特点使得它在有机化学众多反应中有了一席重要的位置。同学们，你们是愿意和芸芸众生一样默默无闻，还是在某一个领域有所成就？如果你们想获得与众不同的成功，学习和工作中就要像自由基反应那样，做到有自己的特色，才能在众人之中脱颖而出。那怎么才能有自己的特色呢？那就要学好自己的专业，在专业上做到扎扎实实，才能做到与众不同。

　　接着我们来看一下，自由基反应的第二个特点，一旦引发，则不再需要能量。这个特点很重要，有些反应需要一直提供能量，而自由基反应则不用。这个就和我们为人处世一样，有些人推一推，则动一动，做事非常被动；而有些人只要得到"命令"，就开始主动出击。我们往往会认为那些主动做好本职工作的人是多么的"敬业"啊！那大家希望和什么样的人共事呢？是一个需要你不停地"花能量"去催着干活的朋友，还是一个今天讲好要做什么，过两天就主动交货的伙伴呢？谁都想要一个积极主动、敬业的工作伙伴。所以我们应该像自由基反应那样，做一个积极主动的"爱岗敬业"的人。

　　然后我们再来看一下这类反应的第三和第四个特点，单电子转移过程，且

不受酸碱、极性溶剂、离子的影响。化合物中的原子最好满足八隅律，因此要从一个化合物的原子中，"获取"一个电子的操作，是需要很高技巧的。想象一下，在反应中一个自由基和另一个分子沟通"不好意思，你能不能给我一个电子，我需要变得更稳定"，那个分子一定会说"我给了你电子，我怎么办，我不就不稳定了吗?"可是结果是什么? 自由基还是得到了电子，那个分子还是变成了自由基，不得不去找另一个分子沟通。神奇的是，在自由基反应中每个自由基最终都能得到电子变成稳定的分子。如果没有"高超的沟通技巧"你能想象出这种结果吗? 我们再举一个例子，当离子或其他极性分子，想要从自由基那里获得电子时，情况又不一样了。无论那些离子或是极性分子怎么努力去沟通，自由基还是自由基，它并不会改变。所以你们看，"说不"的能力在沟通中也是非常重要的。高超的沟通能力不仅仅是说服别人，更重要的是在特定的时候，坚持自己的立场。好的沟通能力，能够做到自己想做的事，而不会发生其他不好的事情。希望各位能从中学到点什么。

最后，我们来看一下自由基反应中的分子们。我们刚才说了反应中，自由基通过高超的"沟通技巧"说服了分子拿出一个电子。但是我们不能否认的是，如果分子不愿意(比如有较强的化学键)，这个反应转变是不能发生的。明知自己会变得不稳定，但是为了让反应能够继续进行下去，最后还是奉献出了一个电子，这是什么精神? 这就是"无私奉献"的精神，舍小家为大家。当然，要和大家说明一点，无私奉献和我们前面介绍过的所有品质一样，都是自动选择的品质。也就是说你必须做出选择去体现这些品质。

我们总结一下，从自由基和自由基反应中，除了反应本身，我们能学到什么? 我们能看到自由基的爱岗敬业，专业扎实，高超的沟通能力，以及反应中分子的无私奉献。如果我们把自由基反应看作是我们将要进行的"事业"，我们每个人如果能做到爱岗敬业，专业扎实，沟通能力高，以及无私奉献，何愁大事不成?

(刘坚华，基础医学院，药物化学与生物信息学中心，副研究员)

掉色的黑花生就是"毒食品"吗

思政映射点：科学精神
学科：有机化学
相关知识点：天然色素（花青素）
素材简介：本素材通过案例介绍了天然色素花青素的结构特点、理化性质和生物活性，旨在培养学生的辩证思维和理性思考能力，引导学生养成用科学精神分析问题、用科学方法解决问题的习惯。

2013年3月6日，一名全国人大代表在地方团小组审议讨论中展示了黑皮花生经冷水浸泡后水变黑的实验，并说明这就是不法商人通过对普通花生染色制作出的所谓健康黑皮花生。这一事件被许多媒体竞相报道为"人大代表带毒食品参会，做黑花生掉色实验"，并把它归结为一个"食品安全问题"。在后续的媒体访谈中这名人大代表与中国农业大学食品科学与营养工程学院副教授朱毅相遇，朱毅当着他的面吃下了几颗黑花生。虽然朱毅用行动表明了黑花生并不是"毒食品"，但是当时很多媒体已经把这种花生渲染成了"染色食品""危险食品"，导致消费者产生了无端恐慌。同时，这名人大代表开会时还带了几十种经过添加剂处理的"毒食品"，并提交了《关于加强农产品安全管理的建议》的议案，经媒体报道后，有关食品安全和食品添加剂的话题再次成为普通消费者的关注对象，很多消费者对食品添加剂唯恐避之不及，对国产食品的安全性质疑。

在这个事件中出现的黑花生属于彩色花生的一种，其蛋白质、精氨酸、钾、锌、硒含量都高于红花生。2001年《脱贫与致富》杂志首次报道黑花生在我国培育成功，同年《农村实用科技信息》杂志介绍了我国花生专家陈杰团队采用遗传基因转移技术培育的"黑丰一号"的品种特征和栽培要点。很显然，这名人大代表在展示实验前并没有对黑花生这一新出现的农产品进行调研。由于黑花生当年的市场售价高达160元/斤，他误认为这是商家为了牟取暴利而对普通花生进行了染色。

黑花生中能溶于水呈黑紫色的物质是一类天然水溶性色素——花青素（anthocyanidin）（见图1）。由于黑花生种皮富含花青素，经水浸泡后会掉色。花青素属于黄酮类化合物（flavonoid），广泛存在于开花植物中，是植物花中主要的呈色物质，也是很多蔬菜、水果，如紫甘蓝、紫薯、玉米、葡萄、桑椹的主要呈色物质。此外,花青素具有清除自由基、抗肿瘤、抗炎、抑制血小板凝聚等生理活性。由于黑花生中的花青素含量远高于白花生,其原衣提取物体外清除自由基的能力也远高于白花生。

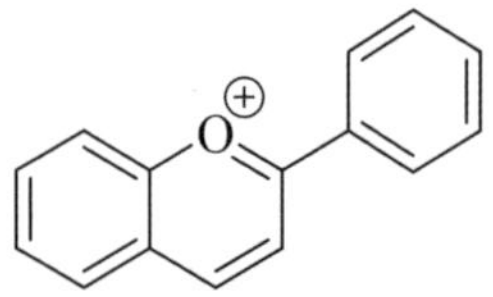

图 1　花青素基本骨架

由于花青素是不稳定的烊盐结构,在酸性或碱性条件下共轭体系不同,花青素的颜色与体系中 H^+ 浓度密切相关(见图 2)。

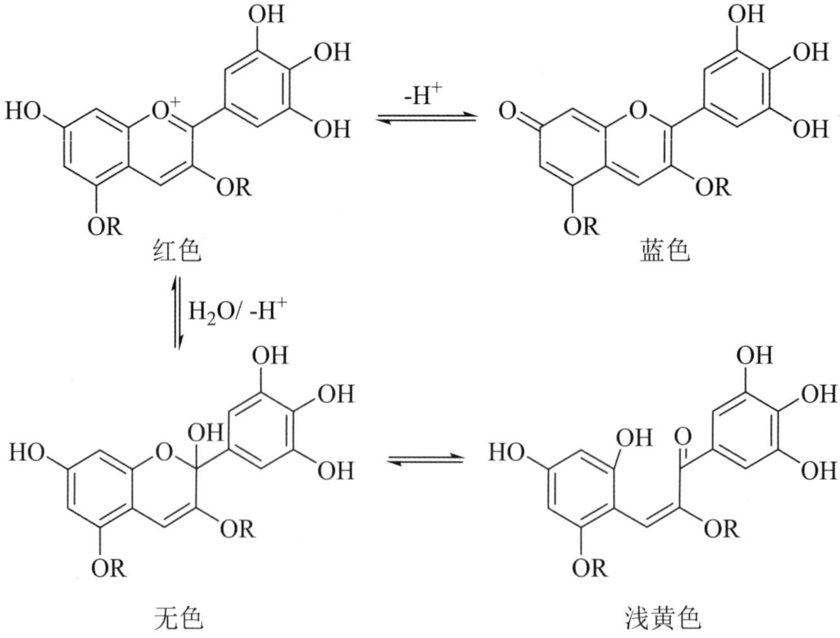

图 2　花青素结构变化示意

在酸性条件下,花青素呈红色,随 pH 值升高,其颜色经历红→紫→蓝→绿→黄的变化。

黑花生仅种皮为黑色,而染色花生的种皮和果仁均为黑色,据此可分辨黑花生与染色花生。也可利用花青素在酸性条件下呈红色的特性,在泡了黑花生的水中加入白醋,通过观察颜色变化来分辨是否为染色花生(黑色染料无此特性）。

　　无论是人大代表、媒体，还是普通消费者，关注食品安全都是非常必要的。但是对于新出现的事物要理性看待，对于媒体的报道不能简单地全盘接受，需要用科学思维分析其中合理与不合理之处。另外，对于食品添加剂也不应妖魔化，要认识到没有食品添加剂就没有现代食品加工工业。所有合法的食品添加剂在上市前都经过了急性毒性、蓄积毒性、亚慢性毒性和慢性毒性评估，只要生产企业依法执行了《食品添加剂的卫生使用标准》，其产品的安全性就是有保障的。

　　学会用辩证的眼光去看待和思考问题，培养辩证思维和理性思考能力对于科学研究十分重要。我们不能人云亦云，要养成用科学精神分析问题、用科学方法解决问题的习惯，不断去探究科学的真谛。

参考文献：

［1］黑花生在我国培育成功［J］.脱贫与致富，2001(4):25.

［2］张全中.高硒黑色花生——黑丰一号［J］.农村实用科技信息，2001(6):11.

［3］宋昱，方策，马飞，等.不同品种花生衣原花青素含量及抗氧化活性研究［J］.山东农业科学杂志，2020，52(6)：108－114.

（杨若林，基础医学院，药物化学与生物信息学中心，副教授）

百草枯，后悔总是太晚

思政映射点：爱岗敬业，科学精神

学科：分析化学

相关知识点：高效液相色谱 HPLC

素材简介：本素材介绍了临床上百草枯的体内样品的分析方法，体现了临床分析的严谨求实的科学精神。旨在引导学生敬畏生命，培养学生救治生命的职业使命感和解决实际问题的能力。

百草枯是一种联吡啶类化合物，属高毒类除草剂，中毒死亡率高。患者多为口服百草枯导致中毒，除了消化道灼伤外，肝、肾、肺为主要受累器官，其中以肺部损伤最为严重。目前尚无特效的解毒治疗方案。患者就诊时百草枯的血浆浓度与中毒时间是评估患者预后的重要指标。百草枯中毒患者的临床症状和预后情况与患者的服毒量、血浆浓度、年龄、入院时间等因素密切相关，因此，及时掌握患者病史，检测血浆百草枯浓度对百草枯中毒患者的诊断、治疗及预后情况都有重要的意义。而高效液相色谱法 HPLC 可以用于检测人血浆中的百草枯浓度。

在学习了高效液相色谱的理论知识后，通过一个临床服用百草枯自杀的案例引入问题并让学生讨论。案例如下：一名 20 岁的男性患者，因高考成绩不理想，在家中服下 60～70 毫升百草枯，出现恶心呕吐等不适症状。家人发现后送医院救治，虽然医院全力抢救，最终仍然无法阻止悲剧发生。两天后患者生命垂危，家属放弃治疗。通过此案例引导学生思考生命的意义、敬畏生命、珍爱生命。思考讨论临床中毒的解毒策略，了解解毒前确定中毒物及其毒性的必要性，意识到临床分析工作的重要性以及通过讨论色谱法在临床上应用的案例，加深学生对理论知识的理解，培养学生解决实际问题的能力和神圣的职业使命感。

临床分析数据的准确度对于疾病的诊断、治疗以及预后的判断至关重要。如何获得准确度高的分析数据是每一个分析工作者必须思考和实践的问题。学生在进行分析数据的测定和处理时，必须实事求是、科学客观。通过对"反相高效液相色谱法测定人血浆百草枯浓度"的分析方法的学习和讨论，强化学生对临床生物样本分析的理解：生物样本预处理方法与特点、生物样本分析方法的建立过程和方法验证的内容与要求;根据待测物的化学结构思考 HPLC 的分离条件选择和定性定量方法;思考实际操作过程中每一步骤的目的以及注意事项。培养学生注重细节、善于思考、严谨求实的科学态度。

参考文献:

彭怡军. 反相高效液相色谱法测定人血浆百草枯浓度及其临床应用[J].中国临床药理学杂志,2018,34(3):323 – 326.

(陈聪颖,基础医学院,药物化学与生物信息学中心,讲师)

黄鸣龙还原反应:第一个以中国人名字命名的有机反应

思政映射点:爱国情怀,科学精神,开拓创新,无私奉献
学科:有机化学
相关知识点:醛酮的还原反应
素材简介:本素材介绍我国著名有机化学家黄鸣龙的贡献及以他名字命名的黄鸣龙还原反应的发现过程,激发学生的民族自豪感,培养学生为祖国建设无私奉献的爱国情怀以及刻苦钻研、勇于探索、开拓创新的科学精神。

在众多的有机反应中,有很多重要反应是用化学家的名字命名的,这就是有机人名反应。在众多的有机人名反应中,以中国科学家命名的化学反应很少,"黄鸣龙反应"是第一个以中国人名字命名的有机反应,它是指醛或酮在碱性条件下与肼作用,羰基被还原为亚甲基的反应。该反应建立在沃尔夫-库什纳还原反应的基础上。沃尔夫-库什纳还原反应是将醛或酮与肼和金属钠或钾在高温下加热反应,需要在封管或高压釜中进行,操作非常复杂。1945 年,黄鸣龙到哈佛大学做访问教授,在利用"沃尔夫-库什纳还原法"做萘醌中间体的还原实验时,出现了意外,但他没有弃之不顾,而是继续做下去,结果出乎意外地好。他仔细分析原因,对沃尔夫-库什纳还原法进行了创造性改造:不用封管而是在高沸点的水溶性溶剂如一缩二乙二醇中,用氢氧化钠或氢氧化钾代替金属钠进行反应。改进后的方法不使用沃尔夫-库什纳法中的无水肼,反应可在常压下进行,缩短了反应时间,提高了反应产率,操作简单、试剂便宜、可放大,适合大规模生产。这种新方法后被命名为"黄鸣龙还原法"。

黄鸣龙 1898 年生于江苏省扬州市,1924 年获德国柏林大学哲学博士学位,1955 年被选聘为中国科学院学部委员(院士)。黄鸣龙曾三次出国,是一位爱国的科学家。1949 年中华人民共和国诞生,黄鸣龙当时正在美国,从不断寄来的家书中,他感受到了祖国的清新气息,他说:"一个人不能为科学而科学,应该为人民为祖国作出贡献。"1952 年,他毅然放弃美国的优越工作和生活条件,趁应邀去德国讲学和做研究工作之机,带着妻女克服重重阻力,以讲学为名绕道欧洲回国,投入祖国建设中。黄鸣龙毕生致力于有机化学的研究,特别是甾体化合物的合成研究,为我国有机化学的发展和甾体药物工业的建立以及科技人才的培养作出了突出贡献。20 世纪 50 年代回国后,黄鸣龙的工作目标,主要是发

展有疗效的甾体化合物的工业生产。当时,甾体激素药物工业已在世界上兴起,而我国却是一项空白。为了创立我国甾体激素药物工业,他带领科技人员,开展了甾体植物的资源调查和甾体激素的合成研究。1958 年,在他领导下,以国产薯蓣皂素为原料,实现了七步合成副肾皮质激素可的松,这一成果不仅填补了我国甾体工业的空白,还使我国合成可的松的方法跨进了世界先进行列。在合成可的松基础上,许多重要的甾体激素如黄体酮、睾丸素、地塞米松等在 20 世纪 60 年代初期先后投产,我国也从甾体激素药物的进口国变成了出口国。黄鸣龙是我国甾体激素药物工业的奠基人,我国甾体化学领域的开拓者。20 世纪 60 年代,黄鸣龙又领导我国计划生育药物的研究工作,他是我国甾族口服避孕药的创始人。他所领导研制的口服避孕药甲地孕酮很快投入了生产,接着在全国推广使用。与此同时,黄鸣龙教授还尽力培养年轻一代,亲自开课,系统讲授甾体化学,为祖国培养出了一批甾体化学的专门人才。

参考文献:

[1] 韩广甸,马兆扬. 黄鸣龙还原法[J].有机化学,2009,7(29):1001 - 1017.
[2] 中国科学院上海有机化学研究所. 纪念著名有机化学家黄鸣龙教授诞辰 100 周年[J]. 化学学报,1998(10):1040.

(林琦,基础医学院,药化与生物信息中心,讲师)

上海交医系统和西藏日喀则市人民医院构建医疗健康共同体

思政映射点:爱岗敬业,爱国情怀,专业扎实,无私奉献

学科:无机化学

相关知识点:系统的 Gibbs 自由能变,耦合反应

素材简介:本素材主要介绍上海交通大学医学院对西藏日喀则市医疗系统的对口支援以及医学院系统为日喀则市人民医院的医疗质量跨上新台阶做出的巨大贡献,体现了援藏干部爱岗敬业、乐于奉献的精神。旨在引导学生牢记职业使命,发奋学习,无私奉献,回报社会。

从 2015 年起,上海交通大学医学院(简称上海交医)遵循党中央稳定边疆的国家战略,从大局出发,选派各附属医院重点科室骨干充实援藏队伍,开启医疗人才"组团式"援藏之路。至今,已有 50 余名干部人才赶赴西藏,扎根日喀则市人民医院,将家国情怀厚植于医疗援藏工作之中。在援藏期间,交医人克服高原反应的不适,承受巨大的精神压力,以饱满的精神状态、扎实的工作作风和良好的工作业绩,树立了援藏医疗专家的良好形象,传递了"汉藏一家亲"的深切情谊,得到了社会各界的一致好评(见图 1)。他们努力探索和推进"组团式"医疗援藏工作的新思路、新方法、新途径,聚焦日喀则市人民医院内涵建设,全面提升医院的技术力量、管理水平、服务质量和可持续发展的能力,与西藏的优秀同事携手探索建立符合西藏实际的现代医院管理体制机制,在"世界屋脊"上打造医学技术高地,诠释了交医人的责任与担当,用实际行动践行以守护健康为己任的誓言。

图 1　2019 年 7 月 21 日在上海市委党校举行欢迎上海交医系统第八批援藏干部凯旋仪式

　　在前期援藏工作的基础上,交医系统针对日喀则市人民医院的具体实际情况具体分析,坚持以问题和目标为导向,采取长期、有效、定点的补短板方式,实现从"输血"到"造血"的点对点帮扶,精准援藏。交医系统充分发挥自身优势,与日喀则市人民医院签约共建上海(日喀则)临床医学诊疗中心,通过"以院包科"的方式,以学科建设促发展,攻坚克难,带动技术水平创新高,助力全面提升医院综合实力。2017 年 12 月,日喀则市人民医院新院区投入使用,2018 年 6 月正式挂牌三级甲等医院,完成从量变到质变的里程碑式跨越。

　　2019 年 10 月,上海交通大学医学院院长陈国强与日喀则市人民医院党组书记万兴旺签署了上海交通大学医学院—日喀则市人民医院人工智能网格化信息协作项目,旨在把上海优质的医疗资源辐射到日喀则地区,助力日喀则医疗水平"再攀高峰"。

　　在医用基础化学 A 课程中,将化学反应的 Gibbs 自由能变作为自发进行的判据,可将人体内的生化反应分为需能反应(Gibbs 自由能变 ΔrGm 大于零,包括 DNA 复制,RNA 转录,蛋白质合成等)和释能反应(Gibbs 自由能变 ΔrGm 小于零,如 ATP 的水解)两大类。需能反应以糖酵解的第一步为例,葡萄糖 ＋ H_3PO_4 ＝ 葡萄糖－6－磷酸酯 ＋ H_2O,在 37℃,pH ＝ 7.0,生化标准态下,ΔrGm(生化标准态)＝ 13.0 $kJ \cdot mol^{-1} > 0$,不能自发进行。释能反应,如 ATP ＋ H_2O ＝ ADP ＋ H_3PO_4,ΔrGm(生化标准态)＝ -30.5 $kJ \cdot mol^{-1} < 0$,能自发进行。当这两个反应发生耦合,对应两个反应的热化学方程式相加,即:

　　葡萄糖 ＋ ATP ＝ 葡萄糖－6－磷酸酯 ＋ ADP,

　　总反应的 ΔrGm(生化标准态)＝ -17.5 $kJ \cdot mol^{-1} < 0$,

即 ATP 水解释放出的自由能远超需能反应所需吸收的自由能,上述糖酵解的第一步反应照样能够发生。在此,我们也深感 ATP 的奉献精神。

　　社会科学与自然科学是相通的,上海交医系统援助日喀则市人民医院可与体内生化耦合反应相比拟。日喀则市人民医院依靠自身的医疗水平实现"升级为三级甲等医院"较难;上海交医系统具有雄厚的医疗实力,选派各附属医院重点科室骨干,不遗余力地援助日喀则市人民医院,使两个医疗体发生"耦合",极大提升了日喀则市人民医院的医疗水平,助其升级为三级甲等医院。这一过程深刻地抒写了医者的初心与使命。

(钮因尧,基础医学院,药物化学与生物信息中心,副教授)

亦"正"亦"邪"气溶胶

思政映射点：专业扎实，知识宽广，科学精神
学科：无机化学
相关知识点：溶胶的动力学，热力学和光学性质
素材简介：随着新冠肺炎病毒的气溶胶传播途径的确知，个头小小、能飞会飘的气溶胶带着神秘又略带邪恶的色彩，走进了大众的视野当中。一方面，虽然布朗运动使得气溶胶颗粒插上了乘风破浪的"翅膀"，但是气溶胶颗粒终究会由于热力学的不稳定性而聚集沉降下来。另一方面，溶胶的丁达尔效应成功为医学所用。所以气溶胶是亦"散"亦"聚"、亦"正"亦"邪"的。气溶胶是助纣为虐还是为民造福，取决于人们对其的深入了解和合理利用。

目前已确定的新冠肺炎病毒传播途径除了飞沫传播和接触传播之外，还有一种方式叫作气溶胶传播（见图1）。这则消息一出，立刻引起了大家的恐慌。那么气溶胶如何传播病毒？气溶胶传播就等于空气传播吗？提到气溶胶传播，就要从什么是气溶胶说起。气溶胶是由非常小（0.001～100微米）的固体或液体粒子悬浮在气体介质中所形成的分散体系。其中，"雾"和"霾"分别是小水滴和粉尘悬浮在空气中所形成的气溶胶体系。

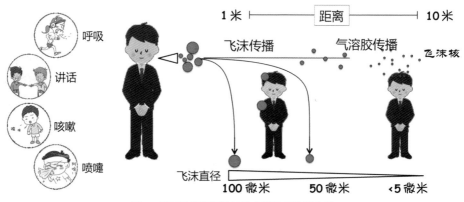

图1　新冠肺炎病毒的飞沫传播和气溶胶传播

病毒的气溶胶传播是指病毒携带者通过呼吸、讲话、咳嗽、喷嚏等活动呼出带有病毒的飞沫，其中大飞沫会在1～1.8米距离内沉降到地面或物体表面，造

成病毒的飞沫传播；而呼出的小飞沫，就像葡萄变葡萄干一样，水分会在几秒内蒸发干，病原体和蛋白质黏合在一起，形成飞沫核，分散在空气中形成气溶胶，造成病毒的气溶胶传播。飞沫核悬浮在空气中，受到空气分子的撞击，但是对于每一瞬间来说，来自各个方向的撞击并不均衡，因此存在一个瞬时的合力，在力的作用下飞沫核就发生了移动，不同时刻合力大小和方向都不确知，因此飞沫核在空气中不停地作不规则运动，我们称之为布朗运动。布朗运动为飞沫核在空气中的扩散传播提供了原动力。在一定温度下，颗粒越小越轻、布朗运动越剧烈，因此飞沫核比飞沫更容易随风飘散（见图 2）。

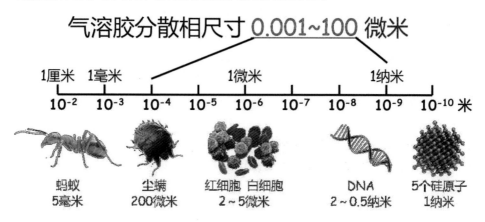

图 2　气溶胶分散相与其他常见物体的尺寸比较

那么，飞沫核到底在空气中可以停留多久呢？气溶胶颗粒是微米纳米级别的，颗粒非常细小，比表面积很大，因此存在非常大的表面能。大家都知道，自然界的自发过程一般都朝着能量最低的方向进行。具有高能量的气溶胶体系并不稳定。所以，就像小水滴自动融合成大水滴一样，飞沫核聚集变大，减小表面积、降低表面能的趋势尤为明显。因此虽然飞沫核在空气中飘浮的时间会比飞沫（10 分钟）久一些，但是一般 2 个小时左右也是可以沉降到物体表面或者是地面的。

因此，病毒的气溶胶传播确实值得警觉，但是不必过度紧张甚至恐慌。气溶胶传播并不等于空气传播。气溶胶传播途径同样可以通过佩戴口罩，勤洗手，勤通风加以阻断。有文章以楼梯间香烟味经久不散为例，来证明气溶胶的感染力长效不衰，这是不够准确的。香烟烟雾约含 4 800 种物质，是多种气体和气溶胶颗粒的混合物。二手烟、三手烟的气味的确能在房间中存留数月，但主要是因为香烟残留物不断挥发一些气体出来，并不是香烟气溶胶颗粒所导致的。同学们平时应该用科学武装大脑,多学习、多思考,才能在看到类似新闻时,做到辨真去伪,不盲目跟风、不人云亦云。

病毒的气溶胶传播并不可怕,提到气溶胶,大家更没有必要谈之色变。当大家在雾霾天小心翼翼地开车,或者漫步在清晨的树林中,或眺望日落西山的壮丽景象时,都有气溶胶相伴左右。

溶胶特殊的光学性质更让人无法忽视它们的存在。用一束聚集可见光对溶胶进行照射,胶体的分散相尺寸与入射光的波长相当,光照射这些分散相发生强烈的散射,我们在侧面就可以观察到一束光柱,称之为丁达尔效应。眼科医生做眼科检查时常见的仪器——裂隙灯就是应用了丁达尔效应。灯光透过一个裂隙,形成一条窄缝光源,照射到眼球时形成一个光学切面,即可观察诊断眼睛各部位的健康状况。

了解了气溶胶这么多的知识,大家说气溶胶是"好",还是"坏"呢?动力学上,气溶胶容易随风飘散,携带病毒,防不胜防,气溶胶无疑是"坏"的;热力学上,颗粒易团聚,气溶胶终究命数已定,好像也不是"坏"得无可救药;光学上,特殊的光散射性质又可以为我们所用,溶胶又变成"好"的了。其实,对气凝胶来说,好—坏,聚—散,作为矛盾的两个方面,不是割裂开的,是相互依存,甚至可以相互转化的。我们努力利用科学技术的发展,可以把"坏"的变成"好"的。气溶胶早在二战时期就被作为生化武器来使用。发展至今,已经在理论研究、生产生活中有很多应用。比如,将气溶胶力学理论应用于矿山粉尘分布数值模拟,得出矿山开采时粉尘时空分布特征;发展"气溶胶灭火系统"保障海洋石油平台的消防安全;开发蛋白质、多肽类药物气溶胶,实现肺部的高效给药等。气溶胶是助纣为虐还是为民造福,取决于人们对其的深入了解和合理利用。

气溶胶的奥妙之处远不止这些,更多的独特性能有待大家去探索。气溶胶在更多领域的应用,值得大家拭目以待!

参考文献:

[1] 魏祖期.基础化学[M].9 版.北京:人民卫生出版社,2018.

[2] 傅献彩.大学化学[M].北京:高等教育出版社,2018.

[3] 魏祖期.医用基础化学[M].北京:人民卫生出版社,2010.

[4] 朱裕贞,顾达,黑恩成.现代基础化学[M].3 版.北京:化学工业出版社,2010.

[5] MIESSLER G L,TARR,D A. Inorganic chemistry[M].5th edition London:Prentice Hall,2013.

［6］ BROWN T E，LEMAY B. Chemistry：the central science［M］.13th edition. London：Prentice Hall，2015.

（何伟娜，基础医学院，药物化学与生物信息中心，副研究员）

药理学

师者本色
——记上海交通大学医学院金正均教授

思政映射点：爱岗敬业，知识宽广，科学精神，开拓创新，终身学习，无私奉献

学科：药理学

相关知识点：药理学家金正均生平

素材简介：金正均是我国著名的药理学和生物医学工程学的专家。他用自己在物理、数学、工程学等领域的非凡才智开创了我国数学药理学新学科，他所创导的"金氏公式"一直在药理学和毒理学界广泛应用。金正均学识渊博、教艺独到、淡泊名利、乐于奉献，从教五十余载，坚守三尺讲台，他的崇高精神值得我们每个人学习和传承。

病床上，金正均教授仍坚持备课。他已经 78 岁高龄，仍坚持每周两次、每次半天为学生上课。有一天，他晕倒在上课的路上。因为 19 岁那次不太成功的胃迷走神经切断和胃空肠吻合手术，让他落下了倾倒综合征的病根，所以这次他也没太在意，第二天又准时踏上了讲台。后来，同事和学生坚持带他到医院检查身体，查出患了恶性肿瘤。金正均曾任中国药理学会副理事长、中国生理学会理事、中国电子学会医学电子学学会常务理事、上海市药理与毒理学会理事长、中国数学药理学会理事长等职。

图 1　金正均授课中

金正均生于 1928 年的上海，"八一三"淞沪会战后半年，他进入前中法学堂继续小学学习。由于中法学堂考试成绩前三名的学生可全免学费，家境困难的他刻苦学习，成绩始终名列前茅，他也始终享受学费全免的待遇，直到 1950 年震旦大学医学院博士毕业。他好学且博学，爱好自然科学，喜爱物理，尤其是电学与无线电，常常在家关了房门做些电学或化学试验。他学外语特别努力，成绩很好。英语、法语均精通，西班牙语、意大利语和德语均能借助字典阅读专业书刊，俄语能听懂并有笔译和校对能力。过人的外语能力为他后来的专业学习和教学科研工作打下了扎实的基础。

金正均在数学药理学、电生理和生物统计等领域都有很高造诣，是我国为数不多的药理学和生物医学工程学双学位博士生导师。20 世纪 60 年代，他运用数学手段探索药理学定量规律的新分支——定量药理学，极大地促进了群体药动学/药效学、临床试验模拟、新型临床试验设计等重要研究领域及热点技术的发展。1979 年，金正均创建中国药理学会数学药理专业委员会，并担任第一任理事长。1982 年全国第一届数学药理会议召开，并成立了全国数学药理学术委员会。

合并用药是临床上普遍使用的治疗手段，以往应用伯基公式判断合并用药后的最终效应：$q = E[A/2 + B/2]/EA$（或 EB），式中 $E[A/2 + B/2]$ 指 A、B 两药各取半量合用之效应，EA、EB 分别为 A、B 单用之效应，且 $EA = EB$。然而，金正均教授指出，上述方程中分子应采用原始效应之半，分母应考虑两药联合作用时的新情况，并提出金氏修正式：$q = E(A + B)/(EA + EB - EA \cdot EB)$。式中分子代表实测合并效应，分母是期望合并效应，其意义同原公式。修正式的优点是不必取半量或半效，可以直接利用原始效应水平，两药效应也不必相同，但只适用于定性试验。金正均这一联合用药的理论被誉为"金氏公式"，受到全国药理学界的重视，目前已经在医药学界广为使用。

金正均热爱教育事业，师德高尚，三尺讲台，他一站就是 56 个春秋。无论是用粉笔、教鞭的过去，还是使用电脑、多媒体的今天，他都乐此不疲。药理学是医学生必修课，这门课他已教了几十年，但每次走上讲台前他还是悉心备课。每次上课，金老师都提前二三十分钟到教室，把投影仪、电脑等设备调试好。有时开教室门的管理员还未到，他便坐在楼梯的台阶上等。课上许多难懂的概念，金正均总有办法化繁为简。统计学中有个概念叫"自由度"，金正均上课时带了 4 只橘子放到讲台上，让学生任意挑选，挑 1 只即为一次"自由度"，连续三次挑走 3 只，在只剩 1 只的情况下就没有挑选的自由了，那么"自由度"就是"个数减一"。学生们为他的讲课方法叫绝。

　　金正均积极发挥所长,为上海交大医学院的国际学术交流做出巨大贡献。由他发起并创立的中法药理学界的交流已开展至今,成果显著,有力地推动了上海交医药理学学科的发展。上海交医的一批骨干师资陆续被派往法国进修深造,师资水平有了很大提高。金教授本人也多次赴法国讲学,推广交医的研究成果,推动中法医学教育的合作与交流。此外,他还牵头和主持与外国药物研究机构合作研究新药,促进交医研究水平的提高。

　　金正均是一位受人尊敬、德高望重的长者,他在教学、科研、国际交流等方面作了突出成就。他是一位奋斗者,这些成就的取得来自他博学笃志、淡泊求真、乐于奉献的崇高精神,来自他对祖国高等医学教育事业的热爱和责任。金正均逝世后,由其家属、学生、同事和校友联合发起的"金正均教育基金"于2007年正式成立,奖励上海交大医学院品学兼优的学生和在教书育人方面有突出贡献的教师。金正均教育基金已经成为上海交大医学院一项极富影响力的奖励基金,激励着全体交医人"博极医源、精勤不倦"的热情与动力。

参考文献:

[1] 陈亦冰,沈祖芸,薛婷彦.师者本色:记上海交通大学医学院药理学家金正均教授[J].上海教育,2006,21:6-7.

[2] 为三尺讲台而生:记上海交通大学医学院终身教授金正均[EB/OL].(2006-10-11)[2020-05-30].http://news.sina.com.cn/c/2006-10-11/074610204225s.shtml.

[3] 金正均[EB/OL]https://baike.baidu.com/item/金正均/13853050? fr=aladdin.

（王昊,基础医学院,药理学与化学生物学系,教授）

红心步行在校园

思政映射点：无私奉献，开拓创新，科学精神，知识宽广，医学伦理与法制
学科：药理学
相关知识点：合理运动在心脑血管疾病防治中的作用，运动的量效关系
素材简介：本素材介绍了本系某课题组在研究合理运动防治心脑血管疾病中，通过校园教职员工及学生志愿者无偿参与的义务服务过程，巧妙地运用对话的形式展示了科学研究中志愿者无私奉献的精神。旨在培养学生为医学事业不计报酬无私奉献的高尚品格、实事求是严谨认真的科学精神。

药物的作用及不良反应均存在量效关系，运动强度与运动的效应、运动强度与运动的不良反应亦可呈现量效关系，因此从药理学角度可以培养学生通过药理学基础理论及量效关系，学习运动相关的量效关系，并学会理论联系实际，提高将不同学科横向联系拓展知识，并用以解决现实问题的能力。

"陈老师，您也是去地铁站吧?"

"是的，我们正好同路。不过和我一道，是要慢慢走的。"陈老师对从后面赶上来的吴老师说。

"为什么? 现在大家都在跑步锻炼，至少也得快走才能达到锻炼的目的啊。"置身于普遍推广的中高强度健身理念中，陈老师的"慢走"让吴老师很诧异。

"我在做运动研究。温和运动能辅助降压。中高强度运动反而可能不利于降压。"

"可是高血压指南不是说，起码应该中等强度运动才能降压吗?"吴老师明白自己遇到了一个与现行指南持相反意见的研究者。

"实践出真知。低强度步行运动的确有益于降压，我先在自己这个高血压患者身上摸索，又带着同事和学生们研究，对比了低强度与高强度运动的心血管效应。运动强度不适当，过高在部分人中造成了过性靶器官损伤。"这让吴老师联系起自己的问题：快走半年把膝关节损伤了，现在难以坚持快走运动。

"我们既是研究者又是志愿者，采集自己步行前后的心血管数据和尿液进行检测，还发现了阳光步行能促进自身释放 β-内啡肽呢。"

"真的!?"吴老师明白这个β-内啡肽可是医学上的一个"著名人物"。它不仅与心血管有关,还与神经系统作用有关,不仅有镇静、镇痛的作用,还有更多的作用陆续被发现,比如促进神经生长、毛发的生长与变黑……

"您愿意来做步行志愿者吗?不过参加我们的研究做志愿者是没有任何报酬的。"

"非常愿意!不用报酬才是真正的志愿者!我也很愿意进一步了解你们的研究。尽管'运动是良药'这句话说了很多年,但究竟如何合理地运动、运动到底会有哪些生理作用和不良反应,调控机制何在,其实我们了解得很少。不过您研究高血压,而我没有高血压。"

"那您正好加入正常血压对照组。"

陈老师对所有的志愿者都报以热烈的欢迎,因为科学研究需要对照,需要重复验证,以确定研究结果的可靠性,然后在人群中推广。此外,从研究要求上讲,无偿也意味着不给志愿者额外物质利益的鼓励,以避免刺激β-内啡肽分泌的可能性或造成其他重要因素干扰。

第二天是周末,阳光明媚。一大早吴老师就兴冲冲地到陈老师学校来做志愿者,而且还是坐出租车来的,她要把步行运动前的"对照期间"调整为基本不运动的"坐位",作为步行的对照。

吴老师是个一丝不苟做学问的人,也正是自己非常稀缺的"优质"志愿者之一,陈老师一边准备步行用的相应试验用品一边想着吴老师的这两种"对照"。

试验前在办公室坐定休息。休息后,陈老师测量了吴老师的基础血压、心率,并留下步行前的尿样标本后,两位老师便来到学校操场上做低强度步行的运动。"散步"的速度是每小时 3 公里,由陈老师领走。陈老师边走边纠正吴老师偏快的速度,一边做着各种记录。

"真有意思,我活了 40 年,还找了位老师教我如何走路!"

"可不是!我的学生中有不少有这种感觉呢,在操场上跑步的老师边跑边向我们挥手说'太慢!没用!'所以有的学生不好意思再做这样的步行研究了。不过还是有很多学生坚持做我们的志愿者,最可贵的是我们的老师,他们始终是坚定地提供无偿服务的志愿者,所以我们的步行队伍在不断成长壮大,为学生们做出了榜样。"

"系里的侯老师、宋老师在操场跑步时发现我们在做步行研究,就主动问要不要跑步的志愿者。我正好也在做中高强度运动对照研究,于是她们就成了我们运动研究中优质的志愿者。另外,经常来我们操场锻炼的两位校外的中年人也主动提出:'陈老师,需要我们做志愿者吗?需要测血压还是留尿液都

图1　上海市药理学会心血管专业委员会红心步行志愿者活动宣传材料

可以!'"

"不过,也有个别的志愿者不太相信我在做争取志愿者时告知的'无报酬',因此在步行中向我提问'一个志愿者至少得给一千元报酬吧?!''没有。知情同意书您也签字了,上面没有写报酬。而且给报酬可能会刺激某些物质分泌,影响我们的试验结果'。"我认真而清晰地回答这个问题,不希望产生误会。

吴老师听了会心地笑了,她自己做实验也遇到过各式各样的志愿者。

一位研究者,一位志愿者,在明媚的阳光中,边走边聊,感叹校园风光,感叹红墙绿树,感恩红心志愿者,心系全世界亿万人的心脑血管健康,严格按设定的节奏与时间缓缓而行,不觉一小时的"散步试验"结束了。

回到办公室重新测量了步行后的血压、心率,并再次留好尿液标本后,吴老师突然想到一个问题:"散步时和您聊天很愉快,β-内啡肽变化会不会是因为聊天的缘故?要排除聊天因素吧?"

"排除过了。去年我带着十几位学生同时在这个操场上步行,那次规定'不聊天、不听音乐,避免打手机',仅有少量有关我们步行距离和控制步行速度的低声交谈。"

是啊,阳光步行让体内产生 β-内啡肽从而产生生理效应,愉悦感。做无偿奉献的志愿者,为医学研究做贡献,惠及他人,同时也快乐自己。这样的红心步行,正在校园中静静地扩展开来,也在研究者和教职员工的带动下逐渐走向社区。

参考文献:

[1] LU Q,WANG S,LIU YX,et al. Low-intensity walking as mild medication for pressure control in prehypertensive and hypertensive subjects:how far shall we wander[J]. Acta Pharmacologica Sinica,2019,40(8):1119-1126.

[2] ZHANG R,CHEN H,LIU Y X,et al. Sunny walking counts more[J]. Acta Pharmacologica Sinica,2019,40 (9):1156-1157.

(陈红,基础医学院,药理学与化学生物学系,教授;

侯丽娜,基础医学院,药理学与化学生物学系,高级实验师)

平喘药和瘦肉精

思政映射点：科学精神，淡泊名利

学科：药理学

相关知识点：平喘药的应用与不良反应

素材简介：本素材介绍了平喘药 β 受体激动药的作用及不良反应，在介绍呼吸系统平喘药时介绍该内容，可以加深学生对该类药物不良反应的理解和记忆，并使学生了解非医疗目的用药对健康的危害，同时也强调，任何发明绝不能把获取经济利益凌驾于损害人类健康之上。

民间有俗语，"内不治喘"。这里的"喘"就是指支气管哮喘，内不治喘用来形容哮喘的治疗有难度，令医生面有难色。支气管哮喘是以气道慢性炎症为特征的疾病，表现为喘息、气促、胸闷和咳嗽，而且反复发作，难以根治。哮喘是常见的慢性呼吸道疾病，也是全球公认的顽疾之一。猝死是支气管哮喘最严重的并发症，气管阻塞可造成窒息，或者诱发严重的心律失常，如心搏骤停。另外，平喘药物使用不当，如超量应用舒张支气管的 β 受体激动药也可导致心律失常。这种情况下患者病情可发生急剧恶化，常常因来不及抢救而不幸身故。如京剧大师梅葆玖、飞跃黄河的艺人柯受良以及歌后邓丽君都是因哮喘猝死。

"内不治喘"也反映了以往缺乏对哮喘病的正确认识。哮喘虽然不能根治，但通过实施以控制为目的的疾病评估、疾病治疗和疾病监测，使用经全球循证医学证实的联合治疗方案是能够控制的。选择性 β_2 受体激动药就是临床常用的控制哮喘发作的治疗药物。早期使用的 β 受体激动药属于非选择性，既能激动支气管的 β_2 受体，又能激动心脏的 β_1 受体，会造成心跳加快、心律失常等不良反应。在 20 世纪 60 年代，科学家们通过研究药物的构效关系，开发出对 β_2 受体亲和力高的药物，即对 β_2 受体选择性更高，如沙丁胺醇和特布他林等。这些选择性 β_2 受体激动药的作用时间较之前的非选择性 β 受体激动药也明显延长了。选择性 β_2 受体激动药通过激活腺苷酸环化酶，提升了细胞内的 cAMP 水平，从而起到舒张支气管平滑肌、扩大支气管管径的作用。这类药物还能抑制炎症介质，促进黏液清除功能，发挥平喘作用。

在 20 世纪 70 年代，药学家又研发出克伦特罗、福莫特罗、沙美特罗等。其中，克伦特罗为强效 β_2 受体激动药，其支气管扩张作用为沙丁胺醇的 100 倍。用于哮喘治疗的剂量为口服克伦特罗每次 30 微克，每天 3 次。但是，克伦特罗有个更为人们熟知的名字——瘦肉精。瘦肉精实际是指一类可促进蛋白质合成并减少脂肪沉积的化合物,是在人们普遍认为高脂肪食物可增加心脏病风险,希望消费低脂肪肉类的背景下产生的。饲养者希望研发一种物质,喂养家畜后使家畜脂肪生成降低,蛋白质合成增加,即达到营养物质再分配的效果。20世纪80年代初期,美国氰胺公司偶然发现当使用超过治疗剂量10倍的克伦特罗饲养家畜时,可以增加9%～16%的瘦肉率,降低8%～15%的骨骼肌脂肪,起到"瘦肉"作用。1984年,美国首次将盐酸克伦特罗作为饲料添加剂应用在羊、肉鸡和猪的生产中。实际上,"瘦肉精"不是指某一种特定的药物,而同属于β受体激动药,较常见的主要是盐酸克伦特罗、莱克多巴胺和沙丁胺醇等三种。

但是,克伦特罗作为"瘦肉精"广泛使用之后,引发了一系列中毒事件。我国最早报道的瘦肉精中毒事件是1998年供港活猪引起的。之后,全国各地陆续发生中毒事件。"瘦肉精"用于家畜饲养时,会残留在家畜的肉产品中,其化学性质稳定,不会被烹饪加热而破坏。假如短时间摄入过量的克伦特罗,在15～20分钟内会出现手指震颤、头晕、脸色潮红、心跳加快、胸闷等急性中毒症状。"瘦肉精"对高血压、心脏病、青光眼、糖尿病、甲亢患者危害作用更大,严重的可导致死亡。长期摄入"瘦肉精"会造成心脏、肾脏的损伤。由于其副作用,此类添加剂已经被欧美的多个国家禁用。2001年、2002年中国农业部连续下文,禁止使用β激动剂类药物作为饲料添加剂。虽然瘦肉精迎合了市场的某些需求,但是任何发明绝不能把获取经济利益凌驾于损害人类健康之上。

平喘药β受体激动剂类药物有其治疗作用,但同时也有许多不良反应。这一案例提醒我们,在科学研究中我们要尽可能地全面了解、掌握药物的特性,充分认识到非医疗目的用药对于人类健康的危害,在此基础上合理妥善用药,绝不能为片面追求经济利益不顾他人健康。

参考文献:

[1] KUIPER H A,NOORDAM M Y,VAN DOOREN-FLIPSEN M M,et al. Illegal use of beta-adrenergic agonists:European Community[J]. Journal Of Animal Science,1998,76(1):195-207.

[2] CASALI L,PINCHI G,MONALDI P E. Doping and respiratory system [J]. Monaldi Archives for Chest Disease,2007,67(1):53-62.

[3] 周莲娟.瘦肉精对健康的危害及其食品安全监管对策[J].中国卫生监督杂志,2007,14(6):431-433.

(祁红,基础医学院,药理学与化学生物学系,副教授)

吗啡镇痛的奥秘

思政映射点：爱岗敬业，开拓创新，科学精神，勤奋进取

学科：药理学

相关知识点：镇痛药作用机制

素材简介：本素材介绍了我国神经药理学家邹冈在吗啡、内源性阿片肽作用机制中的研究，他为麻醉性镇痛药作用机制的研究做出了里程碑式的贡献，体现了科学家追求卓越、严谨求实的精神。该素材旨在培养学生建立科学的思维方式，培养学生严谨的科学态度和发现问题、分析问题、解决问题的能力，引导学生为医学研究做出贡献。

  阿片（opium），通常又被称为鸦片，俗称大烟、烟土等。阿片在医学上是麻醉性镇痛药，来源于一种草本植物——罂粟。人类种植和利用罂粟有五六千年的历史，并且发现它有安神、安眠、镇痛等作用，称之为"快乐植物"。阿片是罂粟未成熟蒴果浆汁的干燥物，其主要成分吗啡具有强大的镇痛作用。但吗啡是如何产生镇痛作用的，镇痛作用部位在哪里呢？揭示这个奥秘的，正是我国著名的神经药理学家邹冈。

  1932年1月27日，邹冈出生于江苏省苏州市的一个医生家庭。家庭的启蒙教育对他的影响十分深刻。抗日战争爆发后，全家逃难到重庆，但其父开设的诊所却照常营业，父亲的坚持不懈和职业使命感对他产生了深远影响。1949年，邹冈考取国立上海医学院（后改为上海第一医学院，现复旦大学上海医学院）。1957年3月，邹冈以优异的成绩考入中国科学院上海药物研究所，成为著名药理学家张昌绍教授（上海第一医学院药理教研室主任兼上海药物研究所学术委员）的研究生。而有关吗啡镇痛作用部位的主要研究就是在他攻读硕士学位期间做出来的。

  1959年，上海药物研究所胥彬和周金熙通过在小鼠脑内微量注射的方法发现，只需要皮下注射量的百分之一进行脑内注射就可产生明显的镇痛作用，说明吗啡直接作用于大脑。但吗啡究竟作用于脑内什么部位呢？邹冈和技术员吴时祥通过脑室插管，将微量吗啡注入清醒家兔的侧脑室，产生了明显而持久的全身性镇痛作用，而所需药量仅为全身静脉注射的千分之一到千分之二。这一现象揭示吗啡很可能作用于侧脑室周围的脑结构。于是，他们进一步采用定

向脑内微量注射以缩小药液分布范围,最终确定吗啡的镇痛作用部位在第三脑室周围灰质。1961 年,邹冈在他的毕业论文中第一次阐明了这项科学发现。1962 年,这项研究成果发表于《生理学报》(1964 年,论文以英文发表在《中国科学》上)。随后,他还发现在第三脑室周围灰质内微量注射吗啡的特异拮抗剂烯丙吗啡可以阻断吗啡的镇痛效应,从而进一步证实了吗啡在脑内产生镇痛作用的主要部位,这一成果于 1963 年发表于《生理学报》。20 世纪 70 年代初,加州大学洛杉矶分校的科研小组正在进行电刺激产生的镇痛作用的研究,邹冈的论文使他们提出一个假说,即电刺激可能引起吗啡样物质释放,然后产生镇痛作用,这一假说又促使了科学家们寻找脑内的具有吗啡特性的化学物质。随着这类化学物质甲啡肽和亮啡肽的发现,机体调控疼痛的环路被发现。而随着其后阿片受体的发现,进一步阐明了吗啡的镇痛作用机制。正是邹冈与张昌绍的工作,开创了吗啡镇痛机制和机体调控疼痛作用的研究,因此这项研究成果被时任联邦德国药理学会副会长、生理学家赫尔茨和美国等国的科学家誉为研究吗啡作用原理的“里程碑”。

经过多年孜孜不倦的潜心钻研,邹冈为麻醉性镇痛药作用机制的研究做出了里程碑式的贡献,体现出我国科学家追求卓越、严谨求实的精神,这种精神值得我们认真学习、传承和发扬。

参考文献:

[1] 侍茹.吗啡研究的“里程碑”:怀念神经药理学专家邹冈院士[J].家庭用药,2014,1:40-41.

[2] Ken Mackie.邹冈教授生平简介[J].中国神经科学杂志,2000,16(3):290-291.

[3] 邹冈,张昌绍.脑室内或脑组织内微量注射吗啡的镇痛效应[J].生理学报,1962,25(2):119-128.

[4] 邹冈.脑组织内微量注射丙烯吗啡对抗吗啡镇痛的研究[J].生理学报,1963,26(4):332-338.

[5] 邹冈,张昌绍.吗啡镇痛作用部位的脑内微量注射研究[J].中国科学,1964,13:1099-1109.

(邱瑜,基础医学院,药理学与化学生物学系,教授)

首个磺胺类抗菌药百浪多息的发现

思政映射点：开拓创新，科学精神，无私奉献
学科：药理学
相关知识点：化疗药物—抗菌药
素材简介：本素材介绍了世界上首个商品化的人工合成磺胺类抗菌药百浪多息(4-氨磺酰-2,4-二氨基偶氮苯的盐酸盐，磺胺米柯定，Prontosil)的发现过程。其开启了合成药物化学发展的新时代，也因为这一重大发现，德国病理学家与细菌学家格哈德·多马克获得了1939年诺贝尔生理学或医学奖。多马克研发百浪多息的过程，充分体现了科学家不惧失败、百折不挠、大胆假设、小心求证的科学精神。本素材旨在培养学生开拓创新的科学态度和善于探索、发现、分析和解决问题的能力。

在百浪多息(磺胺米柯定)被发现以前，人类尚处在没有抗菌药的时代，许多人死于链球菌引起的各种感染性疾病。德国病理学家与细菌学家格哈德·多马克致力于探寻染料在医学方面应用的可能性，他首次提出既然制药的目标是杀灭受感染人体内的病原菌，那么只在试管里观察药物作用是不够的，必须在受感染的动物体内观察。这个崭新的观点为新药研发指明了正确的方向。

早在1856年，就有科学家发现某种紫色染料可以穿过细菌的外壳，让细菌着色，后来又发现某些合成染料对细菌的生长有抑制活性作用。这引起了德国化工染料巨头法本公司的关注，为此法本公司于1929年资助德国明斯特大学成立了拜耳研究所，希望从染料中找到安全有效的抗菌药，多马克时任明斯特大学病理学及细菌学系讲师，兼职该所研究员，负责开展这项研究工作。

在当时的实验条件下，研究者们通常是在试管中培养致病菌，加入候选化合物，观察细菌是否死亡。多马克提出既然药物需要在受感染患者体内杀灭致病菌，那么只在试管中试验药物的作用是不够的，最好建立动物模型，在受感染的动物体内观察和筛选活性药物。由此，多马克首次建立链球菌感染小鼠模型。当把少量链球菌注入小鼠腹腔时，链球菌以20分钟一代的速度繁殖，数小时后小鼠体内便充满了链球菌，并于48小时内死于败血症。

从几千种染料中寻找到有活性的染料在合适的剂量和作用时间下抑制某种致病菌的生长，这是非常困难和烦琐的工作。多马克和他的合作者们经过千

百次试验,历时三年,直至 1932 年 12 月,才发现了一种在试管内并无抑菌活性、而对感染链球菌的小鼠疗效极佳的橘红色化合物,那就是百浪多息。随后,多马克研究了百浪多息的毒性,发现小鼠和兔子的耐受量为 500 mg/kg 体重,毒性较低。正在这时,多马克唯一的女儿因为手指被刺破,感染上了链球菌,生命垂危,无药可救。多马克以自己的女儿作为人体实验对象,给她服用了百浪多息,成功挽救了爱女的生命。之后临床医生开展了大量的临床试验,百浪多息可以治疗多种链球菌感染引发的疾病,如产褥热等。1936 年,百浪多息成功治愈了美国罗斯福总统小儿子的链球菌咽喉炎,进一步扩大了该药物的影响力。

来自巴斯德研究所的特雷富埃夫妇研究发现,百浪多息在体内能分解生成对氨基苯磺酰胺(简称磺胺),这是百浪多息体内发挥抑菌作用的主要活性物质,随后上千种磺胺类药物被合成出来,部分沿用至今。百浪多息成为世界上首个商品化的人工合成磺胺类抗菌药,它的发现和开发开启了合成药物化学发展的新时代。因为这一重大发现,格哈德·多马克获得了 1939 年诺贝尔生理学或医学奖,但是当时正值德国法西斯肆虐,他们阻挠多马克接受这项奖励。直到二战结束后的 1947 年,多马克才领取了诺贝尔奖的奖章和奖状。但是奖金按照规定已交回诺贝尔基金会,所以多马克并没有从百浪多息的发现中获得很大的物质利益。但他仍然保持对科研工作的热忱,坚持不懈地在实验室工作,努力研究合成化合物的医学用途,希望能用于癌症治疗,直到 1964 年因为心脏病逝世。他是一位非常令人尊敬的科学家。

多马克研发百浪多息的过程并非一帆风顺,而是经历了长期困难和烦琐的试验。在这一过程中他不畏失败、百折不挠、大胆假设、小心求证,终于取得成功。虽然多马克并未因此获得物质利益,但他始终坚守在科研一线,这种敬业精神亦令我们感动和钦佩。

(沈瑛,基础医学院,药理学与化学生物学系,研究员)

人工合成牛胰岛素

思政映射点:勤奋进取,开拓创新
学科:药理学
相关知识点:糖尿病治疗
素材简介:本素材介绍了胰岛素的发现和中国科研人员集中力量攻坚人工合成牛胰岛素的过程,它的成功标志着人工合成蛋白质时代的开始,是生命科学发展史上一个重要的里程碑事件,同时也是中国自然科学基础研究的重大成就之一。

2021 年是胰岛素发现的第一百年,在人类尚未发现胰岛素之前的 19 世纪,一旦得了Ⅰ型糖尿病几乎等同于死亡。当时最流行的饥饿疗法让患者在死亡边缘苦苦挣扎,患者经常在饱受极度的饥渴之后,死于营养不良。胰岛素的发现改变了这一切,百年时间胰岛素拯救了无数糖尿病患者的生命。

糖尿病可追溯的最早的文字记录来自公元前 1550 年的古埃及。虽然糖尿病发现已久,但始终无法明确它的成因。直到 1889 年,两位德国医生在研究胰腺与脂肪代谢关系的时候,意外发现切除了胰脏的狗患上了糖尿病。这些研究工作初步确定了胰腺与糖尿病的关联。

1921 年,班廷和贝斯特在多伦多大学麦克劳德教授的支持下开展糖尿病研究工作,同时在阿尔伯塔大学生物化学家科利普的帮助下,成功提取纯化了胰岛素。1922 年 1 月,提取纯化的胰岛素开始首次临床试验并获得成功。1922年秋天,礼来公司的科学家使用等电沉淀法大大提高了胰岛素的纯度和产量。1922 年 11 月,诺贝尔奖获得者克罗格因获得了多伦多大学的授权,在丹麦的诺德胰岛素实验室成立了胰岛素生产厂,这是诺和诺德公司的前身。1923 年 10 月 25 日,班廷和麦克劳德因发现胰岛素摘取了诺贝尔医学或生理学奖的桂冠。胰岛素的出现,让Ⅰ型糖尿病患者得以存活,也为理解糖尿病的并发症提供了理论基础。一直到基因工程出现之前,胰岛素的生产和制作模式除了工艺的不断优化外没有发生太大的改变。

由于糖尿病患者的数量持续增加,对胰岛素的需求也与日俱增。如何用化学方法合成胰岛素,以替代从数百万动物的胰腺中分离提取的方法,已成为各国科学家探索的目标。

　　1955 年，弗雷德里克·桑格发明蛋白质测序方法，以此阐明了"最小蛋白质"胰岛素的氨基酸序列，并于 1958 年获得了诺贝尔化学奖。桑格获得诺贝尔化学奖之后不久，中科院（上海）生物化学研究所提出研究"人工合成胰岛素"基础科研项目。1959 年 1 月，胰岛素人工合成工作正式启动。

　　天然胰岛素有两条多肽链组成，A 链和 B 链，通过共价二硫键连接。人工胰岛素合成步骤：第一步先分别合成 A 链和 B 链，第二步再把 A 链和 B 链组合。首先进行的是第二步的研究：研究人员首先将天然胰岛素拆成 A、B 两条链，再把它们重新合成为胰岛素，并于 1959 年突破了这一难题，成功合上了 A、B 链胰岛素。1964 年 8 月，生化所的钮经义带领的团队合成出了 B 链。1965 年 5 月，北大邢其毅带领的团队和有机所汪猷带领的团队合作合成出了 A 链。1965 年 9 月，杜雨苍等人实现了 A 链和 B 链的结合，获得了牛胰岛素结晶。合成工作简报发表于 1965 年《中国科学》。胰岛素的全合成开辟了人工合成蛋白质的时代，结构与功能研究、晶体结构测定等结构生物学亦从此开始。多肽激素与类似物的合成，在阐明作用机理方面提供了崭新的有效途径，并为我国多肽合成制药工业打下了牢固的基础。

　　因为与人胰岛素的基因差异，从动物胰腺中提取的胰岛素较易产生抗体及过敏反应，同时受动物胰脏供应源的限制，生产量难以满足患者需求。1978 年，利用重组 DNA 技术，科学家生产出了和人胰岛素的序列完全相同的胰岛素产品，简称"人胰岛素"。

　　2021 年是胰岛素被发现的第 100 年。从班廷发现胰岛素到人工合成胰岛素，这 100 年里技术在不断进步，无数科学家为此做出了卓越贡献。不只是胰岛素的发现和研究进展，其他几乎所有科研成果都展现出一代又一代科学家之间绵延不断的传承与启迪，也正因如此，人类才能在追求科学的道路上越走越远。

参考文献：

［1］ROSENFELD L. Insulin：discovery and controversy［J］. Clinical Chemistry，2002，48(12)：2270‐2288.

［2］Timeline：Insulin and diabetes［J］. Cell Metabolism，2021，33(4)：846.

［3］20 世纪重大发明：胰岛素［EB/OL］.2000(2020‐02‐25).http：//www.most.gov.cn/kxjspj/200012/t20001221_7553.htm .

［4］姜泓冰.首次人工全合成牛胰岛素［N］.人民日报，2019‐12‐07(05).

（虞志华，基础医学院，药理学与化学生物学系，副研究员）

化学疗法之父:保罗·埃尔利希

思政映射点:爱岗敬业,科学精神,开拓创新,前沿引领,勤奋进取

学科:药理学

相关知识点:化学治疗药物的发展史

素材简介:本素材介绍了保罗·埃尔利希(Paul Ehrlich)筛选到具有最优抗"梅"效果的化学治疗药物砷凡纳明("六〇六")的漫长而又曲折的故事。在质疑声中,埃尔利希没有放弃,体现了马克思主义哲学原理:"人的思维是否具有客观的真理性,这不是一个理论问题,而是一个实践问题。人应该在实践中证明自己思维的真理性,即自己思维的现实性和力量,亦即自己思维的此岸性。"同时,本素材还体现了科学家锲而不舍的执着精神、追求真理的敬业精神和敢于怀疑的科学精神,旨在鼓励学生心怀治病救人的理想,有为人类的医疗卫生事业攻坚克难,以及为战胜人类疾病脚踏实地、付出艰辛努力、做出伟大发现的决心和勇气。

保罗·埃尔利希于 1854 年 3 月 14 日出生在德国西里西亚的一个犹太人家庭。小时候,埃尔利希在其表兄,著名的组织病理学家卡尔·魏格特的实验室,通过显微镜观察到了由苯胺染料标记的细胞的组织结构,这是埃尔利希的第一项发现,也为埃尔利希长大后从事科学研究埋下了希望的种子。1878 年,埃尔利希获得莱比锡大学的医学博士学位。作为一名伟大的科学家,他一开始的工作是研究如何采用不同染料让不同细胞着色,包括通过染色在显微镜下分辨出入侵人体的病原体以用于疾病诊断。长期的科学研究塑造了他敏锐的思维,他很快就意识到染料还可能有更为直接的医疗用途:如果染料能够特定地附着在病原体上,而不附着于人体细胞,那么是否也能从染料中发现药物,此药物只攻击病原体,而不攻击人体细胞呢? 埃尔利希将这种具有病原体靶向选择性的药物称为"魔术子弹"。

寻找"魔术子弹"便成了埃尔利希一生的梦想。尤其是 1899 年,埃尔利希被任命为新成立的法兰克福皇家实验医疗研究所所长后,他开始带领一批人马踏上寻梦之旅。刚开始埃尔利希想要攻克"非洲昏睡症"。当时人们刚刚发现这种传染病的病原体是锥体虫,而锥体虫能感染小鼠,所以可以将小鼠作为实验动物进行药物试验。1904 年,埃尔利希发现一种红色染料(即"锥红")能够杀

死小鼠体内的锥体虫。可惜这种染料的临床人体试验效果不佳,埃尔利希便决定踏上寻找新染料的征程。就在那时,有一位英国医生发现染料"阿托西耳锥红"(又称"氨基苯胂酸钠")能杀死锥体虫,治疗昏睡症。但是,阿托西耳会损害视神经,导致失明,具有严重的副作用。埃尔利希大胆猜想:是否能对阿托西耳的分子结构加以修饰,保持其药性却又没有毒性呢?

埃尔利希将这一想法告诉了助手,助手们并不赞成埃尔利希的直觉,有的甚至拒绝执行埃尔利希的指示而当场辞职。因为当时化学家已经测定了阿托西耳的分子式,它只有一条含氮的侧链,这表明难以再对阿托西耳进行修饰。尽管阻力重重,埃尔利希依然怀疑阿托西耳的分子式是错的,它应该还有一条不含氮的侧链,是可以对它进行修饰的。随后,埃尔利希就让助手们合成了千余种阿托西耳的衍生物,一一在老鼠身上实验。道阻且长,行则将至。经过大量的研究,实验结果表明埃尔利希的猜测是正确的。千余种阿托西耳的衍生物中,尽管有的无效,有的具有严重的毒副作用,但是,其中两种似乎很有希望:编号"四一八"和"六〇六"的衍生物。恰逢那时,梅毒螺旋体刚刚被发现,并且一位年轻的日本细菌学家秦佐八郎找到了用梅毒螺旋体感染兔子的方法。埃尔利希就邀请秦佐八郎到他实验室工作,让秦佐八郎试验"四一八"和"六〇六"是否能够治疗梅毒。

功夫不负有心人。1909年,秦佐八郎发现"四一八"无效,而"六〇六"对感染梅毒的兔子非常有效。临床试验结果也表明,"六〇六"是第一个能有效治疗梅毒而毒副作用较小的药物。随后对"六〇六"开展了数百次实验并证实其疗效后,1910年,埃尔利希就将其命名为"洒尔弗散"(Salvarsan),即砷凡纳明,并正式推向市场。抗梅毒化学药物砷凡纳明"六〇六",是第一个通过对先导化合物进行化学修饰,以达到最优化的生物活性的化学药物。砷凡纳明"六〇六"的成功抗"梅",使得埃尔利希成为使用化学药物治疗疾病的第一人。因此,埃尔利希被称为化学疗法之父。凭借化学疗法,埃尔利希获得了1912年和1913年的诺贝尔化学奖的两度提名。

1915年8月20日,埃尔利希卒于巴特红堡。当时英国《泰晤士报》报道:"他打开了通往未知之门,在他辞世之际,整个世界都在缅怀他的恩惠。"埃尔利希这一生不但开创了化学疗法的先河,还在医学的几乎每个领域都留下了光辉足迹,包括在组织和细胞的化学染色方面进行了开创性研究;作为白喉抗毒素标准,他因提出著名的抗体形成"侧链"理论,而获得1908年诺贝尔生理学或医学奖。

保罗·埃尔利希筛选到砷凡纳明("六〇六")的过程漫长而又曲折,在质疑声中,他不仅没有放弃,反而锲而不舍、勇往直前地寻求真理。作为医学生,要心怀治病救人的崇高理想,在人类医疗卫生事业发展的道路上,脚踏实地、攻坚克难,争取做出新的更伟大的发现。

参考文献:

[1] 赵承渊.医学诺贝尔之路(1908):两重防线、"魔弹"及其他[J].健康管理,2013(8):112-113.

[2] GOCKEL I,HOCHHAUS A,HöFFKEN K. Paul Ehrlichs "magic bullets" und die Präzisionsonkologie[J]. Der Onkologe,2020(26):677-678.

(肖泽宇,基础医学院,药理学与化学生物学系,教授;
崔彦娜,基础医学院,药理学与化学生物学系,助理研究员)

"巧妙抑制，惊天逆转"
——心得安和西咪替丁的创举

思政映射点：勤奋进取，开拓创新，科学精神
学科：药理学
相关知识点：肾上腺素受体阻断药，治疗消化性溃疡的药物
素材简介：本素材介绍了诺贝尔奖得主詹姆斯·布莱克研发两种受体抑制剂的经过。坚韧不拔的科学信念和勇攀高峰的创新精神支撑他闯过无数的难关，最终他创造出两款畅销世界的处方药，为人类健康做出巨大贡献，这种精神和信念永远值得医学生学习。

1988 年，苏格兰药学家詹姆斯·布莱克因先后合成了两种通过抑制受体的活性而实现革命性治疗效果的药物，β 受体阻滞剂普萘洛尔（又名心得安）与组胺 H_2 受体拮抗剂西咪替丁，而获得诺贝尔生理学或医学奖。能创造出一种类似这样的传世新药已是无数药学家的毕生梦想，但布莱克竟先后合成了两种革命性药物。人们在赞叹其伟大的同时，也不禁想了解其背后的故事。

1950 年，布莱克到格拉斯哥大学兽医学院任教后开始研究心绞痛。当时心绞痛的治疗药物大多是扩血管药，这些药物可促进心脏供氧量，但也存在头痛等副作用。受阿尔奎斯特的"双受体假说"影响，布莱克提出了减少心脏需氧量也可实现治疗目的的创新设想。因为心肌耗氧量受动脉压和心率共同决定，相对于减少体动脉压的致心梗风险，降低心率较为安全。β 受体激动会增加心率，因而抑制 β 受体的活性应该能降低心率，从而实现治疗心绞痛的目的。受科研经费所限，1956 年，布莱克第一次为梦想从大学"跳槽"到工业界，他在帝国化学工业制药公司开创了 β 受体阻断剂新药研发实验室。布莱克首先找到了二氯异丙肾上腺素（Dichloroisoprenaline，DCI），由于其抑制效果不显著，经过巧妙的结构改造，他得到了丙萘洛尔。丙萘洛尔显示出比 DCI 更强的 β 受体选择性阻断能力，后续的临床试验结果也非常理想，因此于 1963 年投入临床使用。严谨的布莱克却在药物上市后的药物毒理学研究中发现丙萘洛尔有致小鼠胸腺肿瘤的可能，他把结果迅速上报，丙萘洛尔被紧急叫停。对一个药学家来说，这种"真理从手中被夺走"的挫败感是巨大的，可布莱克对真理的追求永远夺不走，具有更强阻断活性和无明显副作用的 β 受体阻断剂——普萘洛尔于次年被发现。大量的临床数据表明普

萘洛尔对心绞痛、心跳过速、高血压和心肌梗死等疾病有明显疗效。普萘洛尔上市后的商品名为心得安,它的出现引起了轰动,是当时销售量第一的药物。

心得安的发现耗时 6 年,是布莱克献给全世界的礼物,它给药厂带来了巨大的经济回报,然而布莱克并没有对"名利"抱有多大热情,不断攀越科学险峰才是他的梦想,下一座险峰是解决胃溃疡患者的"无药之痛"。布莱克于 1964 年第二次为梦想"跳槽",加盟了对他的胃溃疡新药研发投入浓厚兴趣的葛兰素史克公司。20 世纪 60 年代,胃溃疡患者的剧烈疼痛没有有效的缓解手段,只有服用碱性药中和,甚至是部分胃切除。由于组胺有刺激胃酸分泌的作用,布莱克认为抑制组胺将对治疗胃溃疡有益。然而化合物的筛选过程异常艰难,4 年当中他们制备了 200 多种化合物,无一有抑制活性。之后唯一拥有部分拮抗活性的化合物胍基组胺,也遗憾地因副作用过大而在 1974 年被停止临床试验。面对追逐梦想途中的挫折,布莱克是永不言败的。又经过艰苦卓绝的两年,他对候选化合物几经修饰和改造,最终合成了西咪替丁,这一年是 1975 年。西咪替丁抑制胃酸、促进溃疡创面愈合的作用,使得胃溃疡的治疗方法发生了革命性改变,让疼痛和手术不再折磨病患,西咪替丁甚至超越心得安跃升为世界第一处方药,全人类因此获得福祉。

对于布莱克来说,"功成身退"还很遥远,他依然对科学充满好奇。布莱克在工业界和大学之间几经辗转,在实验室和基金会里培养了很多药学人才。2006 年布莱克在苏格兰邓迪大学校长的职位上退休,这距离他当年开始新药研发的"逐梦之旅"已 56 年。邓迪大学为了纪念其在工作岗位上伟大的贡献,建造了冠名"詹姆斯·布莱克"的癌症、热带病和糖尿病研究中心。詹姆斯·布莱克被后世称为"分析药学之父",他的成就不仅体现在他研究成果的伟大,更在于他的品格和信念。他追求梦想、淡泊名利、坚韧不拔、创新求真和永不懈怠的精神值得后来者敬仰。作为医学生,通过知识的学习和技能的训练,明晰自己肩负的社会责任,坚定自己的职业目标后,用这样的信念和精神武装自己才能克服追求梦想路上的艰难险阻,未来才能成为一名优秀的医者。

参考文献:

[1] BLACK J. Sir James Black: Learning by doing. Interview [J]. Molecular Interventions, 2004, 4 (3): 139 - 142.

[2] AHLQUIST R P. A study of the adrenotropic receptors [J]. American Journal of Physiology, 1948, 153 (3): 586 - 600.

(侯丽娜,基础医学院,药理学与化学生物学系,高级实验师)

基础医学实验

COVID-19 疫情中逆行的"特种侦察兵"

思政映射点：大爱无疆，勇于担当，不怕牺牲，无私奉献

学科：病理学与病理生理学

相关知识点：肺炎病理变化

素材简介：本素材介绍了交医形态学实验教师费晓春、蔡军、赵雷不畏艰险逆行驰援武汉，为查明 COVID-19 的病因及发生发展机制做出突出贡献的事迹，体现了平凡教师不平凡的品质：言传身教、大爱无疆。旨在培养医学生为国家、为人民、为理想勇于担当、无惧牺牲的品德，以及严谨求实的治学态度。

　　2019 年 12 月，武汉出现"不明原因肺炎"病例；2020 年 1 月初，科学家迅速从一例患者样本中成功分离到病原体——一种与 SARS 病毒类似的新型冠状病毒，其后被国际病毒分类委员会的冠状病毒研究小组（CSG）正式命名为"SARS-CoV-2"，它引起的疾病被世界卫生组织（WHO）命名为 COVID-19，我国称其为"新型冠状病毒肺炎"，简称"新冠肺炎"。

　　2020 年 1 月下旬，突如其来的 COVID-19 疫情迅速蔓延，病例数量激增。一时间，武汉，乃至整个湖北省疫情防控形势异常严峻。全国各地医务工作者纷纷主动请战，逆行而上，驰援武汉。在防疫工作中，更多的 COVID-19 的临床症状及影像学表现被发现，然而由于缺乏病理解剖专业人员，COVID-19 的疾病本质尚未查明。此时急需病理解剖团队分析该疾病的病因、发展与转归，为临床诊疗方案提供依据。2020 年 2 月 17 日，一支由交医系统组建的COVID-19 病因诊断专家组驰援武汉。这支队伍由 6 位专家组成，其中包括费晓春、蔡军及赵雷（见图 1）。

　　为了全力快速打好这场战役，他们抵达武汉后，迅速进入金银滩医院展开病因诊断工作（见图 2），在金银滩医院完成两例新冠肺炎死亡案例的病理解剖后，又转战至火神山医院尸检方舱继续通宵达旦地工作。

图1　"出征"前小分队合影（一排左一蔡军，左二费晓春，左六赵雷）

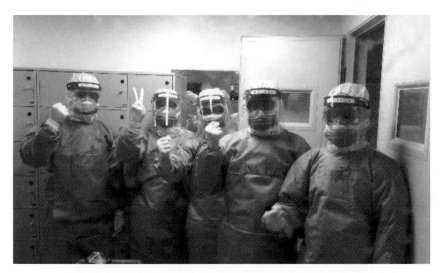

图2　病理诊断分队完成第一例新冠肺炎死亡病例尸检（左二蔡军）

短短33天，他们共完成了21例尸体解剖（见图3）。

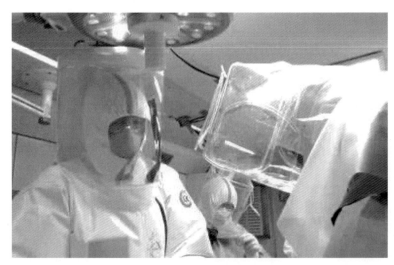

图 3 赵雷老师在工作中

同时,他们还进行了大量的新冠肺炎病例的病因分析,研究疾病的发生发展的病理生理过程。他们发现引起新冠肺炎患者死亡的主要原因是严重的肺损伤导致的呼吸衰竭及其他多器官功能衰竭;此外,肺内活化的巨噬细胞可能参与了"炎症因子风暴"。这些研究成果为相关临床诊疗规范的确认和后续研究提供了重要科学支撑。

2020 年 9 月 29 日,上海市抗击新冠肺炎疫情表彰大会隆重召开,会上费晓春、蔡军、赵雷三位老师均荣获上海市抗击新冠肺炎疫情先进个人荣誉。

在新冠肺炎疫情中,上海交大医学院教师不惧危险、不畏困难、勇往直前,在抗疫一线体现了平凡教师不平凡的品质——言传身教、大爱无疆。上海交大医学院的学生们也要以老师为榜样,具备为国家、为人民、为理想勇于担当、无惧牺牲的美德,以及严谨求实的治学态度。

参考文献:

WANG C,XIE J,ZHAO L,et al. Alveolar macrophage dysfunction and cytokine storm in the pathogenesis of two severe COVID‐19 patients[J]. EBioMedicine,2020,57:102833.

(邱燕燕,基础医学院,实验教学中心,实验师)

没有规矩，不成方圆：实验室安全宣教

思政映射点：医学伦理与法制

学科：药物化学

相关知识点：实验室安全宣教

素材简介：高校实验室一旦发生安全事故，破坏性极大，甚至对学生生命安全造成威胁，学生进入实验室之前必须学习相关的实验室安全守则，遵守相关的规章制度，这是保障实验安全、有序进行的首要条件。本素材旨在让学生明确规范、纪律在工作、生活中的重要作用。

2013年南京某大学拆除废弃实验室时发生爆炸，2015年上海某大学环境学院一实验室发生硫化氢泄漏事件。医学院校实验室中各种潜在的不安全因素变异性大，危害种类繁多。一旦发生实验室安全事故，将造成人员伤亡、仪器设备损毁。高校实验室是教学科研的主要基地，是培养学生科研创新能力的重要场所，也是安全事故的易发场所。在本科生的基础教学实验各环节中进行安全教育的重要性不言而喻。医用化学实验课堂是我院本科生进入教学实验中心进行实验教学的"第一关"，且医用化学实验室由于学科特性，所涉及的实验室安全隐患种类繁多，相对范围更广更复杂，更需要对本科生进行实验室安全教育。

进入实验室之前首先应阅读实验室学生守则，进入实验室应该遵守实验室的规章制度，遵守实验室的基本规范，听从实验老师的指导。实验室规章制度能够保障实验的有序化、规范化，最大限度地降低实验事故的发生。我们常说的"没有规矩不成方圆"，这句话本出自《孟子·离娄章句上》，其意思是，做任何事都应该遵守一定的规矩、规则，否则便无法成功。规矩也就是规章制度，是我们应该遵守的，用来规范我们行为的规则、条文，它确保了良好的秩序，是各项事业成功的重要保证。所以说，只有人人都遵守规则、规矩，这个社会才会变得和谐、美满。在日常生活中，"规范"和"纪律"是无处不在、无时不有的。同样，对于医学生来说，实验时严格遵守实验室的规章制度，是保证实验安全、顺利完成的必要条件。

参考文献：

［1］李树龙，陈冠军，钱成，等.医学院校研究生实验室安全意识情况调查与分析［J］.中国医学装备，2020，17(4)：152－153.

［2］陈洪霞，魏永前.高校实验室安全管理体系建设与实践［J］.实验室研究与探索，2020，39(7)：305－307.

（蔡玉兴，基础医学院，基础医学实验中心，讲师）

实事求是,诚信为本:布洛芬的含量测定

思政映射点:科学精神

学科:药理学

相关知识点:布洛芬的含量测定

素材简介:本素材通过滴定操作的实验数据记录向学生说明真实、准确记录实验数据的重要性,进而引出学术诚信的重要性。引导学生树立正确的学术价值观,养成实事求是,真实、准确记录数据的良好习惯。

布洛芬是世界卫生组织、美国 FDA 唯一共同推荐的儿童退烧药,是公认的儿童首选抗炎药,具有抗炎、镇痛、解热等作用。布洛芬结构中含羧基(见图 1),呈酸性,与碱能发生酸碱反应,故可采用酸碱滴定法测定布洛芬及其片剂含量。

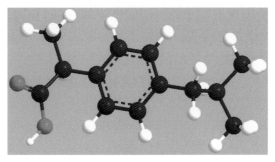

图 1 布洛芬的结构模型

酸碱滴定的实验涉及的操作较难,很多同学在这个实验中常常会因为操作不当得到的数据有所偏差,这时,就有个别同学会在实验报告中弄虚作假,捏造数据。

数据记录真实客观、详尽易懂是科研工作者的必备素养。反复检查实验数据你可能会得到意外的收获,即使是失败的数据也并不是一无是处的,成功往往要经历无数的失败之后才会到来。即使在实验中操作不当导致实验数据有所偏差,也并不是不可原谅的事情。认真分析失误的原因,并从中吸取教训才会有所成长。为了所谓的数据的"正确性"而弄虚作假反而是愚蠢的。做学问就得是有一说一,实事求是,尊重原始实验数据的真实性。在诚实做研究的前提下,对具体实验结果的分析、理解有偏差甚至出现错误却是很常见的,这是科

学发展的正常过程。可以说,许多学术论文的分析、结论和讨论都存在不同程度的瑕疵,越是前沿的科学研究,越容易出现错误理解和错误结论。作为一名医学生更应从"小"做起,养成实事求是,真实、准确记录数据的良好习惯。

现如今学术诚信已经成为一个不可规避的话题,随着科技竞争的日趋加剧以及网络搜索引擎、文献资源库、翻译软件等信息技术的快速发展和普及,科学研究中学术作假行为发生频繁,触目惊心。2017 年 5 月,著名学术出版机构施普林格出版集团宣布撤销旗下期刊《肿瘤生物学》的 107 篇肿瘤生物学领域论文。学海无涯,弄虚作假或许能风光一时,但伪造的成果终究会露出其本来面目。在此我们要加强科研道德的建设,匡正学术不正之风,并且从学生时代就树立正确的观念,养成良好的习惯。

参考文献:

[1] 余靖静,柴骥程.院士卷入"学术造假"风波[J].瞭望,2009(7):8-9.

[2] 梁初.造假泛滥,需铁拳整治[J].湖南教育:中旬,2009(9):61-62.

[3] 刘显刚.国外大规模撤稿事件与中国有关吗[J].名声与法治,2017(19):48-49.

(蔡玉兴,基础医学院,基础医学实验中心,讲师)

艰苦奋斗，重视基础：槐花米中芦丁的提取及鉴定

思政映射点：专业扎实，勤奋进取

学科：药物化学

相关知识点：槐花米中芦丁的提取及鉴定

素材简介："槐花米中芦丁的提取"是一项物质的提取实验，本素材从天然产物的提取联系到青蒿素的提取，旨在引导学生重视基础，保持艰苦奋斗的工作作风。

实验"槐花米中芦丁的提取"是从植物中提取有效成分，采用碱提酸沉法从槐花米中提取芦丁。槐花米自古以来就是一味中药良材，槐米中含有大量的黄酮类物质。黄酮类化合物中有药用价值的化合物很多，已供药用的有效成分有芦丁、陈皮苷、杜鹃素、葛根素等。植物的提取物具有很高的生理活性和经济价值，可被广泛地用于医药、生物制品、食品等产品中。我们熟知的青蒿素就是从黄花蒿中提取得到的。屠呦呦以此成为第一位获得诺贝尔科学奖项的中国本土科学家。她以"从中医药古典文献中获取灵感，先驱性地发现青蒿素，开创疟疾治疗新方法"获得诺贝尔生理学或医学奖。她同时也是首位获得科学类诺贝尔奖的中国人。

在特殊年代极其艰苦的环境中，中国科学家努力奋斗、从中医药中寻找抗疟新药。面对设备陈旧，技术落后的现状，屠呦呦坚定地说："没有行不行只有肯不肯坚持的问题。"于是，她一头扎进了新药研究工作，先是花 3 个月走访各地老中医筛选出可能有用的 640 多个药方，再花费两年逐一检验，但都失败了。一筹莫展之际，她突然想到《肘后备急方》中有这样一句话："青蒿一握，以水二升渍，绞取汁，尽服之。"这种方法与中药传统的煎服方法截然不同。屠呦呦联想到青蒿里的有效成分可能会被高温破坏，于是，她尝试用沸点比较低的乙醚获取提取物，最终成功得到抗疟有效单体化合物的结晶"青蒿素"。

青蒿素得以发现，是化学、寄生虫学、流行病学、免疫学和药理学等各学科的功劳。从化学的角度观察青蒿素的发现历程，我们能看到许多经典的基础化学操作，如提取、提纯、波谱分析以及化学鉴定。正是无数的失败和探索奠定了屠呦呦通往诺贝尔奖之路的基础。所以在日常学习中我们应以此自勉，摒除好高骛远的惯性，脚踏实地打好基础。"健康所系，性命相托"，在医学生成为优秀

医者的道路上,深厚的基础学识素养是前行的强大动力。

参考文献：

葛喜珍,李映,韩永萍,等.科学与思政视角的屠呦呦与青蒿素[J].教育教学论坛,2020,4(16):59-62.

（蔡玉兴,基础医学院,基础医学实验中心,讲师）

研究探索，勇于创新：解热镇痛药阿司匹林系列实验

思政映射点：开拓创新
学科：药理学
相关知识点：解热镇痛药阿司匹林系列实验
素材简介：在解热镇痛药阿司匹林系列实验中，教师从古代的柳叶应用到近代科学家对水杨酸提取及乙酰水杨酸合成的历史轨迹，介绍经典药物阿司匹林的发展历程，讲述在现代医学研究下阿司匹林的老药新用。从中可以看出科学的真谛：反复思考和研究，不断探索与创新。

　　解热镇痛药阿司匹林系列实验，包含阿司匹林的合成、鉴定、含量测定和阿司匹林肠溶片的成分分析。阿司匹林是医药史上三大经典药物之一，最早是作为解热镇痛药被广泛使用的。20 世纪 40 年代，美国医生劳伦斯·克莱文发现患有扁桃体炎的患者使用较大剂量的乙酰水杨酸来解热镇痛时会出现流血过多的现象。这使他想到，乙酰水杨酸也许能够增加供血量，而增加供血量对于心脏患者来说是保护心脏的途径之一。于是，他从 1948 年开始利用阿司匹林治疗年迈的男性心脏病患者。之后数十年的临床研究证明了劳伦斯·克莱文的理论，阿司匹林从此成为心肌梗死和脑中风的二级预防药物。

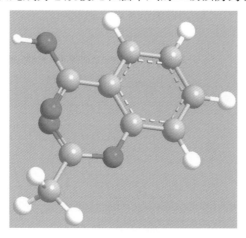

图 1　阿司匹林的结构模型

而到了 21 世纪,随着理论和临床研究的进一步深入,阿司匹林开始被用作一级预防药物。而且近年来研究表明,阿司匹林对降低肿瘤发生风险、预防衰老及由衰老引发的相关疾病的防治也卓有成效。随着阿司匹林独特功能的不断发现,"百年神药"的临床应用正焕发出新的生机。老药新用的确大有可为:既可探索老药新的临床适应证,又可从失败的老药中找到契机。可根据老药的不足,在临床应用的基础上进行改进,使药物疗效更佳、更安全。当前药物种类繁多,把这些药物用于临床上治疗疾病,不仅对药理研究有重要的意义,也对基础药学有着积极的作用。

从这个实验中可以引申出,正是由于科学家们善于发现、不断探索,才使越来越多的药物作用活性得以开发利用。在科学研究中,我们时常会遇到一些不曾了解、不可预见、充满复杂性和多面性的问题,这需要我们反复思考和研究,不断探索与创新,在遇到新的、不熟悉并且很复杂的情况时要先想,后问,再做。只有见微知著,善于发现并不断探索,才有可能解决了若干个问题之后,发现真理。

参考文献:

王晔.从阿司匹林抗血栓新用途研究老药新用的临床价值[J].中国中医药咨讯,2011,3(14):397-398.

(蔡玉兴,基础医学院,基础医学实验中心,讲师)

从有形到无形

思政映射点：无私奉献，文化传承，沟通协作，专业扎实

学科：人体解剖和组织胚胎学

相关知识点：胚胎发育和病理大体标本

素材简介：本素材介绍了上海交通大学基础医学实验教学中心形态学实验平台整理和维护大体标本，并制作大体标本二维码的志愿活动。这些志愿活动在改善教学质量的同时，把思想政治教育和医学专业课程紧密结合在一起，将思政元素融入形态学实验教学中，达到了"润物细无声"的教学效果。

医学形态学实验是基础医学的重要组成部分。医学形态学通过观察各器官的病理变化，结合其镜下结构，找出其主要病症，帮助学生综合理解和掌握正常结构和病理结构的基础知识，全面认识疾病。而大体标本的学习对于了解和掌握宏观的病理状态至关重要，具有很高的教学、科研和临床价值。形态学实验教学平台拥有的 700 多个病理和胚胎大体是形态学实验课程的重要教学资源。然而在实际教学过程中，大体标本的观察存在一定的局限性。由于实验室空间较小，学生在观察过程中常出现拥挤现象，不利于其对标本的学习；大体标本储存在玻璃容器中，体积较大，学生从各角度进行观察时，需要移动标本，容易使其发生损坏，存在安全隐患；标本上的标签尺寸较小，无法包含大量描述信息。针对这些长期困扰形态学实验教学的问题，形态学实验教学团队定期开展学生志愿者活动，整理和维护大体标本，并为实验室的每一个大体标本制作了二维码。现在通过扫描二维码就可显示该标本的专业描述以及相关的病因和健康科普知识，充分发挥出前辈们长期积累的大体标本的经验作用。

志愿者活动招募了来自上海交大医学院临床五年制、临床八年制、口腔八年制和预防等专业的医学生，这些学生具备一定的形态学理论和实验基础，大家以组为单位，按年级划分，以高年级带低年级，自行讨论，明确分工和职责，并且每组安排一位形态学专业教师负责指导。在整个活动过程中，学生需要根据器官系统整合的要求对大体标本进行重新分类和整理，从多角度拍摄标本，突出病灶区域，并以自身学习经验结合文献资料检索对标本进行标注和描述。而指导教师不仅在复核学生完成结果时传播了专业知识，也通过介绍标本的获取、制作等流程，和学生有了进一步的密切交流。图 1 为 2018 年组织的志愿活动。

图 1　2018 年志愿者在活动中合影

在志愿者和指导教师的共同努力下(见图 2),我们完成了大体标本展示网站、所有大体标本二维码的制作和大体标本数据库的构建,使其成为形态学实验平台的一套具有自主知识产权的标本数字化资源库。这不仅能帮助学生克服在大体教学上的客观局限,也能让学生在课堂外随时访问和学习大体标本的网上资源。通过自主学习,建立起形态学实验教学的第二课堂。

以志愿者活动的形式,让学生加入实验课程改革中,使学生在创造和学习的过程中逐渐体会到形态学蕴含的知识性、科学性、社会性和人文性。学生志愿者通过自主学习和亲身实践,不仅进一步了解了大体标本的学习要点,更明确了传承医学的使命。

图 2　学生志愿者整理和拍摄标本

对于医学形态学实验课程而言，我们以志愿者活动为载体，让学生参与和加入深入挖掘实验教学课程思政的队伍中，通过理论和实践的有机融合，搭建起了形态学实验特有的思政实践教学平台，实现了思想政治教育、志愿者活动和实验课程教学的有效结合。这一方面有利于提高学生对所学课程的自信和兴趣，培养其精益求精、一丝不苟、作风严谨的专业精神；另一方面有利于培养学生的自豪感和归属感，增强他们团队合作意识，激发其热爱学校、热爱医学专业的情感，引导学生树立充满爱心、乐于奉献的正确价值观，从而充分发挥医学基础课程全方位育人的双重功能。图3、图4为老师指导志愿者。

图3　陈苏红老师耐心指导学生志愿者理解胚胎发育过程

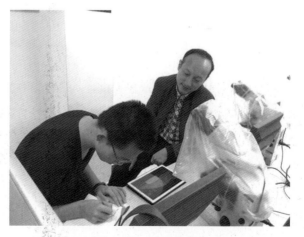

图4　蔡军老师指导学生志愿者精确描述标本的病灶

　　医学是热爱生命的科学,敬畏生命、热爱生命、尊重生命是医学人文精神的核心价值所在。观察实验室的胚胎标本,直观地理解人体胚胎的发育过程以及先天畸形的发育机制是形态学实验教学的特色。志愿者活动使学生感受到人类发育的奥秘和生命的来之不易,让其学会尊重,常怀一颗感恩之心,有利于培养学生重视生命、敬畏生命和爱惜生命的精神,有助于学生理解生命的价值所在,让其深刻体会到医学人文精神的深刻内涵。

　　不仅如此,这样的全员、全课程育人,不仅为学生打牢了思想根基,也激发了教师的责任感与使命感。教师在指导学生的过程中充分展示了为人师表,以身作则,言传身教的为师之道,既实现了专业知识的传播,也强化了价值引领作用。

　　从细胞到组织,从器官到人体,形态学实验的教学是有形的,而专业课中思想教育的传播是无形的、潜移默化的。以志愿者活动的模式,将思政元素引入实验教学,在点点滴滴的积累中,教学起到了"润物细无声"的效果。

参考文献:

[1] 李静,王亚平,吴宏,等."课程思政"融入《组织学与胚胎学》教学的探索与实践[J].中国当代医药,2019,26(15):171-174.

[2] 林锦秀,林楠.志愿服务与医学生人文素养的融合之道[J].中国医学伦理学,2018,31(2):244-247+259.

[3] 杨少芬,李佩琴,林斯妮.病理学"课程思政"的教学改革探索[J].分子影像学杂志,2019,42(2):281-283.

[4] 秦永亭,张晓蕾,陈珊珊,等.课程思政融入人体解剖学教学的探索[J].解剖学研究,2019,41(4):356-358.

[5] 刘智皓,袁娟.核心素养视域下专业课程有机融入思政教育的探索:以"人体解剖生理学"课程为例[J].科教导刊(上旬刊),2019(6):22-23+31.

（范嘉盈,基础医学院,基础医学实验教学中心,实验师）

魂归自然，功留人间

思政映射点：医学伦理与法制，人文关怀

学科：伦理学

相关知识点：实验动物及 3R 原则

素材简介：本素材从"爱护动物、敬畏生命"这个主题入手，其对应的实验教学是课程绪论，旨在帮助学生充分了解功能学实验的课程概况、实验动物情况以及动物 3R 原则，引导并强化学生树立"爱护动物、敬畏生命"的意识。

医学功能学实验课程是以人体功能观察、动物实验和虚拟实验为教学手段，探索人体功能的活动规律及其在疾病状态或药物干预下的变化规律，并阐明其发生机制的综合性医学实验课程。医学功能学实验除了无损害的人体实验，还涉及大量的整体和离体动物实验。实验动物是专门培育供实验用的，主要指以医学、药学、生物学、兽医学等的科研、教学、医疗、诊断、生物制品等的需要为目的而驯养、繁殖、育成的动物。例如，小鼠、大鼠、地鼠类、豚鼠，以及其他啮齿类动物、鹌鹑等。在上海交通大学医学院的动物科学楼里，为了验证新技术或新药品的安全性、有效性，需要一群受试对象，它们包括蟾蜍、兔、鼠、狗、猴子等。它们是医学生的特殊老师，在实验过程中承受着各种痛苦，最终为人类科学研究奉献自己的生命，正是这种无私和奉献为每一个医学生上了终生难忘的一课。

上海交通大学医学院实验鼠的"公寓"

医学功能学实验是基础医学学习阶段一门重要的实验课程,它常以实验动物为研究对象,记录实验过程中动物出现的生物学特性、遗传特征,用于疾病产生与控制等方面的研究,例如利用蟾蜍的坐骨神经-腓肠肌标本记录神经干复合动作电位、利用小鼠复制动物缺氧病理模型、通过家兔复制DIC动物模型观测急性DIC各期血液凝固性的变化等。实验结束后可爱的小动物们都会被执行"安乐死",因此,我们在实验中应该尊重爱护小动物,严肃认真地对待每一次动物实验,训练出过硬的技术减少对实验动物额外的伤害。

上海交通大学医学院团队为小鼠准备"玩具"

在功能学科实验课上要遵循动物3R原则,即减少(Reduction)、替代(Replacement)和优化(Refinement)。在科学研究中,减少指使用较少量的动物获取同样多的试验数据或使用一定数量的动物获得更多实验数据的科学方法;替代指使用其他方法而不用动物所进行的试验或其他研究课题,以达到某一试验目的,或是使用没有知觉的试验材料代替以往使用神志清醒的活的脊椎动物进行试验的科学方法;优化指在符合科学原则的基础上,通过改进条件,善待动物,提高动物福利,或完善实验程序和改进实验技术,避免或减轻给动物造成与实验目的无关的疼痛和紧张不安的科学方法。"3R原则"反映了实验动物科学由技术上的严格要求转向人道主义管理的趋势,提倡实验动物福利与动物保护。

当今世界动物保护的理念已日渐成为人类行动的准则。一个对生命逝去冷漠的人,一个不珍惜生命的医学生,将来不可能成为真正的好医生。但愿我们在看着这些高贵的为教学献身的动物的时候,内心能够充满敬意与爱意,能够对得起它们的牺牲。医学院校园里有一块铭牌,上面写着"魂归自然,功留人间——铭记实验动物对医学事业的贡献",这块碑竖立于1997年10月。每年清明祭扫,慰灵碑前总是鲜花满地,医学生们借此寄托对为医学事业奉献生命的实验动物的感恩之心。

参考文献:
胡优敏,等. 医学功能学实验教程[M]. 3 版. 北京:人民卫生出版社,2018.

(黄晨,基础医学院,实验教学中心,实验师)

血压测量的"前世今生"

思政映射点：科学精神，开拓创新，勤奋进取
学科：病理学与病理生理学
相关知识点：家兔动脉血压测定
素材简介：本素材以学生为主体，以问题驱动，借助课堂讲授、教师示教、学生操作、课堂讨论与总结、实验报告的方法，并在恰当时机将"血压测量的前世今生"自然融入"家兔动脉血压测定"的知识点中，使学生在追溯历史的同时将该实验内容与临床应用相结合，促进学生对专业知识的理解，激发学生的社会责任心、兴趣和探索精神，实现教师与学生的互动、教授与学习的互补，提高课堂教学效果。

血压是指血液在血管内流动时对单位面积血管壁所施加的侧压力，它是重要的生理指标，反映人体心脏和血管的功能以及全身血容量，是基本的生命体征之一，在疾病的诊断、观察治疗效果和判断预后等方面具有重要意义。

那么第一个测量血压的人是谁呢？在人体上的第一次血压测量是怎样实现的呢？1733 年一位名叫斯蒂芬·黑尔斯的英国牧师成功地测量了一匹马的血压，实现了血压测量的"零突破"。他当时留下了这样一段实验记录："白母马右侧卧位，用绳子固定在大门板上。暴露左颈动脉，插入一支黄铜管至心脏方向，黄铜管的另一端接上一只长为 3.9 米的玻璃管。测量时血柱最高升高到了 2.9 米。血液在玻璃管达到的高度就是这匹马的血压（原文用的计量单位是英尺和英寸）。"可以看出，黑尔斯的构思是很大胆很有创意的，但他发明的动脉血压测量法首先做起来是很不方便的，其次，血液离开人体后会有凝固。因凝血问题没有解决，所以难以推广。

1828 年法国生理学家、物理学家泊肃叶发明了 U 形水银检压计。U 形管里面充满水银，短的一头接到动物的动脉，长的一头标上刻度。他用饱和碳酸氢钠溶液（俗称小苏打）阻止了血液的凝固，并用水银柱替代了水柱。这样大大缩短了所需要的玻璃管长度（因为水银比水重）。从泊肃叶发明 U 形水银检压计后，血压的单位从英尺和英寸变为毫米汞柱。

又过了 20 多年，1856 年法国一位名叫让·法弗尔的外科医生首次完成了人类血压的测量。他在外科手术时将泊肃叶 U 形水银检压计的短管那头，直接插入截肢患者的肱动脉，测得其血压在 115～120 毫米汞柱，突破性地实现了在

人体上测量血压。现今在一般急性动物实验中仍广泛使用直接动脉血压测量法，但因对身体有严重伤害，故不能用于人的血压监测。那么怎样才能从这种有创伤的血压测量法进入无创伤、无伤害的测量呢？

在让·法弗尔第一次直接测量人体血压的 22 年后，他的法国同胞尤利乌斯·赫里松发明了脉搏计。脉搏计的下端是一个金属半球，半球的下端覆盖了一层薄膜，上端连接着一个毛细玻璃管，里面充满水银。测量时把金属球下端的薄膜放到桡动脉上，随着桡动脉的搏动，毛细玻璃管内的水银也会波动。这个方法可以认为是人类间接测量血压的开始。

尤利乌斯·赫里松发明的脉搏计与现代血压计还有很大差距，且其测量部位也是腕部的桡动脉，不是现代血压计测量的上臂的肱动脉。从赫里松开启间接测量血压法后，六十余年里血压计在众多学者的努力下逐渐地完善，但血压计的测量部位始终是桡动脉，该方法的优点是不对人体造成伤害，缺点是测得的桡动脉血压很不准确。

直到里瓦·罗希发明了新型血压计，才奠定了现代血压计的雏形。1896 年，意大利医生利瓦·罗西改进了前人的方法，他用橡皮压脉带绑扎上臂，橡皮压脉带连接橡皮球，以充盈向血管施加压力、以空虚给血管解除压力，同时切诊受检者的桡动脉脉搏，以此确定动脉血压，这已经很接近现代水银血压计测量法了。

1905 年，俄国医师柯罗特科夫发明了柯氏音听诊测定法，他使用测压计与能充气的袖袋相连，将袖袋绑在受试者的上臂，然后打气到阻断肱动脉血流为止，再缓缓放出袖袋内的空气，当袖袋压稍低于肱动脉血压时血流重新开放，冲过被压扁动脉时产生了湍流，引起振动声（即柯罗特科夫氏音，简称柯氏音），利用放在肱动脉上的听诊器就能听到这个声音，这时测得的是心脏收缩期的最高压力，称为收缩压。继续放气，柯氏音加大，当声音变得低沉而长时，所测得的血压读数，相当于心脏舒张时的最低血压，称为舒张压。当放气到袖袋内压低于舒张压时，血流平稳无阻碍地流过血管，柯氏音就会完全消失。此后，柯氏音听诊法与水银血压计、袖带一起组成了目前临床血压测量的金标准。2005 年，美国心脏学会（America Heart Association，AHA）再次确定水银血压计、袖带听诊法是"人和实验动物血压测量的建议"中间接血压测量方法的"金标准"。

回想人类从第一次切开动脉测血压到创造出简易可操作的血压计，这一步足足走了 170 余年。正是这 170 多年里医学家们的勤于思考、勇于创新、刻苦钻研、治病救人、追求真理的品质才成就了今天蓬勃发展的医学事业。

（黄晨，基础医学院，实验教学中心，实验师）

要学会做科学中的粗活

思政映射点：爱岗敬业，科学精神，开拓创新，勤奋进取

学科：病理学与病理生理学

相关知识点：胃液的分泌，条件反射

素材简介：本素材介绍巴甫洛夫通过一系列科学实验，在人类历史上第一次对高级神经活动做了准确客观的描述，为研究人类大脑皮层复杂的高级神经活动开拓了全新思路的事迹。巴甫洛夫一直强调"要学会做科学中的粗活"，要研究事实，积累事实，体现了科学家爱岗敬业的精神。本素材旨在培养学生为医学、为国家、为人民无私奉献的品质、严谨的科学态度和发现问题、分析问题、解决问题的能力。

    1849 年 9 月 26 日，巴甫洛夫生于俄国中部的一个小镇。他的祖辈是穷苦的农民，父亲是一位平凡的乡村牧师。他从小养成的坚韧不拔的精神，为他后来的科学生涯奠定了基础。巴甫洛夫生活的年代，科技发展突飞猛进，人类对于自身各个部分的构造已经相当清楚。不过，对统一指挥协调躯体各部位运动的"司令部"——大脑，却仍一无所知。人们急于知道人体内的大脑和内脏器官的工作原理，了解高级神经活动的规律，却苦于无从观察而进展甚微。

    如何才能透过体表，直视内脏器官的活动呢？一次偶发的事件，让巴甫洛夫大受启发。原来，有个猎人枪支走火，子弹射进了自己的腹部。医生救了猎人一命，但令人遗憾的是伤口长期不能愈合，只好用消毒纱布盖着腹部，留下一个通向胃部的小洞，透过这个瘘管，医生可以清楚地观察到猎人胃的活动情况。为什么不能通过瘘管来观察动物的器官活动呢？巴甫洛夫开始了生理学发展史上最有意义的实验之一。

    首先，他将狗的胃切开，做成一个通向体外的胃瘘管。接着，在狗的脖子上开一个口子，将食管切断，然后把两个断头都接到体外。实验开始后，饥饿的狗像往常那样狼吞虎咽起来，可是咽下去的食物却从食管切口处掉出来。狗不停地吃着，可胃却始终空空如也。这时，有趣的现象发生了，食物虽然没有进入这只带瘘管的狗的胃里，但狗的嘴巴一咀嚼食物，胃就开始分泌胃液。由于胃里没有杂物，胃部瘘管中就一滴一滴地滴下了透明的胃液，流入预先备好的试管中。这个被称作"假饲"的实验结果显示：食物虽然没有到胃里，但胃已开始分

泌胃液。这说明胃液的分泌是大脑通过神经所下的命令,而不是食物直接刺激胃的结果。原来,大脑是指挥全身各器官协调工作的"司令部",它控制着胃的消化活动。于是,巴甫洛夫瞄准了下一个目标:研究大脑活动规律,认识人体的"司令部"。

为了更加方便地观察狗的神经活动,巴甫洛夫在狗的面颊上切开一个小口,用导管将唾液腺分泌出的唾液引到体外,流到挂在面颊上的漏斗中,再滴入试验用的量杯里。在给狗喂食之前,巴甫洛夫先打开电灯。因为灯光与食物没有任何联系,狗根本没有理会,也没有唾液流出来。开灯后立即给狗喂食,狗的唾液就流了出来。以后,给狗喂食时总是先打开电灯。经过多次重复,一个奇特的现象出现了:只要灯光一亮,即使不喂食物,狗也会流口水。由此可见,灯光已经和食物一起成为固定的信号出现在狗的大脑中,因此狗一见灯光,就做出消化食物的反应,流出唾液。

巴甫洛夫将他发现的这种实验现象称作"条件反射"。后来的实验证明,动物的条件反射只是一种暂时的现象。因为对于在实验室里对灯光与食物建立了条件反射的狗来说,一旦只有灯光而不喂食物,狗的唾液就会渐次减少,直到完全不分泌,暂时建立起来的条件反射也逐渐消失。巴甫洛夫通过一系列科学实验,创立了非凡的学说,在人类历史上第一次对高级神经活动做了准确客观的描述,并由此开启了探索神经活动的一扇"窗口",为研究人类大脑皮层复杂的高级神经活动开拓了全新的思路,也赢得了世人的景仰与崇拜。

巴甫洛夫一直强调"要学会做科学中的粗活",他长期以来的研究也印证了"做粗活"的重要意义。科学研究不分贵贱。作为医学生,既要在烦琐的工作中始终保持严谨细致的科学精神,也要有承担"粗活"的决心和毅力,不畏艰苦,认真细致地研究事实、积累事实,从而取得科学研究的长足进展。

参考文献:

VAFIN A Z. The technique of obtaining gastric juice from dogs with a small Pavlov's pouch[J]. Fiziologicheskiĭ zhurnal SSSR imeni I. M. Sechenova,1967,53(12):1489.

(胡优敏,基础医学院,实验教学中心,副教授)

青霉素从发现到临床应用

思政映射点：开拓创新，科学精神，沟通能力，国际思维，爱国情怀

学科：病原生物学

相关知识点：生物因素对细菌的影响，药敏试验

素材简介：本素材主要介绍了青霉素从发现到临床应用的过程。旨在培养学生发现问题、分析问题、解决问题的能力，树立开拓创新的精神。同时也介绍了中国青霉素之父的不凡经历，旨在培养学生的爱国情怀。

1928 年英国科学家亚历山大·弗莱明偶然发现了青霉素，经过牛津大学病理学家霍华德·弗洛里和生物化学家恩斯特·钱恩的研究改进，青霉素在 20 世纪 40 年代开始广泛应用于临床，大量的感染性疾病被治愈，无数人的生命被挽救。这开启了利用抗菌物质杀灭人体内致病菌的新思路，同时，其他抗生素也不断被发现用以治疗疾病。因此，1945 年的诺贝尔生理学或医学奖颁发给了这三名科学家。

其实青霉素的发现非常偶然。1928 年 7 月下旬，弗莱明把已完成实验的一些细菌培养平板放在试验台上就去度假了。等他 9 月初回到实验室，准备处理这些平板时，发现一块长有金黄色葡萄球菌的培养基被霉菌污染了，但是紧挨着霉菌的培养基上并无细菌生长，或只有少量半透明的菌落生长着，但在稍远一些的位置，细菌正常生长。弗莱明并未放过这个小发现，他以前的研究发现了溶菌酶的作用，在溶菌酶溶解细菌时，有些菌落也会呈现半透明的现象，因此他想到"难道这霉菌也能溶化、杀死金色葡萄球菌吗？"他将这种霉菌（Penicillium notatum，点青霉）的培养物原液或稀释液作用于细菌，发现它能杀死包括金黄色葡萄球菌在内的多种细菌，即使稀释 1 000 倍都能起作用，比苯酚的效率高 3 倍。而且它和其他已知化学杀菌剂不一样，不会影响白细胞的效力，对健康动物也没有毒性作用。他认识到这种霉菌中的某种产物也许可以抑制细菌生长，并将该物质命名为青霉素，他的研究成果"青霉培养物的抑菌作用"发表在 1929 年的《英国实验病理学杂志》上。但由于青霉素非常不稳定且难以提取，其他化学家均未能成功纯化青霉素或鉴定其活性，最后他只好暂停了该部分研究工作。但是对于感兴趣的研究者，他都慷慨地提供了培养物，包括伦敦卫生和热带医学院的生物化学教授哈罗德·雷斯特里克，雷斯特里克长

期保存了该株青霉菌。

　　1939 年,二战全面爆发。无数士兵和平民死于细菌感染。弗莱明的发现引起了牛津大学的科学家霍华德·弗洛里和恩斯特·钱恩的注意,借助雷斯特里克提供的菌株,他们开始深入的研究。弗洛里和钱恩发明了提纯及浓缩青霉素的方法,并将之应用到小鼠的动物实验中,链球菌感染的小鼠对照组全部死亡,但是使用青霉素治疗的小鼠不但活了下来,还非常健康,这个重要的实验结果发表在 1940 年的《柳叶刀》杂志上。弗洛里及其助手希特利还有钱恩在 1941—1942 年间进行了一系列的临床试验,涉及 170 名患者,结果表明青霉素抗细菌感染效果显著,无任何毒副作用。

　　然而当时英国并不具备让青霉素大规模生产的资金和能力,所以弗洛里和希特利于 1941 年去当时还未加入二战的美国寻求支持。弗洛里、希特利与美国同事一起,建立了"青霉素计划"项目。这个项目的工作主要有两个方面:第一,专注于改进青霉素的纯化;第二,找到更强效的青霉菌株。希特利与美国农业部密切合作以确定这些菌株的特征;由弗洛里和他的美国合作伙伴领导的另一支队伍,专注于寻找能够大规模生产青霉素的制药公司。最后在一个甜瓜上面找到了最好的青霉素的菌株,并且他们改表面培养法为液体培养法。1941—1943 年,青霉素的产量得到了指数级的提高。1941 年,所有的青霉素尚不足以完全治好一位患者;而 1942 年,青霉素的产量已经可以治疗 100 例患者;到了 1943 年,美国公司的青霉素产量可以满足所有美国军队的需求。至此,青霉素真正开始用于临床治疗。

　　最初的青霉素比黄金还珍贵,是谁让青霉素走进中国,成为救治中国普通百姓性命的良药的呢? 我们一定还要记得另一位科学家——樊庆笙,中国青霉素之父。他是常熟人,生于 1911 年,虽然家境贫寒,但他勤奋读书,立志救国图强,在美国威斯康星大学留学期间,学到了大量的知识,掌握了熟练的实验技术。1944 年,他冒着日寇的炮火,带着国际友人捐助的研制盘尼西林(青霉素)的仪器、设备、试剂以及三支菌种毅然回到祖国。他用在美国学得的渊博的知识、基础理论和最新的实验技术,带领助手朱既明日以继夜试制,千方百计克服难题,终于在当年试制成我国第一批 5 万单位/瓶的盘尼西林,临床使用效果很好,使战乱的中国成为世界上率先制造盘尼西林的七个国家之一,比日本还要早,这一令人瞩目的成就得到了世界的公认。"青霉素"这个中文名词就是他根据颜色和生产过程定下来的。

　　青霉素从发现到临床应用的过程,是科学家们发现问题、分析问题、解决问题能力的充分体现。作为医学生,要有开拓创新的精神,在前辈科学家研究成果的基础上,百尺竿头更进一步。而中国青霉素之父的不凡经历,更体现出中国科学家对国家和人民的大爱之心,值得我们继承和发扬。

参考文献:

[1] LIGON B L. Penicillin:its discovery and early development[J]. Seminars in Pediatric Infections Diseases,2004,15(1):52－57.

[2] MARIYA L,GIULIA P. Penicillin's discovery and antibiotic resistance: lessons for the future[J]. Yale Journal of Biology and Medicine,2017,90 (1):135－145.

[3] 樊真美,樊真宁,周湘泉.中国第一支青霉素的研制者和命名者——樊庆笙 [J].钟山风雨,2003(6):12－15.

(赵蔚,基础医学院,病原生物学实验教学团队,高级实验师;
董珂,全球健康学院,病原生物学实验教学团队,高级实验师)

魏曦与恙虫病

思政映射点：前沿引领，开拓创新，科学精神，爱国情怀
学科：病原生物学
相关知识点：立克次氏体
素材简介：本素材通过魏曦成功培养出斑疹伤寒立克次氏体、发现"不明热"的病原体，以及培养出嗜兔血的变种人虱等的事迹，提醒同学们要善于总结前人的失败教训，用锲而不舍、勇于求是的科学精神和创新、严谨的科学思维方式获取实验成功。通过魏曦在1939年从美国毅然返回中国，积极投身抗日后勤保障工作的事例，弘扬热爱祖国，不计个人得失的奉献精神。

魏曦，医学微生物学家，对人畜共患病——立克次氏体病及钩端螺旋体病的病原学和流行病学的研究做出了重要贡献，也是我国微生态学的奠基人。他培养了大批人才，提出了菌群调整疗法治疗菌群失调症并获得了良好效果，并且对我国生物制品事业的创建与发展做出了重要贡献。在他的研究生涯中，他特别善于总结前人的失败教训，以获取实验成功。

魏曦1937年师从美国著名微生物学家H.秦瑟，进行立克次氏体的研究。秦瑟的研究生菲茨·帕特里克正在进行斑疹伤寒立克次氏体的琼脂斜面培养的研究，但一直未获成功，决定放弃。魏曦对他的方法进行了仔细推敲，增加了泰洛液浓度，同时将小白鼠的胚胎剪碎呈奶油状涂于琼脂斜面上，再接种斑疹伤寒立克次氏体，结果获得了成功。这项研究成果也为病毒的转鼓培养技术提供了参考（因用单层细胞培养脊髓灰质炎病毒而获诺贝尔生理学或医学奖的恩德斯便是采用此法培养病毒获得成功的）。

1945年，在中印缅战区，盟军中有一种"不明热"流行。人们一度以为这种疾病是斑疹伤寒，美国组织了一个以哈佛大学专家为主的斑疹伤寒考察团对此进行调查，却未搞清病因。此时，魏曦已返回中国，协同汤飞凡筹建了我国第一个生物制品所，生产战时急需的疫苗和血清。魏曦受考察团邀请参加调查活动，到达现场后，他发现上一批专家将盛装实验动物的笼子放在草地上，让昆虫叮咬，试图从动物身上分离病原体，但笼子下面的草被压成一个草垫，有碍昆虫接近和叮咬动物。于是，他将草地围成一个小环境，让实验动物在其中自由活动，结果草地上的恙螨叮咬了动物，导致动物发生恙虫病东方体血症。由于他

成功地证实了"不明热"的本质是恙虫病,而不是预想的斑疹伤寒,从而采用了针对恙螨的防制措施,使"不明热"得到了控制。1948 年,美国考察团为表彰魏曦的杰出贡献,特授予他"战时功绩荣誉勋章"。

魏曦在我国斑疹伤寒疫苗的生产中也起了重要作用。人虱是流行性斑疹伤寒立克次氏体(普氏立克次氏体)储存宿主和传播媒介,从感染人虱中分离普氏立克次氏体是最有效的方法。但人虱是靠人血喂养繁殖的,大大限制了流行性斑疹伤寒疫苗的生产。魏曦考虑到幼龄的人虱可能对改变宿主适应性较强,便将变态期的人虱完全喂之以兔血,到成虫阶段逐代增加喂兔血的天数,减少喂人血的天数。经过 6 个月的交替喂养,终于使人虱完全摆脱了人血,变成了嗜兔血的变种。1969 年,经卫生部生物制品委员会批准,这种制取方法开始在全国斑疹伤寒疫苗生产厂家中推广使用。

魏曦 1939 年从美国毅然返回中国、积极投身抗日后勤保障的经历,体现出老一辈科学家对祖国的无限热爱和不计个人得失的奉献精神。而魏曦成功培养出斑疹伤寒立克次氏体、发现"不明热"的病原体,以及培养出嗜兔血的变种人虱等的事迹,则告诉我们只有善于总结前人的经验教训,拥有锲而不舍、勇于求是的科学精神和创新、严谨的科学思维方式,才能获得科学研究的成功。

参考文献:
[1] 傅杰青.一个有成就的爱国学者——魏曦[J].医学与哲学,1982(8):28 - 31.
[2] 刘秉阳,范明远.魏曦教授的科学生涯(1903~1989)[J].中国微生态学杂志,1989(1):144 - 150.

(赵蔚,基础医学院,基础医学实验教学中心,高级实验师)

海拉细胞背后的故事

思政映射点：医学伦理与法制
学科：医学细胞生物学
相关知识点：细胞培养，基因研究，生物伦理学等
　素材简介：海拉(HeLa)细胞作为第一个人类细胞系，被广泛使用，极大地推动了生物学和医学的发展。然而，如何监督人类生物学标本的收集和研究使用，如何保障患者隐私等深层次的问题仍有待解决。本素材可以帮助学生更好地思考医学伦理和相关政策的法制化问题。

　　1951 年 10 月 4 日，美国约翰·霍普金斯医院里，一位名叫海瑞塔·拉克斯(Henrietta Lacks)的妇女死于宫颈癌。二十多年之后，她的家人被告知，海瑞塔·拉克斯的宫颈癌细胞在她死后的多年间已经成为世界上第一个永生的人类细胞系。更令他们感到惊恐的是，各路科学家、记者纷纷前来打听他们一家的情况。约翰·霍普金斯医院的医生更是以检查癌症为由，从他们家提取了生物学样本，却在此后没有任何回复。

图 1　海瑞塔·拉克斯

　　海拉细胞，以海瑞塔·拉克斯姓名的第一个字来表示(英文中 HeLa 取自

海瑞塔·拉克斯英文姓名的前两个字母），具有无限增殖的能力，是全世界使用范围最广泛的人体生物学材料。在 PubMed 数据库里以"HeLa cell"为关键词进行搜索可以得到超过 11 万篇论文。几乎每一个分子生物学实验室里都少不了海拉细胞。若将其所有子代加在一起，体积相当于一百多座帝国大厦。海拉细胞的贡献可谓数不胜数，并成就了数位诺贝尔奖得主，极大地推动了现代医学的发展。

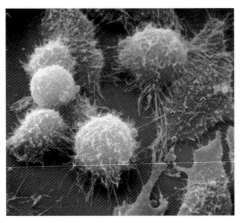

图 2　电镜下的海拉细胞

　　2013 年 3 月初，当位于德国海德堡的欧洲分子生物学实验室的拉尔斯·斯坦梅茨与他的研究小组公开发表海拉细胞基因组测序结果时，他们没有想到这一举动将自身置于生物伦理学的风暴中心。斯坦梅茨与他的团队认为，海拉细胞基因组有助于检验基因变异如何对基本的生物功能产生影响，并且愿意将研究成果与众多科学家分享。但是海瑞塔·拉克斯的后代以及其他科学家和生物伦理学家却不认同。他们认为海拉细胞系的提取并未获得患者本人的同意，并且发布的研究成果可能会泄露依然健在的拉克斯后代的基因特征。作为回应，海拉细胞基因组数据从公共数据库中被移除。

　　海拉细胞基因组所引发的一系列问题，促使科学家、伦理学家，以及社会公众共同关注科学技术应用的准则与规范的建立，医学伦理以及身体组织所有权的法律问题。科学家们应该对患者家属以及患者本人表示出足够的尊重。美国政府正在修改对受联邦政府资助的科研项目，以及项目参与者的管理规定。最新的管理目标就是让人类组织标本的提供者拥有更多的话语权，让他们能够对自己的身体组织，以及自己的生物信息有发言权和控制权，以确保现在采集的一切资源都是合理合法的。同时美国最高法院宣布，未经人工改造过的基因是不能申请专利的。

　　最终经过协商,拉克斯家族成员同意公布这些基因组测序结果,不过这些数据必须保存在类似于 NIH 的 dbGaP 数据库这样的非公共数据库里,用户并不能随意进入数据库获取序列信息。在 dbGaP 数据库里收录的主要是与性状或疾病相关的个体遗传差异信息。科研人员可以先提出申请,在承诺只用于生物医药研究工作,同时不会接触拉克斯家族的前提下,才能获准使用这些信息。包括拉克斯家族成员在内的一个专门委员会将负责具体的审批工作,同时在使用这些序列信息发表的论文里也需要对海瑞塔·拉克斯女士一家表示致谢。

　　基因技术作为生命科学发展史上的一次飞跃,在医学方面的贡献得到了人们的认可。但随着人类基因组初步测序的完成和首例人类克隆胚胎的诞生,基因技术的发展似乎给人们带来了更多恐慌。人们对它可能引起的诸多伦理问题极为关注,担心基因研究可能导致对个人和人群的歧视,助长种族主义,甚至破坏生态平衡和社会平衡。

　　虽然,目前关于基因技术的伦理意义、引起的伦理问题以及如何建构相应的伦理体系等问题,各界专家各有其见解。但是,这方面的努力远远落后于对基因技术本身的研究。为使基因技术真正有利于人类的生存和发展,造福人类,作为研究人员、投资者,需要设立更好的行为准则:确立正当的研究目的,积极关注社会权益平等,谨慎应用科学技术。

　　爱因斯坦曾说:"科学是一种强有力的工具,怎样用它,究竟是给人带来幸福还是带来灾难,全取决于人自己,而不取决于工具。"随着当代科学技术的迅猛发展,人类掌握自然、控制自然、改造自然的能力愈发强大,但与此同时,人利用技术、自然力危害人类生存的可能性和其他伦理道德风险也日益突出。作为科研人员要加强相关学习,提高伦理意识,以保障科研工作顺利开展。

参考文献:

[1] REBECCA SKLOOT. The immortal life of Henrietta Lacks[M].Crown Publishers,2010.

[2] NIGEL WILLIAMS. Prize for the HeLa cell story[J].Cell,2010,23(20):R1004.

[3] WOLINETZ C D,COLLINS F S. Recognition of research participants' need for autonomy remembering the legacy of Henrietta Lacks [J]. The Journal of the American Medical Association,2020,324(11):1027-1028.

(沈文红,基础医学院,基础医学实验教学中心,实验师)

两次获得诺贝尔奖的弗雷德里克·桑格

思政映射点：专业扎实，科学精神，淡泊名利
学科：生物化学与分子生物学
相关知识点：DNS-氨基酸的双向聚酰胺薄膜层析，电泳技术，PCR技术
素材简介：自1901年至今的120年间，共有185位科学家获得诺贝尔化学奖，而作为唯一两次获得诺贝尔化学奖的传奇人物，弗雷德里克·桑格专业、扎实的科学精神，淡泊名利的人格魅力值得医学生学习并实践。

1980年的诺贝尔化学奖，一半授予美国斯坦福大学生物化学家保罗·伯格，另一半授予美国哈佛大学的瓦尔特·吉尔伯特和英国剑桥大学生物化学家弗雷德里克·桑格（见图1），因为他们在核酸碱基序列测定方面的贡献。在当年的诺贝尔奖晚宴上，桑格说道："22年前，我称当时的学生为'同学们'，因为虽然我已经40岁了，但仍觉得自己是他们中的一员。今天我仍有这种感觉……我们一直在学习，学习，我希望将继续学习。"早在1958年，桑格就因为他对蛋白质结构，特别是胰岛素结构的研究获得了诺贝尔化学奖。他是继玛丽亚·居里、莱纳斯·鲍林、约翰·巴丁之后，第四位两度获得诺贝尔奖的人，也是迄今为止唯一两次获得诺贝尔化学奖的科学家。

1955年　　　　　　1980年

图1　弗雷德里克·桑格

桑格1918年8月13日出生于英国格洛斯特郡雷德考布的一个医生家庭。他上学时，学习成绩一般，从小到大，在学校里得过的唯一奖励就是"全勤奖"，

从来没有显示出过人的才华。桑格自认父亲对自己影响巨大:"父亲一生都精力充沛,生气勃勃。"他对生物学产生了浓厚的兴趣,是受父亲和哥哥的影响。他与哥哥一起经常采集和制作动植物标本,阅读生物学方面的科普书籍。大学时,由欧内斯特·鲍德温和另一个年轻教师教授的生物化学课程,使桑格感受到了生物化学的魅力。1939 年,在学完规定的课程之后,他获得了自然科学硕士学位。为了继续学习有趣的生化,他选修了一门生化高级课程,在剑桥继续学习。以高分结课后,桑格申请在剑桥继续攻读博士学位。

1943 年,桑格博士毕业后,留校从事教学和研究工作。这一年,他加入吉布纳尔的研究小组,从事蛋白质,特别是胰岛素的研究。吉布纳尔建议桑格试用定量的方法鉴定胰岛素的氨基酸,桑格决定对此进行探索。1945 年,他发表了研究胰岛素游离氨基的论文。1949 年,桑格开发了测定胰岛素 2 条肽链氨末端序列的技术——二硝基苯法(DNP 法)。随后,经过不懈努力,桑格和他的同事通过层析、电泳等一系列方法,在 1952 年解明了 A 链和 B 链上的所有氨基酸排列顺序。接着,他们又研究两条链间二硫键的位置问题。1955 年他们公布了牛胰岛素的详细结构:胰岛素是由两条肽链(A 链与 B 链)通过二硫键连接起来的,其中 A 链由 21 个氨基酸组成,键内还有一个二硫环,B 链由 30 个氨基酸组成,两条链中的每一个位置都由一个特殊的氨基酸残基所占据(见图 2)。这项工作为胰岛素的实验室合成奠定了基础,并促进了蛋白质结构的研究。

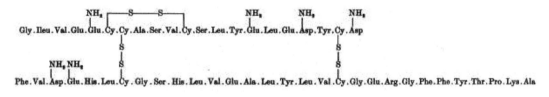

图 2　胰岛素的氨基酸结构

20 世纪 50 年代后期,桑格将他的注意力转移到核酸结构的研究上。经过一段时间的努力,桑格与同事发现了一种测定 RNA 序列的微量 32P 标记寡核苷酸法。1965 年,他完成了含有 120 个核苷酸的大肠杆菌 5SrRNA 的全序列分析。1966 年,正当桑格小组测定 RNA 碱基排列顺序的课题接近大功告成之际,却传来了印度裔美国生化学家 H.霍拉纳首先完成了 tRNA 碱基排列顺序测定工作的消息。并且,霍拉纳后来因此项研究成果荣获了 1968 年诺贝尔生理学或医学奖。这意味着桑格从事了多年的研究工作即使取得成功,也已落后。桑格的一些助手不免有些垂头丧气。但桑格本人仍然很有信心,认为自己所采用的测定方法与众不同,更先进更有效,可以成为一种有用的新技术。对此,桑格说:"我喜欢做别人没有想到的事,而不是和别人竞争谁先完成预定的计划;我偏爱把精力集中在实验研究上,而不是取得最终结果。"

1975年,桑格发明了测定RNA碱基排列顺序的"酶解图谱法",与同事建立了DNA序列分析的快速、直读技术,即加减测序法。1977年,桑格和他的同事们成功地测定了第一个噬菌体ΦX174全基因组5386个碱基对的核苷酸序列。1978年,他又建立了更为简便、快速、准确测定DNA序列的新方法——"双脱氧链末端终止法"。桑格两次获得诺贝尔奖的研究被评价为"改变了世界,也改变了今后研究的方向",但对他来说,它们并没有带来太大的改变。在桑格位于剑桥郡一个安静村庄的家里,墙上没有悬挂任何纪念牌匾或证书,壁炉上也没有摆放一张嘉奖状。"得到这些奖牌我很高兴,但我更为我的研究而自豪。"他说,"你知道,现在许多人搞科学就是为了得奖。但这不是我的出发点。"

桑格一直留在剑桥,只专注于基础研究,不仅拒绝了大多数的采访,还拒绝了学校的教授职务。1986年,桑格获得了由英国女王颁发的"功绩勋章"。在英国,这被认为是最高荣誉。但这位"人类基因学之父"拒绝了爵士封号,因为他不喜欢别人称自己为"爵爷"。至于自己被各种奖章和荣誉填满的职业生涯,桑格谦逊地总结说:"我只是个一辈子在实验室里瞎胡混的家伙。""科学研究涉及交流、思考和行动三个方面,我更喜欢也更擅长后者。如果让我思考,我还勉强能应付,但如果让我去交流那就太难了。"1988年,桑格为自己写了唯一的一篇自传,其中总结说,"对于科学家来说,行动就是做实验"。

除了工作之外,他的主要兴趣是园艺。1983年,桑格选择了退休,在此后的一次公开露面中,他告诉来访者,自己不仅要修花剪草,还要涂油漆,"有太多事情要做了"。2013年11月19日,桑格的花园退休时光在沉睡中画上了休止符。

作为唯一两次获得诺贝尔化学奖的传奇人物,弗雷德里克·桑格的人生故事和科研经历为我们呈现出一个专业、扎实的科学家形象,他始终坚持学习、积极思考、勇于创新,把精力集中在实验的过程而非结果之上,同时他又淡泊名利、修身养性,值得医学生学习。

参考文献:

[1] Facts on the Nobel Prize in Chemistry[EB/OL].[2020-12-25].https://www.nobelprize.org/prizes/facts/facts-on-the-nobel-prize-in-chemistry.

[2] Frederick Sanger—Facts,NobelPrize.org.[EB/OL].[2020-12-25].

https：//www.nobelprize.org/prizes/chemistry/1958/sanger/facts/.

［3］Frederick Sanger—Banquet speech［EB/OL］.［2020－12－20］. https：//
www.nobelprize.org/prizes/chemistry/1980/sanger/speech/.

［4］Frederick Sanger，The chemistry of insulin，Nobel Lecture，11
December 1958［EB/OL］.［2020－11－30］. https：//www.nobelprize.org/
uploads/2018/06/sanger-lecture.pdf.

［5］Frederick Sanger，Determination of Nucleotide Sequences in DNA，
Nobel lecture，8 December 1980［EB/OL］.［2020－11－25］.https：//www.
nobelprize.org/uploads/2018/06/sanger-lecture-1.pdf.

［6］桑格,刘望夷.胰岛素结构的序列分析(节译)［J］.生命科学,2015(6)：
755－760.

［7］SANGER F. The free amino groups of insulin［J］. Biochemical Journal，
1945，39：507－515.

［8］SANGER F. The terminal peptides of insulin［J］. Biochemical Journal，
1949，45：563－574.

［9］RYLE A P，SANGER F，SMITH L F，et al. The disulphide bonds of
insulin［J］. Biochemical Journal,1955,60:541－556.

［10］SANGER F. Sequences，sequences and sequences［J］. Annual Review of
Biochemistry,1988,57:1－28.

（王保国,基础医学院,基础医学实验教学中心,实验师）

黄禹锡事件给我们的启示

思政映射点：科学精神，医学伦理与法制，淡泊名利
学科：细胞生物学
相关知识点：干细胞研究，体细胞克隆
素材简介：本素材通过介绍黄禹锡这位曾经的韩国"国宝"级人物在体细胞克隆研究方面如何从一个"大明星"到最后陨落的故事，引导学生在学习和开展科研工作的过程中要淡泊名利，始终秉持实事求是的科学精神，同时，要遵守科学伦理准则和实验规范，遵循求善的人本道德。

黄禹锡，1952年12月15日出生于忠清南道扶余郡，韩国著名生物科学家，曾任首尔大学兽医学院首席教授。他1972年考入汉城大学（现称首尔大学）兽医药学院。1982年取得博士学位。1985年前往日本北海道大学进修，接触到了当时国际科学界克隆领域知名的科学家和一些年轻有为的学者，并由此开始把科研精力和方向放在克隆研究上。1987年，黄禹锡进修结束后回到首尔大学任教，并带领他的科研小组在其后的十几年间创造了多项第一：1999年在世界上首次培育成体细胞克隆牛；2002年克隆出了猪；2003年首次在世界上培育出"抗疯牛病牛"；2005年成功培育出世界首条克隆狗"斯纳皮"。在进行克隆研究的同时，黄禹锡还开展了人类胚胎干细胞方面的研究。2004年2月，黄禹锡在美国《科学》杂志上发表论文，宣布在世界上率先用卵子成功培育出人类胚胎干细胞。2005年5月，黄禹锡又在《科学》杂志上发表论文，宣布攻克了利用患者体细胞克隆胚胎干细胞的科学难题，为全世界癌症患者带来了希望，其研究成果轰动了世界。

黄禹锡在克隆方面和干细胞方面的这些成果，令他成为国际生命科学领域的权威人物，也成为当时韩国的民族英雄。2005年，首尔大学国际干细胞研究中心成立，黄禹锡担任主任；韩国政府授予其"韩国最高科学家"荣誉；韩国政府向其研究小组提供数百亿韩元资金用于研究；黄禹锡不断出现在国内外各种学术会议和公开场合，成了一位韩国"国宝"级人物，被视为韩国摘下诺贝尔奖的希望，甚至享受政府提供的保镖服务。然而2005年12月，他被揭发伪造多项研究成果，其所发表在《科学》杂志上的干细胞研究成果均属伪造。他在论文中宣称成功克隆的11组胚胎干细胞中9组是捏造的，韩国举国哗然。这不仅对

黄禹锡本人是一个沉重的打击,还令整个韩国科学界为之蒙羞。这起"科学造假"事件既让人震惊,又让人为之扼腕。

黄禹锡伪造科学数据,显然不是为了发论文、评职称,甚至不是简单地为了出人头地、名扬天下。深入剖析这起"科学造假"事件就会发现,恰恰是这些耀眼的"光环",在很大程度上成了促使黄禹锡造假的因素。可以想象,崇高的荣誉和耀眼的光环使得黄禹锡不能"板凳坐得十年冷",不能几年、十几年默默无闻。他被荣誉推着、赶着往前跑,他被光环照得心慌意乱。于是,一名曾经那么优秀的科学家,一名本应该脚踏实地进行克隆研究,并有实力在若干年后拿出惊人成果的科学家,为了早出、快出成果而不惜造假。这不但愚蠢,而且可悲。我们应以此为鉴,进行深刻的反思。无论在学习还是工作中都不能为名利所束缚。在开展科研过程中必须尊重科学事实,坚持科学地必须反映客观规律,摒弃急功近利的心态,依靠脚踏实地的精神和不懈努力的奋斗去取得成功。

黄禹锡不仅在学术上造假,还卷入了一场"卵子风波"。据韩国媒体披露,黄禹锡在研究过程中使用了其手下 2 名女研究人员"捐献"的卵子,同时还存在与医院合作向一些被采集卵子的妇女提供酬金的事实。国际上为防止任何涉及人体的研究侵犯受试者的基本权利,设立了受试者自愿原则。而任何对捐献者存在压力的情况下采集的样本,都不能被视为捐献者真正自愿的同意。因此,黄禹锡团队在进行研究时,取得的卵细胞无论是年轻的研究者捐献的还是购买的,都是违反人体实验规范的,也有悖于国际通行的禁止牟取职业利益的科学伦理准则。事后,黄禹锡也因此辞去了世界干细胞研究中心主任一职,并被韩国法院判处非法买卖卵子罪。这是这一事件给我们的另一个重要的启示:伦理学对科学发展来说是很重要的,科学研究不仅要遵循求真的学术道德,还要遵循求善的人本道德。求善才能更好地求真。

纵观黄禹锡这位曾经的韩国"国宝级"人物在体细胞克隆研究方面从一个"大明星"到最后陨落的人生经历,不难看出遵守学术诚信和科学伦理对于一个研究者的重要意义。成功的光环固然明亮夺目,但脚踏实地做好科研才是正途。淡泊名利、实事求是的科学精神并非只是空话,科研人员必须时刻树立诚信意识,明确科研红线,遵守科学伦理准则和实验规范,遵循求善的人本道德。

(孙岳平,基础医学院,基础医学实验中心,副教授)

流动的色彩：层析技术的发明

思政映射点：爱国情怀，国际思维
学科：生物化学与分子生物学
相关知识点：层析技术发明和推广的科学史，层析技术的原理，层析技术的应用
素材简介：本素材主要介绍了层析法发明人的生平事迹和该技术发明时最早的实验过程，并简单介绍了层析法的原理、应用和科学家将层析技术应用于研究并获得诺贝尔奖的几个事例。利用层析技术的相关科学史，引出了爱国情怀和国际思维这两个引领学生正确价值观的思政映射点。

　　层析法又称为色谱法，其原理是利用混合物中不同物质具有的物理、化学或者生物学特性差异使各个组分得到分离，具有能快速而又经济地分离和分析混合物成分的特点，是目前广泛应用的一种分离技术。层析法有很多种，如吸附层析、分配层析、离子交换层析、亲和层析等。所有的层析系统都由两个组成：一种是固体物质或者固定于固体物质上的成分，称为固定相，可以是固体或液体；另一种是流动的物质，称为流动相，如液体和气体。这也是液相色谱和气相色谱名称的来源。待分离的混合物随流动相通过固定相时，与两相发生相互作用（吸附、溶解、结合等）的能力不同，随着流动相的移动，各组分不断地在两相中进行再分配，最后拉开差距而分离开来。层析技术被运用在石油化学工业、电力机械、环境监测、农业生产、制药产业等工农业领域，尤其在分析化学、有机化学、生物化学等领域有着非常广泛的应用，是生物化学和分子生物学的基本研究方法，该方法的应用促使化学、医学、生物学研究得到了迅速的发展。该技术在十多项获得过诺贝尔化学奖、诺贝尔生理学或医学奖的研究工作中起到过关键作用，例如维生素 A 和 B 的发现、胰岛素结构的发现、关于神经元突触处迁移物质的研究以及抗体结构的研究等。

　　色谱法是俄国植物学家茨维特在 20 世纪初首先发明的。茨维特 1896 年从瑞士日内瓦大学获得植物学博士学位，后来长期在波兰华沙大学任职，从事植物色素的研究。一开始他对使叶子呈现绿色的叶绿素很感兴趣，想要将叶绿素从植物中提取出来加以研究，这需要用一种既能够将叶绿素分离出来又不破坏其性质的方法。经过两年不断的尝试，茨维特终于成功地分离出了叶绿素。

他首先把捣碎的绿叶浸泡在石油醚溶液中,制成了叶绿素的有机提取液,接着将绿色的提取液倒入碳酸钙填充的细长玻璃柱中,并继续以石油醚淋洗。由于碳酸钙对绿叶中各种色素的吸附能力不同,随着液体在柱中不断向下流动,色素被逐渐分离,在柱中出现了不同的色带。最上面的是两种叶绿素,中间是叶黄素,最下层的是胡萝卜素。最后,茨维特以醇为溶剂将色素带分别溶下,得到了各成分的分离溶液。茨维特为自己的发现欢欣鼓舞,他觉得这个五彩斑斓的玻璃柱与阳光通过三棱镜分成的光谱相似,于是就称这种混合物的分离方法为"有色的图谱法",简称色谱法。茨维特先后试验了126种粉末吸附剂对植物叶绿素的分离效果。他于1903年在华沙大学的学术会议上作了报告,首次提出了"色谱"这一名称,标志着色谱法的诞生,并在1910年出版的专著《植物界和动物界的色素》中详尽解释了色谱法的原理和在植物色素提取中的应用。

　　茨维特发明色谱法不久,第一次世界大战爆发,整个欧洲学术界正常的学术交流被迫终止;同时,他所发表的论文是以俄文撰写的,大多数科学研究者无法看懂,这些因素使得色谱法问世后二十余年间不为学术界所知。茨维特因战争、贫病于1919年6月逝世,直到1931年德国的卡勒和库恩偶然在图书馆中发现了他的成果,才将茨维特的方法应用于自己的研究。由于应用层析技术对类胡萝卜素和维生素等的研究,卡勒与库恩分别获得1937年和1938年的诺贝尔化学奖,这使得科学界接受了色谱法。直到1952年诺贝尔化学奖授予英国生物化学家马丁和辛格,以表彰他们创立分配色谱法,才使得这项技术迅速地发展起来。这时距离茨维特用玻璃柱分离植物色素已经过去了将近半个世纪,茨维特本人也早已去世多年。如今人们尊称茨维特为"色谱学之父",而以他的名字命名的茨维特奖也成为色谱界的最高荣誉。如果没有战争,茨维特能有机会继续开展研究、完善他的技术;如果没有战争,他的工作也容易被国外的同行们关注到,通过合作交流,从而进一步推动该技术的发展,层析技术给人类的生活带来的巨大影响也将提前很多年。所以个人的发展和成就离不开国家社会整体环境的和平安定,科学的发展离不开交流合作,也需要和平环境的保障。我们每个人都是国家的一分子,也是地球人类的一分子,只有保持国家安定团结,维护世界和平,才能实现个人的理想和达成建设人类命运共同体的美好愿景。

参考文献:

[1] ENGELHARDT H. One century of liquid chromatography: from Tswett's columns to modern high speed and high performance separations[J].

Journal of Chromatography B，2004，800(1 - 2)：3 - 6.

[2] FREY D D，KANG X. New concepts in the chromatography of peptides and proteins [J]. Current Opinion in Biotechnology，2005，16 (5)：552 - 560.

[3] ALBERTSSON P A. The contribution of photosynthetic pigments to the development of biochemical separation methods：1900—1980 [J]. Photosynthesis Research，2003，76(1 - 3)：217 - 225.

（黄心智，基础医学院，基础医学实验教学中心，高级实验师）

女科学家们的故事

思政映射点：科学精神，爱岗敬业，勤奋进取

学科：生物化学与分子生物学

相关知识点：DNA 双螺旋结构，米曼氏方程式

素材简介：诺贝尔奖长达 100 多年的颁奖历史中，女性科学家获奖屈指可数，事实上在科学技术发展的历史长河中，女性科学家以女性独有的细腻缜密以及对科学的执着追求，做出了许多应为世人所铭记的贡献。在此，仅为大家介绍其中的两位杰出代表：英国物理化学家罗莎琳·富兰克林（Rosalind Franklin）以及加拿大生化学家莫德·曼滕（Maud Menten）。运用本素材引导学生要学会面对人生中的各种困难，勇于挑战，乐于奉献。

DNA 双螺旋结构这一伟大科学成就的发现者中，罗莎琳·富兰克林（见图 1）绝对是值得被铭记的一个名字。

图 1　罗莎琳·富兰克林

正是在她的实验数据及结果的基础上，沃森和克里克领悟到了 DNA 分子的双螺旋结构模型，他们在 1953 年 5 月 25 日出版的英国《自然》杂志上报告了这一发现，并于 1962 年与富兰克林的同事威尔金斯一起分享了诺贝尔生理学或医学奖。罗莎琳·富兰克林利用 X 射线对 DNA 分子结构进行研究始于 1952 年，校方因为担心 X 射线实验会使用氢气造成危险，责令她必须在夜间工

作。她因此在国王学院简陋的地下实验室度过了无数个不眠之夜。在成功分离到了一根只有 1/10 毫米粗的 DNA 链后,富兰克林将其固定在充满氢气的镜头暗箱里,通过 X 射线衍射技术,得到了近百幅图像,而每一幅图像都需要长达 90 小时的近距离曝光。每得到一幅图片,她就将其投影到墙上,以此算出原子与原子之间的距离。在此过程中,她得到了"几乎是有史以来最美的一张 X 射线照片"——照片 51 号。同事兼上司威尔金斯在富兰克林本人并不知情的情况下给沃森看了那张照片,并启发沃森构想出了 DNA 的螺旋结构,两人也因此成为科学界的明星。虽然沃森和克里克在发表成果时并未提及富兰克林的贡献,但她为他们的发现感到高兴,甚至发表了一篇证实 DNA 双螺旋结构的文章。富兰克林在 1958 年因为卵巢癌病逝而无缘诺贝尔奖,一直到很多年后,克里克和沃森才多次提及给他们带来灵感和启迪的富兰克林,认为她对此项成果的贡献没受到足够的肯定。2003 年,国王学院将新大楼命名为"罗莎琳-威尔金斯馆"时,沃森在命名演说中说道:"罗莎琳的贡献是我们能够有这项重大发现的关键。"罗莎琳·富兰克林因为她的聪慧美丽,对科学的执着,对名利的淡泊而为世人所铭记。

说起莫德·曼滕(见图 2),大家一定会觉得很陌生,但如果说起米曼氏方程式,一定就会恍然大悟。是的,米曼氏方程式中的"曼"正是这位传奇而不太为人所熟知的加拿大女科学家曼滕,而她在医学及生物化学领域做出的贡献绝不仅于此。

图 2　莫德·曼滕

1911 年,她在多伦多大学成为加拿大首批获得医疗资格的女性之一,而那个时期,加拿大女性甚至是没有选举权的,作为女性科研工作者也没有很好的研究空间。因此,她选择在美国从事研究工作。1913 年,她来到柏林继续深造,并师从莱昂内·米夏埃利斯博士进行酶促反应动力学的研究,这在当时是一个了不起的决定。最终他们根据中间产物学说进行数学推导,得出了米曼氏方程式,该方程式是酶促反应动力学的重要公式,解释了底物浓度对酶促反应速度的影响。米曼氏方程式在学术界获得广泛认同以后,曼滕并未停止她研究的步伐。她于1916年回到美国,在芝加哥大学获得了生物化学博士学位,毕业以后成为匹兹堡大学儿童医院的病理学家,研究领域包括血糖水平对于细菌毒性的调控、血清蛋白的性质、肾脏功能研究等。她发明了偶氮染料法检测碱性磷酸酶,该方法至今仍用于组化实验;她设计了蛋白分离的标准方法。当她于1950年从匹兹堡大学退休时,已发表近100篇文章。1998年,她入选加拿大医学名人堂。曼滕是一位非常勤奋的科学家,但令人惊奇的是,她同样多才多艺。在科研之余,她还是一位画家和单簧管演奏家,探险家。

在诺贝尔奖长达100多年的颁奖历史中,女性科学家获奖屈指可数。事实上在科学技术发展的历史长河中,女性科学家以女性独有的细腻缜密以及对科学的执着追求,做出了许多应为世人所铭记的贡献。纵观人类发展、科技进步,虽有先进技术精密仪器的发明推动,但真正推动知识巨轮向前滚动的关键因素永远是人。没有性别区分,有的只是人的新思想、人对未知世界的探索热情以及为了实现目标持之以恒的精神。作为一名研究者,不需被性别所限制,而要学会面对人生中的各种困难,勇于挑战、积极进取、乐于奉献。

参考文献:

[1] EDITORIAL. Rosalind Franklin was so much more than the "wronged heroine" of DNA[J]. Nature,2020,583:492.

[2] 奥尔贝.通往双螺旋之路:DNA的发现[M].赵寿元,诸民家,译.上海:复旦大学出版社,2012.

[3] ATHEL C B,JOHN L. A woman at the dawn of biochemistry:Maud Leonora Menten[M]. Biochemist,2013,35(6):46-47.

(许伟榕,基础医学院,基础医学实验教学中心,高级实验师)